반도체
오디세이

반도체

SEMICONDUCTOR
SEMICONDUCTOR
SEMICONDUCTOR
SEMICONDUCTOR

오디세이

한 권으로 끝내는 반도체의 역사와 세계 반도체 전쟁의 모든 것

이승우 지음

위너스북
WINNER'S BOOK

지식의 융합이 쌓아 올린
인류 문명의 꽃

프랑스혁명 100주년 기념일인 1889년 5월 5일, 프랑스 파리 엑스포가 개막했다. 그리고 박람회장 입구로 향하는 마르스 광장에 높이 302미터의 에펠탑이 그 거대한 위용을 드러냈다. 하지만 모파상을 비롯한 많은 파리의 예술가와 일부 시민들은 이 거대하고 낯선 철골 구조물의 건설을 격렬히 반대했다. 그러나 이러한 비판에도 불구하고 에펠탑은 파리 엑스포 성공의 견인차가 되었고, 오늘날까지도 프랑스를 대표하는 상징물이자 프랑스인들이 가장 사랑하는 건축물로 자리 잡았다. 언제나 그렇듯 익숙하지 않은 것과의 조우는 항상 저항의 벽에 부딪히기 마련이다. 그러나 그 벽을 넘어서면 새로운 세계로 향하는 또 다른 길이 펼쳐진다.

이미 5,000년 전 높이 146미터의 쿠푸왕의 피라미드가 지어졌다. 하지만 피라미드 정상의 자리는 파라오와 신들을 위한 영역이었을 뿐이다. 사실상 19세기까지 인류는 지표면 부근에서 크게 벗어나지 못한 2차원적인 삶을 살고 있었다. 그러나 철강이라는 소재 기술의 발전은 높이 300미터가 넘는 구조물의 건설이 가능하다는 것을 증명해 보였다. 여기에 더해 철강과 콘크리트, 그리고 전기 엘리베이터 기술이 융합되면서 거주 가능한 마천루가 등장하기 시작했다. 사실상 2차원에 머물러 있었던 인류의 생활 공간이 기술의 진보와 융합이라는 과정을 통해 마침내 문턱을 넘어 3차원으로 확장된 것이다.

지식의 확장이라는 오디세이에서 우리는 인류 존재의 궤적에 새겨진 크고 작은 변화의 흔적과 그 누적적 효과가 어떻게 변화를 넘어 변혁으로 이어져 왔는지를 목격해 왔다. 불의 발견으로부터 인쇄기의 발명, 그리고 만유인력과 전자기유도 법칙에 이르던 순간들이 차곡차곡 쌓여 결국 오늘날의 지구 문명이 형성된 것이다. 그리고 이제는 훨씬 더 정교해진 현대 문명의 설계도 안에 손톱만큼이나 작지만 놀랍도록 복잡한 구조물을 담고 있는 실리콘 조각의 이야기를 우리는 마주하게 될 것이다.

어느덧 여의도에서 직장생활을 시작한 지 25년, 증권사 애널리스트로서는 21년이라는 짧지 않은 시간을 보냈다. 그동안 애널리스트로서 발간한 보고서를 세어보니 2,000개가 훌쩍 넘었다. 글쓰기라면 적어도 양적인 측면으로는 어디에 내놔도 그렇게 밀리지는 않을 것 같다. 글쓰기가 직업인지라 언젠가는 내 이름의 책을 만들어 보고 싶었다. 그러나 매일매일 시장에서 고군분투하며 연간 100편 이상의 보고서를 쓰고 300회가 넘는 투자설명회나 세미나를 진행하는 것이 애널리스트의 업무이다 보니 책을 쓴다는 일이 도저히 엄두가 나지 않았다. 거기에 리서치센터장으로서 내부 회의는 물론 조직 관리에도 상당히 많은 시간을 투입해야 했기 때문에 책을 집필한다는 것은 시간적, 그리고 체력적으로 상당한 무리가 따르는 일이었다. 보고서를 쓰는 것과 단행본 책을 쓰는 것이 엄연히 다른 일이기도 했다. 반도체가 갖는 사회적, 경제적 무게감이 점점 커지면서 국내외에서 많은 훌륭한 내용의 책들이 출간되었다는 점도 심리적으로 부담이 아닐 수 없었다.

하지만 20년 넘게 반도체 산업을 분석해온 애널리스트의 시각에서 기술사적 흐름과 반도체의 발달 과정, 기업의 흥망성쇠 등을 정리해본다는 것은 그 나름대로 의미가 있는 일이라 생각했다. 유난히 더웠던 2023년 여름의 주말을 통째로 여의도 사무실에서 보내며 원고를 작성했다. 하지만, 다음 날 아침에 일어나 다시 내용을 들여다보면 여전히 불만족스럽고 부족한 부분이 눈에 거슬리는 날들의 연속이었다. 이 같은 우여곡절 끝에 그래도 이렇게 책이 마무리되어 아쉬움과 뿌듯함이 교차한다.

우주의 모든 존재는 미래를 기억할 수 없도록 설계되어 있다. 그러므로 기억할 수 없는 미래를 예측한다는 것은 너무나도 어려운 일일 수밖에 없다. 결국 우리가 할 수 있는 최선은 아마도 예측의 오차를 줄이기 위해 노력하는 일일 것이다. 이를 위해 과거로부터 현재에 이르는 경로를 입체적으로 분석해보고 그로부터 인사이트를 얻는다면 미래로 향하는 궤적을 예상하는 데 조금이나마 도움이 될 수 있을 것이다. 그런 의미에서 컴퓨터와 반도체의 태동, 그리고 그 진화의 과정을 되돌아보는 과거로의 여행은 미래를 위한 여정의 출발이라 할 수 있다.

혁신이 빚어낸 테크놀로지의 역사 속에서 우리는 반도체 명예의 전당에 새겨진 선구자들과 주요 기업들을 만나보게 될 것이다. 그리고 고대 로마 시대와 중세 때부터 역사를 써왔던 탐험가와 상인들이 고부가가치 제품을 얻기 위해 원자재와 기술을 찾아 나섰던 것처럼, 우리는 현대의 전략 자원이라 할 수 있는 반도체의 부상이 어떤 의미를 갖는지 짚어볼 예정이다.

이야기는 먼저 중세 시대 카리용에서 출발해 시카르트와 파스칼, 그리고 라이프니츠가 만든 기계식 계산기에서부터 시작된다. 이어 초기 컴퓨터의 개념을 구현한 디퍼런스 엔진을 고안해낸 찰스 배비지와 세계 최초의 프로그래머로 인정되는 에이다 러브레이스의 스토리가 이어진다. 그리고 인류의 호기심이 마침내 전기와 자기 사이에 얽혀있던 비밀을 풀어내는 순간과 전자의 발견이 진공관과 트랜지스터의 발명으로 이어지는 다이내믹한 역사의 장면들이 펼쳐진다. 인류의 탐욕은 우리 행성에 핵폭탄이라는 파괴의 불씨를 남겼다. 하지만 그 경쟁의 과정에서 우리는 현대 컴퓨터의 아버지라 할 수 있는 앨런 튜링의 영화 같은 인생과 존 폰 노이만의 이야기를 만나게 된다.

그리고 아무것도 아닌 모래처럼 보이는 실리콘의 조각들이 화려한 IC 칩으로 재탄생하는 현대판 연금술인 반도체 제조 공정의 비밀을 파헤쳐본다. 빛이 그리는 예술인 리소그래피와 극한의 정교한 에칭과 증착, 배선과 이온주입에 이르는 마법과도 같은 기술들은 공부해볼 만한 가치가 있다. 이어 21세기 중반 이후에 펼쳐진 실리콘 문명을 건설한 영웅들의 이야기를 들여다본다. 그리고 1980년대 미국과 일본의 폭풍과도 같은 경쟁의 시간을 지나 오늘날 패권을 놓고 벌이고 있는 미국과 중국의 격동의 탱고를 감상해 보자.

테크놀로지의 서사는 이제 컴퓨터를 넘어 인공지능이라는 새로운 시대로 확장된다. 그리고 그 새로운 무대 위에 새로운 등장인물과 새로운 기술들이 주인공의 자리에 올라서게 된다. AI 기술의 발전은 인간의 의식은 어디로부터 왔는가라는 철학적 질문을 우리 스스로에게 던진다. 다만 이 책에서는 이러한 고차원적 질문보다는 현재의 AI 기술과 관련 산업의 흐름을 주도하고 있는 핵심 인물들, 그리고 그들의 관계를 정리해 앞으로 과연 누가 AI 혁명을 주도해 나갈지를 진단해보는 데 집중할 것이다. 끝으로 반도체와 관련한 일반의 오해, 그리고 애널리스트로서 경제적 관점에서 반도체 산업을 보는 인사이트, 그리고 투자자들을 위한 투자 참고 지표들도 정리해봤다.

『반도체 오디세이』는 어떤 주장을 하거나 결론을 내려고 쓴 책은 아니다. 이 책은 컴퓨터와 반도체라는 기술의 코어를 분석해온 애널리스트의 시각에서 테크놀로지의 점진적인 발전이 누적되어 어느 순간 문턱을 넘어서며 나타나는 기술적 도약의 흐름을 다각도에서 연결하고 해석해본 결과라 할 수 있다. 여기에 더해 지정학과 기술 패권의 중요한 요소로 부각되고 있는 반도체를 둘러싼 헤게모니 경쟁에 대한 필자의 생각을 담았다. 에펠탑과 콘크리트, 그리고 전기 기술의 융합이 인류의 생활 공간을 3차원적으로 확장시킨 것과 마찬가지로 우리는 컴퓨팅과 반도체 기술 발전이 누적됨으로 인해 나타나는 인간 진보의 본질에 대한 깊은 통찰을 얻을 수 있을 것이다.

컴퓨팅의 기초를 닦은 여러 분야의 개척자들로부터 호모 사피엔스의 경계를 넓혀가는 인공지능에까지 이르는 거대한 수레바퀴의 궤적들을 함께 추적해 봅시다. 그리고 이 같은 기술과 지식의 서사시를 감상하는 과정에서 독자가 반도체에 내재한 역사적·기술적·경제적·지정학적 성격을 조금이나마 더 잘 이해할 수 있는 기회를 얻게 되길 바랍니다. 인류를 미지의 미래 영역으로 계속 전진하게 하는 인간의 호기심과 야망, 그리고 기술에 관한 이야기를 담은 『반도체 오디세이』에 오신 것을 환영합니다.

C O N T E N T S

반도체 제조 공정: 실리콘 연금술의 마법

2부

실리콘 시대의 거인들

3부

4부 전략자원을 둘러싼 헤게모니 경쟁

5부 인공지능 오디세이

6부 4차원 미로 속의 반도체 산업

Appendix

1부

문명의 발전:
카리용에서 트랜지스터까지

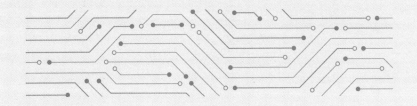

─────────── 오늘날의 복잡하게 상호 연결된 인류의 네트워크에서 컴퓨터와 반도체보다 더 깊은 영향을 미치는 혁신은 별로 없을 것이다. 뻔하게만 보였던 자동 연주 장치가 덧셈과 뺄셈을 도와주는 계산기계를 거쳐 현대의 인공지능으로 진화하면서 펼쳐지는 기술의 파노라마는 그저 놀랍기만 하다. 시대를 관통하는 기술적 경이로움과 혁신적인 여정은 바로 우리 인류의 독창성과 호기심, 그리고 변화에 대한 매혹적인 드라마다. 이 책의 첫 장에서는 이러한 놀라운 기술의 진화를 만들어낸 사람들과 혁신적인 아이디어, 그리고 결정적 순간들에 대한 발전의 단계를 짚어볼 것이다.

우리의 여정은 발명가들의 상상력을 사로잡고 기계적 계산의 기초를 닦은 마법의 악기인 카리용(Carillon)과 오르골(Orgel)의 매혹적인 이야기로부터 시작된다. 컴퓨터와 전혀 관계가 없어 보이는 오르골이 어떻게 컴퓨터 기술의 기초가 되었는지 그 과정을 함께 추적해 보고, 마침내 19세기의 끝자락에서 우리는 데이터 처리라는 혁명의 발판을 마련한 홀러리스의 흥미로운 이야기를 만나게 된다.

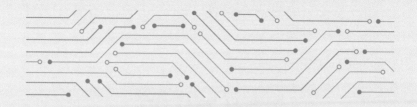

　20세기는 전자의 발견과 진공관에 대한 이야기이다. 19세기 중반 이미 전기 문명의 토대를 쌓은 인류는 이제 전자 문명으로 진화할 준비를 마쳤다. 전자라는 소립자가 만들어 내는 경이로움은 결국 기계적 계산기가 전자식 컴퓨터로 발전하는 초석을 만들었고, 인류는 새로운 문턱을 또 넘어섰다. 그리고 1947년, 역사의 흐름을 바꾼 또 다른 순간이 도래한다. 바로 트랜지스터의 발명이다. 소형화의 열쇠를 풀고 반도체 혁명의 토대를 마련한 혁신적인 발명은 무어의 법칙을 통해 더 작고 더 빠르고 더 효율적인 컴퓨터를 위한 새로운 길을 열었다.

　하지만 필자가 이야기하고 싶은 것은 단순한 사건의 연대기 그 이상이다. 그것은 인간의 독창성과 회복력, 그리고 끊임없이 진보를 추구하는 노력들의 누적적 효과가 만들어낸 놀라운 성과이다. 컴퓨터와 반도체의 매혹적인 기원을 탐구하고 현대 세계를 형성해가는 변화와 인류의 진화를 추적하는 놀라운 시간 여행을 함께 떠나보자.

01

기계식 계산기의
역사

카리용과 배럴 오르간

중세 유럽인들에게 교회와 교회의 시계탑은 삶의 중요한 지표였다. 교회 시계탑에서 울리는 종소리로 시간을 알 수 있었고, 그에 맞춰 예배에도 참석해 신께 감사의 기도를 올릴 수 있었기 때문이다. 특히, 14세기에 이르러 '카리용(Carillon)'이라는 악기가 발명되면서, 교회의 시계탑은 과학과 음악이 융합된 정보 제공의 첨병으로 자리 잡았다. 카리용은 여러 개의 종을 음계 순서대로 달아놓고 치는 타워형 관음악기로 중세 유럽인들에게 시간뿐만 아니라 화재, 폭풍, 전쟁 등의 주요 사건들을 알려주는 매스미디어의 역할을 했다.

나아가 수동으로 종을 치던 방식을 넘어 자동으로 카리용을 연주할 수 있는 방법에 대한 연구도 계속 이어졌다. 마침내 1381년 벨기에 브리쉘의 니콜라스 성당 시계탑에 자동으로 연주가 가능한 카리용이 설치되었다. 그리고 이는 곧 실린더를 장착한 배럴 오르간으로 발전했다. 배럴 오르간은 나무로 된 실린더에 길이가 다른 뭉툭한 못이 박혀 있어 크랭크를 돌리면 못이 오르간의 레버를 들어올려 관에 바람을 보내 멜로디와 화음을 연주하는 반자동 악기로, 16~18세기 유럽에서 큰 인기를 끌었다. 호엔잘츠부르크(Hohensalzburg) 성에는 1502년에 제작된 현존하는 가장 오래된 배럴 오르간이 전시되어 있다.

1597년 영국 엘리자베스 1세 여왕(1533~1603)은 오르간 제조사인 레번트가 제작한 배럴 오르간을 오스만투르크의 술탄 마호메드 3세(1533~1603)에게 선물로 보냈다는 기록이 있다. 그만큼 배럴 오르간은 부와 권력의 상징이기도 했다. 이후 배럴 오르간의 소형화가 이루어져 핸드 오르간, 실린더 오르간, 박스 오르간, 그라인더 오르간 등의 이름으로 불렸고, 나중에는 배럴 피아노로 발전되었다. 실린더를 교체하면 다른 음악을 연주할 수 있었는데 18세기에는 1,300여 곡의 음악을 담은 오르간까지 등장했다. 실린더에는 악보가 새겨져 있었는데 이는 어찌 보면 오늘날의 컴퓨터 프로그램 또는 소프트웨어에 해당하는 개념이었다고 볼 수 있다.

오르골의 탄생

한편, 1511년 독일의 자물쇠 수리공인 피터 헨라인(PeterHenlein, 1485~1542)은 태엽 기술을 적용해 휴대가 가능한 소형 회중시계(Pocket Watch)를 제작하는 데 성공한다. 교회에 고정되어 있던 시계의 모바일화가 가능해진 것이다. 이렇게 되자, 시계 산업은 획기적인 진보를 이루게 되었고, 스위스는 정밀 시계 공업을 꽃피우는 중심지가 된다. 그리고 1796년 제네바의 시계 장인인 앙투안 파브르 살로몬(Antoine Favre Salomon, 1734~1820)이 금속 조각 건반과 금속 실린더, 그리고 태엽을 이용한 아주 작은 소형 배럴 피아노를 고안해 냈다. 오르골*의 탄생이었다. 오르골은 길이를 다르게 해 음계의 음을 낼 수 있는 금속편을 이용해 회전하는 원통에 붙어있는 돌기에 의해서 금속편이 튕겨지며 소리를 내는 원리로 작동한다.

자동으로 연주되는 소형 오르골의 탄생은 음악을 방 안으로 들어오게 만든 일대 사건이라 할 수 있다. 오늘날 스마트폰의 발명이 온 가족이 거실에서 모여서 보던 TV를 침대 위의 개인용 제품으로 바꾼 것과 같은 혁신에 견줄만한 것이다. 금속 실린더 오르골은 감아 놓은 태엽이 풀리면서 실린더가 회전을 하고 돌기들이 금속 막대를 튕기며 소리를 낸다. 하지만 실린더의 부피로 인해 몇 곡 밖에 들을 수 없었고, 제작비가 비싸다는 단점이 있어 귀족과 부유층에 한정

---

* 　네덜란드어 '오르겔(Orgel)'이 변형된 것으로 영어로는 '뮤직 박스(Music Box)'라고 한다.

해 소비될 수밖에 없었다.

이러한 단점을 개선하기 위해 1876년 독일의 한 발명가가 디스크 타입의 오르골을 개발하게 된다. 오늘날의 LP판과 비슷한 디스크에서 뾰족뾰족하게 튀어나온 돌기가 금속 실린더의 핀 역할을 대신하는 방식이다. 디스크 타입의 오르골 악보는 당시 꽃을 피우던 산업혁명에 힘입어 장인의 손이 아닌 프레스 기계로 찍어낼 수 있게 되면서 대량 생산 및 가격 인하가 가능해졌다. 이로써 귀족들의 전유물이었던 음악이 일반 대중의 품으로 들어오게 되었다.

시카르트의 계산시계

20세기 후반 요하네스 케플러(Johannes Kepler, 1571~1630)의 전기 작가인 프란츠 해머는 케플러의 소장품을 정리하던 중 1623년과 1624년에 받은 두 장의 편지를 발견한다. 이는 신성로마제국의 천문학자였던 빌헬름 시카르트(Wilhelm Schickard, 1592~1635)가 요하네스 케플러(Johannes Kepler, 1571~1630)에게 보낸 편지였는데, 거기에는 자신이 고안한 '계산시계(Rechenuhr)'에 대한 설계도와 그 사용법이 적혀 있었다.

시카르트의 계산시계는 사칙연산을 수행하도록 설계되어, 6자리 숫자를 더하거나 뺄 수 있었다. 이를 위해 회전 가능한 네이피어의 막대(Napier's Bones)가 장착되었다. 네이피어(John Napier, 1550~1617)는 17세기의 스코틀랜드의 수학자로, 곱셈을 쉽게 계산할 수 있는 네이피어의 막대(또는 네이피어의 뼈)를 고안했다.

시카르트의 계산시계에 장착된 네이피어 막대의 각 숫자는 디스플레이 휠, 입력 휠, 중간 휠을 사용했으며 서로 맞물려 돌아가도록 되어 있었다. 중간 계산을 기록하기 위한 추가 '메모리 레지스터'도 갖추고 있었으며, 오버플로우가 발생하면 벨이 울리도록 만들어졌다. 시카르트는 이 기계가 천문학적인 표를 계산하는 힘든 작업에 도움이 될 것이라고 케플러에게 제안했다.

시카르트는 프로페셔널 시계 장인인 요한 피스터(Johann Pfister, 1573~1642)에게 설계도대로 기계를 만들어 달라고 요청했다. 하지만 안타깝게도 제작도중 화재 사고로 인해 기계는 완성되지 못한 채 파괴되고 말았다. 이로 인해 정신적 내상을 당한 시카르트는 계산기 제작 프로젝트를 포기한 채 낙담했고, 그와 그의 가족 모두는 30년 전쟁(1618~1648)* 중 페스트로 사망하게 된다.

시카르트가 케플러에게 보낸 편지는 300년이 넘는 시간 동안 세

---

* 로마 가톨릭교회를 지지하는 국가들과 프로테스탄트교회를 지지하는 국가들 사이에서 벌어진 종교 전쟁. 인류 전쟁사에서 가장 잔혹하고 사망자가 많았던 전쟁 중 하나로, 사망자 수가 800만 명에 달했다.

상에 알려지지 않았다. 하지만 1935년 요하네스 케플러의 전기 작가인 프란츠 해머가 케플러 관련 자료를 조사하는 과정에서 이 두 장의 편지와 그 안에 그려져 있는 설계도를 발견해 세상에 공개한 것이다. 시카르트의 계산시계는 비록 완성된 형태는 아니었지만, 다음에 소개될 '파스칼라인'보다 약 20년 앞선 것으로 인류의 기계식 계산기 개발에 중요한 이정표가 되었다.

아버지를 위한 계산기, 파스칼라인

살다 보면 가끔씩 수학이나 계산 영역에서 뛰어난 능력을 발휘하는 사람들을 만날 때가 있다. 하지만 대부분의 사람들은 수학이나 계산과 같은 것에 알레르기 반응을 일으키는 경우가 많다. 지금도 그랬고 과거에도 그랬었다. 그렇기 때문에 계산을 좀 더 편하게 할 수 있는 장치를 만들기 위한 인류의 노력은 상당히 오래 전부터 시도되었다.

프랑스의 블레즈 파스칼(Blaise Pascal, 1623~1662)은 그의 저서 『팡세』에서 "인간은 생각하는 갈대"*라는 명언을 남긴 철학자로 우리에게 잘 알려져 있다. 하지만 사실 그는 어린 시절부터 수학의 신동으로 주목받았던 인물이기도 하다. 그는 불과 13세 때 파스칼의 삼

---

* 원문 번역문은 "인간은 자연 가운데서 가장 약한 하나의 갈대에 불과하다. 그러나 그것은 생각하는 갈대이다."

각형을 발견했으며, 1642년 19세 때는 세무 공무원이었던 아버지가 세금을 계산하는 과정에서 스트레스를 받는 것을 보고 다이얼과 톱니바퀴를 이용해 덧셈과 뺄셈을 할 수 있는 최초의 기계식 계산기인 '파스칼라인(Pascaline)'을 만들었다.

파스칼의 계산기는 일을 능률적으로 처리할 수 있도록 돕는 좋은 도구였다. 하지만 덧셈과 뺄셈 이외의 계산은 할 수가 없다는 한계를 갖고 있었다. 당시 약 20대가 제작되었던 것으로 전해졌지만, 그다지 널리 확산되지는 못했다고 한다. 그렇더라도 파스칼라인이라는 실물 계산기의 등장은 인류 역사상 기계식 컴퓨터 개발의 촉매가 되었던 것으로 평가된다.

02

주역과 나폴레옹은
컴퓨터와 무슨 관계가 있을까?

라이프니츠가 감탄한 주역, 그리고 이진법

파스칼라인의 기능적 한계를 돌파한 것은 신성로마제국의 라이프니츠(Gottfried Wilhelm Von Leibniz, 1646~1716)에 의해서였다. 그는 수학부터 물리학, 철학, 의학, 정치학, 심리학 등 거의 모든 학문 분야에서 타의 추종을 불허하는 업적을 남긴 다방면의 현인으로 이름을 날리고 있었다. 라이프니츠는 1672년부터 4년간 외교관으로 파리에 머물렀는데, 그때 그의 수학적 스승이라 할 수 있는 호이겐스(Christian Huygens, 1629~1695)를 만나 교류하게 된다. 호이겐스는 1690년 『빛에 관한 논술』을 출간해 당시 과학계의 절대자였던 아이작 뉴턴(Isaac Newton, 1642~1727)의 빛의 입자설과 대립되는 빛의 파동설을 주장했던 인물이었다. 라이프니츠는 호이겐스의 천문학 연구에 도움을 주기 위해 복잡한 계산을 수행할 수 있는 '라이프니츠 휠'을 개발했다. 이 장치는 덧셈, 뺄셈의 반복을 통해서 곱셈과 나눗셈 그리고 평방근까지 구할 수 있는 기능을 갖추고 있었다. 이 장치는 본질적으로는 파스칼라인과 같은 톱니바퀴 방식이었지만 스탭 실린더(Stepped Cylinder)라는 9개의 커다란 기어들을 추가해 승수와 피승수를 표시할 수 있도록 업그레이드된 자동 계산기였다.

사실 라이프니츠는 뉴턴(Isaac Newton, 1642~1727)과 비슷한 시기에 미적분을 고안했던 인물로 잘 알려져 있다. 미적분을 최초로 발명한 사람이 뉴턴이냐 라이프니츠냐의 문제는 영국과 독일 수학계의 유서 깊은 논쟁거리다. 하지만 개인적으로 볼 때, 라이프니츠가 인류에게 남긴 가장 큰 선물은 바로 오늘날 컴퓨터 시스템의 기본 구조를 이루는 이진법 체계를 완성했다는 점이 아닌가 생각된다. 독실한 신학자이기도 했던 라이프니츠는 우주는 무에서 모든 것이 창조되었기 때문에 무를 나타내는 '0'과 신이 창조한 '1'이 세상의 기본이라고 생각했었다. 그리고 그는 '0'과 '1'이라는 두 숫자가 십진법과 같은 방식으로 계산에 사용될 수 있다는 점을 밝혀냈다.

한편, 조아킴 부베(Joachim Bouvet, 1656~1730)는 루이 14세(Louis XIV, 1638~1715)에 의해 1685년 청나라에 선발대 선교단으로 파견되

었다. 그는 포교 활동과 함께 강희제(康熙宰, 1654~1722)*에게 천문학, 의학, 화학 등을 강의하기도 했다. 1차 활동을 마친 1693년 강희제의 서신 및 선물과 함께 잠시 프랑스로 복귀한 부베는 당시 중국 문물에 관심이 많았던 라이프니츠의 책을 읽고 그에게 편지와 함께 자신이 쓴 『강희제전』을 보내준다. 부베와 라이프니츠의 교류는 이렇게 시작되었다.**

이 과정에서 라이프니츠는 자신이 연구하던 이진법에 관해 설명을 했고, 부베도 관심 분야였던 주역과 팔괘(八卦) 등에 대해 알려주었다. 1701년 부베는 라이프니츠에게 전설적 황제 복희(伏羲)***가 만들었다는 괘상도(卦象圖)를 보냈는데, 이를 받아 든 라이프니츠는 주역의 64괘에 이진법의 철학이 함축되어 있다는 사실을 파악하고 흥분을 감추지 못했다. 그에게 이진법은 어둠과 빛, 무와 유에 기반을

---

* 청의 4대 황제로 세계사를 통틀어 가장 뛰어난 성군으로 꼽히며, 무려 62년(1661~1722)동안 중국을 통치했다. 엄청난 공부와 수양을 통해 지식과 교양을 쌓았으며 직접 전쟁을 지휘하고 원정을 강행하는 등, 진정한 의미에서 문무를 겸비한 대군주로 평가된다. 당시 청에 머물던 선교사들에 의해 강희제의 통치는 유럽까지 알려졌고, 유럽의 학자들은 '철인군주'를 꿈꾸던 플라톤의 이상을 기독교도 안 믿는 중국에서 실현했다고 평가한다.

** 방인, '조아킴 부베의 중국 문자에서 기독교의 흔적 찾기', 경북대학교 동서인문 제 20호, 2022.12.

*** 동이족의 신화 속 인물로, 태호 복희씨(太皞 伏羲氏)로 부른다. 인간의 머리에 뱀의 몸을 하고 있으며, 기원전 2800년 경에 살았다. 처음으로 팔괘를 그어 팔괘를 복희팔괘라고도 한다. 팔괘와 음양을 통해 인간과 자연의 이치를 짐작하게 한 신이며, 동쪽과 봄을 다스리고, 인간들에게 불을 선사했다고 한다.

둔 우주 창조의 원리였는데 그것을 고대 중국인들이 아주 오래 전부터 알고 있었다는 것이니 놀라지 않을 수 없는 일이었다.

이 같은 충격은 부베에게도 마찬가지였다. 중국의 64괘가 이진법에 기반한 것이라면, 사실 지중해 세계와 아시아 세계는 서로 공통된 지식을 공유하고 있었다는 얘기가 되기 때문이다. 따라서 아시아 문화의 뿌리에 기독교 원리가 내재되어 있는 것 아니겠느냐는 생각까지 갖게 되었다. 심지어 부베는 아예 64괘를 노아의 증조부인 에녹(Enoch)이 만들었다고 믿었다고 한다. 하지만 어떤 연유에선지 부베로부터의 서신이 끊기게 되면서 그 이상의 분석은 진행되지 못하였고, 64괘의 이진법에 근거한 완전도해는 완성되지 못했다.*

나폴레옹의 이집트 원정과 자카드 직조기의 탄생

조셉 마리 자카드(Joseph Marie Jacquard, 1752~1834)는 프랑스 리옹에서 태어났다. 자카드가 성장하고 생활했던 18세기 후반은 방직기와 증기기관을 면직물 생산에 도입해 산업혁명을 이끈 영국이 유럽의 맹주로 급부상하던 시기였다. 또한 미국의 독립혁명과 프랑스 혁명 등 레짐 체인지(Regime Change)가 일어나는 격변의 시기였다.

---

* 진중권, '유럽과 중국의 하나 됨을 꿈꾸다', 주간동아, 2005.1.

프랑스 혁명 이후 대륙 제패를 꿈꾸고 있던 프랑스에게 영국은 눈엣가시였다. 이러한 영국을 견제하기 위해 나폴레옹(Napoleon Bonapart, 1769~1821)은 1798년 이집트 원정에 나서게 된다. 이집트는 영국의 식민지인 인도와 본토를 이어주는 군사적 요충지였다. 만약 이집트를 프랑스가 정복할 수 있다면 영국과 인도의 연결로를 차단해 영국의 힘을 빼고, 공백이 된 인도를 프랑스가 차지할 수도 있겠다는 포석이었던 것이다.

2년에 걸친 원정은 결과적으로 실패로 막을 내린다. 하지만 167명의 학술조사단을 동행시킨 프랑스군은 고대 유적에 대한 중요한 기록을 남겼고 이집트 원정 과정에서 로제타스톤을 발견하는 성과를 거두었다. 또한 오리엔탈리즘 분위기가 물씬 풍기는 매혹적인 비단숄을 프랑스에 들여왔다. 신비한 분위기의 이집트에서 넘어온 고급 비단숄은 얼마 지나지 않아 프랑스를 넘어 유럽 사교계 전역에 센세이셔널한 유행이 되었다. 돈 냄새를 잘 맡는 유럽의 상인들에게 이는 더할 나위 없는 사업의 기회였다. 고부가가치 제품인 비단숄을 대량 생산할 수 있는 방법에 대한 R&D가 곳곳에서 진행되었다.

한편, 유산으로 포도원과 채석장, 베틀 등을 물려받은 자카드는 지루하고 반복적인 과정으로 이루어지던 직조 작업을 개선하기 위해 노력했다. 그는 오르골에 사용된 디스크의 아이디어에서 영감을 받아 천공카드를 사용해 문양대로 패턴을 짤 수 있는 새로운 기계를 개발하는 데 성공했다. 일명 자카드 직조기(Jacquard Loom)가 개발된 것이다. 천공카드에 구멍이 뚫린 곳은 실이 엮이고, 막힌 부분은 실이 지나갈 수 없어 패턴이 만들어지는 방식이었다.

하지만 자카드의 직조기는 당시 직조 장인들로부터는 환영받지 못했다. 러다이트 운동(Luddite Movement)*이 펼쳐진 것이다. 자카드 직조기가 복잡한 문양의 직조 과정을 단순화해 자신들의 일자리가 사라질까 두려워한 탓이었다. 심지어 성난 노동자들에 의해 자카드는 거의 죽임을 당할 뻔하기까지 했다. 이러한 모습은 200년이 지난 현재에도 비슷한 방식으로 뉴스에 등장하고 있는 것이 현실이기도 하다. 예나 지금이나 새로운 기술의 출현에는 언제나 변화를 거부하는 저항이 뒤따르기 마련이다. 그러나 시대의 흐름은 거스를 수 없는 것이다. 자카드가 개발한 이 신개념의 기계는 섬유산업의 레벨을 몇 단계 이상 끌어 올렸을 뿐만 아니라, 현대적인 프로그래머블 컴퓨터 산업의 잠재적인 토대를 마련한 주춧돌이 되었다.

----

* 1811년~1817년에 일어난 기계 파괴 운동으로 당시 등장한 방직기가 노동자의 일거리를 줄인다는 생각이 배경이 되었다. 네드 러드(Ned Ludd)라는 인물이 이 운동을 주도했기에 러다이트 운동이라는 이름이 붙었지만, 가공의 인물이라는 설이 유력하다. 방직기의 등장으로 일자리를 위협 받게 된 직조공들은 비밀 결사를 만들어 도시에서 게릴라 부대를 형성한 후, 공장주들을 위협하고 여러 사항을 요구했다. 직조공들은 지도자가 누구냐는 질문을 받으면 '네드 러드 장군'이라고 답했으며, 그렇게 이 직조공 비밀 결사는 러다이트라고 알려지게 된 것이다.

자료: ScienceDirect.com

1798년 나폴레옹이 이집트 원정에 나서지 않았다면 19세기 초 유럽의 비단숄 열풍도 없었을지 모른다. 그리고 그랬다면 자카드의 직조기도 만들어지지 않았거나, 훨씬 나중에야 등장하게 되었을 것이다. 자카드 직조기가 꽃과 새의 패턴을 짜내는 방식은 이후 세계 최초의 컴퓨터 프로그래머로 인정받는 에이다 러브레이스의 아이디어에도 적지 않은 영향을 미쳤다.

03

찰스 배비지와 에이다 러브레이스

배비지의 디퍼런스 엔진

영국의 수학자 찰스 배비지(Charles Babbage, 1791~1871)는 차분법(差分法)에 의해 연속된 덧셈만으로 임의의 다항함수를 계산할 수 있는 디퍼런스 엔진(Difference Engine: 차분기관)의 프로토타입을 1822년 영국 왕립 천문학회에서 제안했다.

차분법은 수치해석에서 사용되는 기법으로 주어진 함수의 미분값을 사용하여 함수의 값을 근사화하는 방법이다. 함수의 값을 근사화하기 위해 주어진 점에서 함수의 변화량을 구하고, 그 점에서 일정한 간격만큼 이동한 뒤의 함수 값과의 차이를 계산하는데, 이

간격을 매우 작은 값으로 설정하면 더 정확하게 근사화된 값을 얻을 수 있다.

디퍼런스 엔진은 로그값을 정확하게 구하기 위해 시작된 프로젝트로 톱니바퀴와 기어를 이용해 기억과 계산을 수행한다. 7개의 숫자를 31자리까지 기억할 수 있었으며 핸들을 돌려 동력을 얻었고 계산 결과는 인쇄기로 출력되는 방식이었다. 배비지는 영국 재무부의 지원을 받아 당대 영국 최고의 장인인 조셉 클레멘트(Joseph Clement, 1779~1844)를 고용해 실제 제품 제작에 나섰다. 9년이라는 기간 동안 그는 17,000 파운드에 달하는 막대한 자금을 지원받았다. 그의 설계도에 의하면 필요한 부품 수는 25,000개, 전체 무게는 13톤을 넘어갔을 것으로 추정되었다. 하지만 결국 자금 부족과 제작 난이도를 극복하지 못하고 기계 제작 프로젝트는 실패로 막을 내렸다.

이후 찰스 배비지는 연구에 더욱 몰두해 더 복잡한 계산까지 가능한 애널리티컬 엔진(Analytical Engine)을 설계했다. 이 기계는 너무나 복잡해 제작은 시도조차 되지 못했지만 사실상 범용으로 사용 가능한 기계식 컴퓨터의 원형으로 평가된다. 특히, 자카드 직조기에 사용된 펀칭카드를 입력 장치로 사용해 현대적 컴퓨터 프로그램의 개념을 도입했다. 뿐만 아니라, ① 수를 저장하는 장치(메모리), ② 계산을 하는 장치(CPU), ③ 동작을 제어하는 장치(컨트롤), ④ 입출력 장치를 갖춰 현대식 컴퓨터의 기본 요소를 갖추고 있었다.

배비지가 애널리티컬 엔진을 개발하는 동안 그는 수학에서 발군의 소질을 보이고 있던 17세의 천재 소녀 에이다 러브레이스(Ada Lovelace, 1815~1852)와 서신을 주고받으며 자신이 개발한 기계의 콘셉트에 대해 의견을 나누었다. 배비지의 기계에 대해 배비지보다 더 완벽히 이해하게 된 러브레이스는 이 기계에 대해 다음과 같을 글을 남겼다. "애널리티컬 엔진을 통해 자카드 직기가 꽃과 잎을 짜는 것처럼 대수적 패턴을 만들어 낼 수 있습니다."

디퍼런스 엔진과 애널리티컬 엔진의 제작에 실패한 이후 배비지는 1847년부터 1849년 사이에 애널리티컬 엔진보다는 간단하지만 기존 디퍼런스 엔진보다는 업그레이드된 버전인 디퍼런스 엔진 No. 2의 설계도를 완성했다. 그리고 이를 들고 다시 영국 왕실을 찾아갔다. 하지만 이미 그는 재무부로부터 신뢰를 잃어버린 상황이었고, 배비지의 계산기는 결국 마지막 펀딩에 실패해 미완성인 채로 남고 말았다. 하지만 그의 사후 120년이 지난 1991년, 그의 설계도에 따라 조립이 진행되었고, 마침내 무게 5톤에 달하는 디퍼런스 엔진 No. 2가 완성되었다. 실제 제작 가능성을 검증하기 위해 당시의 기술 수준으로 제작된 8,000개의 부품이 사용되었다. 완성 후 실제로 계산이 실행되었는데, 31자리의 정답을 산출하는 데 성공했다. 적어도 찰스 배비지의 설계도 자체는 완벽했었다는 것이 증명된 것이다.

최초의 컴퓨터 프로그래머 러브레이스

17세기 유럽을 강타한 뉴턴 역학은 이후 과학적 이성을 통해 사회의 무지를 타파하고 현실을 개혁하자는 계몽주의 운동으로 이어졌다. 하지만 이에 반발해 개인의 감정과 자연의 위대함을 노래하는 낭만주의가 18세기부터 유럽에 퍼지기 시작했다. 이어 프랑스혁명을 거치면서 1세대 낭만파 시인들의 계보를 잇는 2세대 신 낭만주의가 등장했다.

고든 바이런(Lord George Gordon Byron, 1788~1824)과 셸리(Percy Bysshe Shelley, 1792~1822), 키츠(John Keats, 1795~1821) 이렇게 세 사람은 영국의 2세대 낭만주의를 대표하는 천재 시인들로 거의 비슷한 시기에 요절했다는 공통점을 갖고 있다. 바이런은 36세, 셸리는 29세, 키츠는 25세에 각기 다른 이유로 생을 마감했다.

케임브리지 트리니티 컬리지를 졸업한 후 할아버지인 5대 윌리엄 바이런(William Byron, 5th Bron Byron, 1722~1798)의 남작 작위를 이어받아 상원의원으로 정계에 진출한 바이런은 젊은 나이에 많은 문학 작품을 발표하며 일찌감치 영국 문학계의 신성으로 명성을 쌓았다. 명망있는 집안과 좋은 학벌, 뛰어난 글솜씨와 언변, 거기에 잘생긴 외모까지. 바이런은 지금으로 치면 거의 아이돌급의 인기를 얻고 있었던 시대의 셀럽이었다.

하지만 그는 그의 아버지 존 바이런(John Byron, 1757~1791)과 마찬가지로 망나니 같은 난잡한 생활에 빠져 살았다. 그렇게 방탕한 생활을 즐기던 그는 1815년 당시로서는 상당히 늦은 나이인 27세에 4살 연하의 남작 앤 밀뱅크(Anne Isabella Milbanke, 1792~1860)와 결혼해 딸을 하나 얻었다. 이 때 얻은 딸이 바로 에이다 러브레이스였다.

바이런은 뛰어난 시인이었다. 그러나 누군가의 남편 혹은 누군가의 아버지이기에는 지나칠 정도로 낭만적이었다. 심한 여성편력에 더해 이복누이인 어거스타 리(Augusta Leigh, 1783~1851)와의 근친상간 문제*까지 불거지자 밀뱅크는 더 이상 참지 못하고 그와 이혼하게 된다. 이혼 후 잠시 런던에 머무른 시기에도 그는 제 버릇을 고치지 못했다. 친구 퍼시 비시 셸리의 부인인 메리 셸리(Mary Shelley, 1797~1851)의 이복 자매인 18세의 클레어몬트(Claire Clairmont, 1798~1879)를 임신시켜 딸 알레그라(Allegra Byron, 1817~1822)를 낳게 만들었다. 그리고 자신의 또 다른 딸마저 뒤로 한 채 1816년 영국을 완전히 떠나 제네바, 베니스, 아테네 등을 여행하던 바이런은 1823년 그리스 독립전쟁(1821~1829)에 참전했지만, 그가 사실상 내버린 자신의 딸 알레그라와 같은 말라리아 열병에 걸려 1824년 36세의 나이로 그리스에서 세상을 떠나게 된다.

---

* 어거스타 리는 7명의 자녀를 낳았는데, 그 중 셋째 딸인 엘리자베스 메도라가 바이런의 딸로 의심이 된다는 설이 있다. (Hanson, Marilee., 'The Life of Lord Byron by Thomas Moore, 1835', 2015.2.)

한편 러브레이스는 아버지 없이 어머니와 외할머니의 보호 속에 자라났다. 그녀는 학교를 다니지는 않았지만, 바이런의 딸답게 어릴 때부터 시와 문학에서 엄청난 재능을 보였고, 아버지를 닮아 미모도 빼어났다. 하지만 그녀의 어머니 밀뱅크는 바이런 집안에 흐르는 방탕함과 무절제함에 대한 증오로 러브레이스가 아버지인 바이런의 시를 읽는 것을 철저히 금지시켰다. 또한 밀뱅크는 당시 귀족 여성으로서도 드물게 케임브리지의 교수들로부터 철학, 과학, 수학을 배운 지식인이었다. 그래서 자신의 딸도 가급적 문학과는 거리가 먼 수학과 과학 쪽으로 진로를 잡도록 애를 썼다. 당시 러브레이스의 수학 교사는 드모르간의 법칙으로 유명한 드모르간(Augustus De Morgan, 1806~1871)이었는데, 그에 의해 러브레이스는 그녀 안에 잠재되어 있던 놀라운 수학적 재능을 발견하게 된다.

배비지와 러브레이스의 만남

러브레이스는 17세이던 1832년, 우연히 찰스 배비지가 주최한 모임에 참석해 배비지가 설계한 디퍼런스 엔진에 대한 설명을 듣게 된다. 그 자리에 있던 사람들은 배비지가 하는 얘기를 일종의 외계어가 아닌가 생각하고 있었지만, 17세의 러브레이스는 그 기계의 작동원리를 이해하고 큰 흥미를 갖게 된다. 이후 그녀는 배비지와 서신 교류를 하면서 자신이 생각하고 있는 여러 아이디어를 공유했고, 급기야 배비지가 계획하고 있던 가상의 애널리티컬 엔진에 드모르간의 기호 논리학이 적용 가능하다는 사실도 깨닫게 된다.

찰스 배비지의 분석엔진은 당시의 기술력, 경제력으로는 제작조차 불가능한 완전히 새롭고 어려운 수준의 기계였다. 러브레이스는 배비지의 기계를 이해할 수 있는 당대의 몇 없는 사람 중 하나였다. 배비지는 러브레이스의 아이디어와 수학적 재능에 크게 감명을 받아 러브레이스를 '숫자의 마술사'라고 불렀다고 한다.

그녀는 배비지를 도와 아직 존재하지도 않는 기계의 작동방식을 설명하기 위한 일종의 매뉴얼을 만들었다. 그리고 이 과정에서 베르누이 수(Bernoulli Numbers)*를 계산하는 알고리즘을 작성하고 이를 설명했는데, 오늘날 학계에서는 이를 사실상 최초의 컴퓨터 프로그램으로 인정하고 있다. 그녀가 작성한 알고리즘에는 루프문, 조건문, 서브루틴 같은 오늘날 컴퓨터 언어에서 사용되는 여러 제어문의 개념들이 들어 있었다고 한다.

심지어 러브레이스는 "아날로그적인 자연 현상이 수치화될 것이고, 이렇게 되면 숫자의 기계적인 조작을 통해 음악을 작곡하거나

---

* 18세기 초에 스위스 수학자 야코프 베르누이(Jakob Bernoulli, 1665~1705)가 발견한 수열로 표현되는 수들을 말한다. 베르누이 수는 자연수의 거듭제곱의 합 또는 이들의 역수인 무한 합과 관련된 수이며, $Bn(x) = \sum_{k=0}^{n} Bk \cdot x^{k(n-k)}$과 같은 생성함수를 통해 생성되는데 소수, 미적분, 조합론 및 대수 위상수학 등에서 주로 다루어진다.

19세기 초 에이다 러브레이스 주변의 인물 관계도

메리 셸리
(1797-1851)

클레어몬트
(1798-1879)

오거스타 리
(1783-1851)

이복자매

부부

존 키츠
(1795-1821)

퍼시 비시 셸리
(1792-1822)

고든 바이런
(1788-1824)

앤 밀뱅크
(1792-1860)

〈영국 3대 낭만파 시인〉

사제

교류

교류

에이다 러브레이스
(1815-1852)

드모르간
(1806-1871)

마이클 패러데이
(1791-1867)

찰스 배비지
(1791-1871)

자료: 유진투자증권

그림을 그리는 일, 그리고 그 외 수많은 일들이 가능해질 것이다."
라고 예견했다. 또한 "하지만 그게 정말로 인간과 같은 지능을 가지
기에는 무리가 있을 것이다."라는 놀라운 통찰력을 보여 주었다. 즉,
2023년의 우리가 열광하고 있는 AI 시대의 출현을 그녀는 이미 200

년 전에 상상하고 있었던 것이다.

러브레이스는 건강이 좋지 않아 늘 힘들어했지만 과학, 수학, 기계 등에 대한 호기심 때문에 많은 독서와 함께 광범위한 인적 네트워크를 구축했다. 그녀의 사교 범위에는 마이클 패러데이(Michael Faraday, 1791~1867), 전신의 개척자인 찰스 휘트스톤(Charles Wheatstone, 1802~1875), 만화경의 최초 발명자였던 데이비드 브루스터(David Brewster, 1781~1868) 등 당대의 최고 과학자들이 포함되어 있었다.

만약 그녀의 시간대가 남녀차별이 컸던 시대가 아니었고, 그녀가 자신의 아버지와 같은 36세에 요절하지 않았다면 오늘날 러브레이스라는 이름은 훨씬 더 잘 알려져 있었을지도 모른다. 하지만 에이다 러브레이스라는 이름은 2022년 엔비디아(NVIDIA)에 의해 그녀 사후 170년 만에 재소환되었다. 2022년 10월 엔비디아는 AI용 GPGPU(General Purpose GPU) 라인업의 새로운 아키텍쳐를 에이다 러브레이스로 명명한 것이다.

04

급증한 인구와
통계 기계

활발한 이민 유입으로 인구가 폭증한 1800년대 후반 미국 통계청의 인구 조사와 집계 발표에는 점점 더 오랜 시간이 걸렸다. 미국은 독립 직후인 1790년부터 10년마다 전체 인구를 조사해왔는데, 9차 조사(Census)였던 1870년까지는 조사와 집계에 약 5년이 걸렸으나 1880년 10차 조사 때는 7년이 필요했다. 1870년 3,855만 명이던 미국 인구는 1880년 5,000만 명을 넘어섰고, 1890년 11차 조사에는 10년 이상이 필요할 것으로 예상되었다. 이에 고민에 빠진 미국 통계국은 1888년 대량의 데이터 처리를 효율적으로 처리하기 위한 발명품 챌린지를 개최했다. 경쟁 방식은 1880년의 센서스 데이터를 읽어들이고, 이를 성별이나 나이와 같은 기준에 따라 데이터 소팅(sorting)을 가장 빠르게 수행할 수 있는가 하는 것이었다.

당시 경쟁에는 세 명의 발명가가 초대되었는데, 통계국의 전 직원이었던 허먼 홀러리스(Herman Hollerith, 1860~1929)가 만든 천공계산기(Tabulator)가 나머지 경쟁자들을 압도하며 우승을 차지하게 된다. 그의 장치는 읽기에서는 경쟁자 대비 약 1.5~2배 빨랐고, 출력에 있어서는 8~10배가량 빨랐다고 한다.

홀러리스 데스크로 명명된 이 장치는 가로 80단, 세로 12단이 그려진 두꺼운 종이(천공카드)에 구멍을 뚫어 영문과 숫자, 기호 등의 정보를 저장하고, 이를 읽어 들이는 방식이다. 그리고 40개 다이얼에 연결된 바늘이 천공카드의 구멍을 통과하면 수은이 담긴 조그만 컵에 잠겨 전기신호를 보내 다이얼을 돌아가게 만드는 방식으로 데이터를 분류한다.

이 결과 홀러리스는 통계국에 대한 타뷸레이터(tabulator) 독점 공급권을 따내게 되었다. 그리고 이에 고무되어 1896년에는 TMC(Tabulating Machine Company)라는 회사를 설립한다. TMC는 타뷸레이터 기계를 임대해 주고, 소모품인 천공카드를 판매해서 지속적인 수익을 거두는 비즈니스 모델을 채택했다. 프린터 업체들이 프린터 기기보다 잉크나 토너 판매를 통해 수익을 올리는 전략과 비슷하다고 볼 수 있다. 그의 회사는 정부기관은 물론 주요 기업과 금융

회사들, 그리고 영국, 이탈리아, 독일, 러시아, 오스트리아, 캐나다, 프랑스, 필리핀 등의 센서스 기관으로로부터 대량의 주문을 받았다. 이후 TMC는 1911년 다른 3개의 협력업체들과 인수·합병의 과정을 거쳐 CTR(Computing-Tabulating-Recording Company)이라는 회사로 재탄생하게 된다. 그리고 13년 후인 1924년 CTR은 사명을 IBM으로 바꾸고 컴퓨터 산업의 초반부를 이끌어가는 대기업으로 성장하게 된다.

조셉 마리 자카드와 찰스 배비지, 그리고 허먼 홀러리스가 데이터 입력장치로 사용한 천공카드는 오늘날 컴퓨터 프로그램의 원형이 되었다. 지금까지 나열된 컴퓨터 개발의 역사를 보며 우리는 인류의 혁신적인 발명품이라는 것도 자세히 들여다보면 어떤 영웅적인 한 사람의 능력에 의해 갑자기 등장하게 된 것이 아니라, 오랫동안 다양한 분야에서 많은 사람들이 해온 노력이 누적된 결과였다는 사실을 알 수 있다.

05

드디어 풀리는
전기와 자석의 비밀

호모 사피엔스가 처음으로 경험한 전기현상은 아마도 천둥과 번개
였을 것이다. 그만큼 인류는 오래 전부터 전기의 존재를 인지하고 있
었다. 전기 현상에 대한 공식적 기록도 수천 년 전의 것이다. 5,000
년 전 고대 이집트의 무덤 벽에서는 전기메기를 이용한 치료법에 대
한 설명이 상형문자로 새겨진 사례가 발견된다. 또한 고대 이집트의
의사들이 관절염의 통증을 완화하고 뇌전증 환자를 치료하는 데도
전기메기나 전기뱀장어를 이용했다는 기록이 있었다.

전기와 자기 현상의 인식

고대 그리스의 전기에 관한 기록도 무려 기원전 600년경으로 거슬러 올라간다. 고대 그리스의 7대 현인*으로 꼽히는 밀레투스의 탈레스(Thales, B.C. 625~547)는 마찰에 의한 정전기 현상을 의심스럽게 관찰했다. 탈레스는 이미 자철석의 존재를 알고 있었다. 그는 철을 자철석에 문지르면 자화되어 다른 철을 끌어당기는 힘이 생기는 현상과 보석 호박(Amber)을 고양이털에 문지르면 가벼운 물체가 붙는 정전기 현상이 뭔가 연관성이 있다고 생각했다. 하지만 탈레스는 광물이 이처럼 물질을 끌어당기는 것은 그 안에 영혼이 깃들어 있기 때문이라는 지금으로서는 다소 황당한 결론을 내렸다. 그렇다고 하더라도, 그는 이미 2,600년 전에 전기력과 자기력의 관계에 대해 의심을 품은 공식적인 최초의 인물이었다는 점에 그 의의가 있다.

한편, 자석은 기원전부터 많은 사람들의 호기심을 자극하는 물질이었다. 탈레스가 살던 고대 그리스 시대에는 자석과 관련된 기록들이 남아 있다. 하지만 자석이 지구의 방향을 가리키는 성질이 있다는 가장 오래된 기록은 중국 문헌에서 찾을 수 있다. 후한(25~220) 시대의 『논형(論衡)』이라는 책에 의하면 '사남의 국자'에 관한 기록이

---

* 플라톤이 언급한 기원전 7세기~6세기의 위대한 인물들로, 밀레토스의 탈레스(최초의 철학자·과학자·수학자), 린도스의 클레오불로스(시인), 아테나이의 솔론(법률가·시인), 스파르타의 킬론(고결한 성품의 감찰관), 프리에네의 비아스(탁월한 연설가), 미틸레네의 피타코스(현명한 지도자·입법자), 코린토스의 페리안드로스(정치가)를 일컫는다.

나온다. 이는 천연 자석을 국자 모양으로 만든 것인데 이것을 테이블 위에 두면 그 머리가 남쪽을 향한다는 설명이다.

자석의 이 같은 신기한 성질이 유럽에 알려지게 된 것은 동서양 교류가 활발해진 1100년 이후였다. 항해용 나침반이 언제부터 처음 쓰였는지에 대한 논란이 있으나, 기록상으로는 1117년 중국, 1190년 유럽, 1232년 이슬람인 것으로 나타난다. 항해용 나침반은 마침내 1492년 콜럼버스가 신대륙을 발견하고, 1519년 마젤란이 세계 일주에 성공하는 데 있어 결정적 기여를 한 제품으로 당시의 패권 기술이라 할 수 있는 것이었다.

전기와 자기라는 미묘한 두 힘의 연관성을 체계적으로 연구한 최초의 인물은 16세기 영국의 윌리엄 길버트(William Gilbert, 1544~1603)였다. 의사였던 길버트는 물리학, 화학, 천문학 등에 관심을 가지고 있었으며, 영국 최초로 코페르니쿠스의 지동설을 지지한 사람이었고, 당시 갈릴레오 갈릴레이도 그의 실력을 인정할 정도로 비범한 능력을 지닌 인물이었다. 1600년에 출간된 저서 『자석에 대하여(De Magnete)』에서 그는 나침반이 작동하는 비밀은 바로 지구가 거대한 자석이기 때문이라는 놀라운 설명을 제시했다. 그는 또 베소리움(검전기)을 개발해 많은 전기 관련 실험을 수행하며 전기적 흐름을 발견하고 이를 전기(electricus)로 명명한 인물이기도 하다. 그는 자석과 전기의 연관성에 대한 연구를 깊게 진행했지만, 전기와 자기는 서로 다른 것이라는 결론을 내렸다.

전지의 발명과 신기한 현상

1791년 이탈리아 볼로냐의 해부학 교수였던 갈바니(Luigi Galvani, 1737~1798)는 개구리 뒷다리에 전기가 흐르는 금속이 닿으면 경련을 일으킨다는 것을 발견하고 동물이 전기를 만들어 낸다는 갈바니즘을 발표해 세상을 놀라게 한다. 갈바니즘이 발표되자, 볼타(Alessandro Volta, 1745~1827)는 정확한 실험을 통해 전기는 동물에서 발생한 것이 아니라 금속과 금속 사이에서 발생한 것이고, 동물의 수분이 매개체, 즉 전해질 역할을 한 것이라는 사실을 밝혀냈다. 이로 인해 갈바니즘은 엉터리 이론으로 매도되었고, 한 때 절친이었던 두 사람은 사이가 멀어지게 되었다. 볼타는 그 후 전기에 대한 연구를 이어가며 1799년에 구리와 아연을 묽은 황산 용액에 적신 볼타 배터리를 만들어낸다. 그리고 인류 최초로 정전기가 아닌 동전기를 인위적으로 만들어낸 인물이라는 영광스러운 타이틀을 얻게 된다. 볼타는 나폴레옹 앞에서 전기 실험을 시현하는 등 대과학자로서의 영예를 누렸다. 반면, 갈바니는 이후 사람들에게서 멀어지며 쓸쓸히 생을 마감했다고 전해진다.

하지만 후대에 신경의 발견, 그리고 뇌 속 뉴런들의 작동 원리에 전기의 역할이 있다는 것이 밝혀지면서, 갈바니즘이 완전히 틀린 것도 아니지 않냐는 해석도 나오고 있다. 정작 갈바니즘이 유명해진 것은 동물전기 이론이 모티프가 되어 1818년 지구 최초의 SF 소설이라 할 수 있는 메리 셸리의 『프랑켄슈타인』*이 탄생했다는 것이다.

한편, 1820년 덴마크의 과학자 외르스테드(Hans Christian Örsted, 1777~1851)는 강의 도중 우연히 나침반 바늘이 북쪽을 가리키지 않는 현상을 발견하고 큰 충격에 휩싸인다. 당시 나침반 주변에는 볼타전지와 그에 연결된 전선이 놓여 있었다. 그는 전지의 방향을 바꾸기도 하고 전류의 방향을 바꾸기도 하면서, 결국 전류가 나침반의 방향에 영향을 미친다는 사실을 확인하게 된다. 그의 이 발견은 전기와 자기의 비밀스러운 관련성을 최초로 확인했다는 점에서 과학사적으로 손에 꼽는 위대한 발견 중 하나라 할 수 있다.

패러데이, 전기와 자석 사이의 비밀을 풀다

패러데이(Michael Faraday, 1791~1867)는 현대 전자기학의 아버지라 할 수 있는 인물이다. 런던 근처의 작은 마을에서 가난한 대장장이의 아들로 태어난 패러데이는 생계를 위해 12세 때부터 제본소의 점원으로 일을 해야 했다. 이때 자신이 제본하던 브리태니커 백과사전을

---

* 이 소설을 썼던 1816년에 메리 셸리는 겨우 19세에 불과했고, 퍼시 비시 셸리와의 불륜으로 낳은 아기와 바이런 경 등과 여행 중이었다.

읽으면서 과학에 흥미를 갖게 된 그는 우연한 기회에 당시 왕립 과학원의 유명 과학자였던 험프리 데이비(Humphrey Davy, 1778~1829)의 강연을 듣고 큰 감명을 받는다. 그는 앞으로 일생을 과학 연구에 전부 걸기로 결심하고, 데이비에게 자신의 노트를 제본해 보냈다. 마침 연구보조원(RA) 한 명이 필요했던 데이비는 패러데이를 제자로 받아들이게 된다. 데이비는 알칼리 금속을 최초로 정제 분리하는 등 적지 않은 연구 업적을 남겼다. 하지만 패러데이는 데이비를 훨씬 능가하는 위대한 인물이었다. 훗날 많은 사람은 데이비의 최대 업적은 다름 아닌 패러데이를 RA로 채용했던 것이었다고 평가한다.

패러데이는 많은 실험을 반복하며 외르스테드가 발견한 현상에 대해 깊이 연구했다. 그리고 마침내 전기와 자기의 관계를 밝혀내는 데 성공하고, 1831년 이를 '전자기유도 법칙'이라는 제목의 논문으로 발표한다. 전기의 변화가 자속을 변화시키고, 자속의 변화는 전기를 발생시킨다는 패러데이의 연구 결과는 결국 발전기와 모터의 발명으로 이어졌다. 드디어 인류는 전기 문명을 향한 첫 관문을 넘어선 것이다.

정규 교육을 받지 못했던 패러데이는 1825년부터 어려운 어린이들과 청소년들을 위해 매년 왕립연구소에서 크리스마스 특별 공개 강연을 실시해 많은 이들에게 감명을 주었다. 그리고 이 전통은 지금까지도 영국 왕립연구소의 크리스마스 렉처(Christmas Lectures)*라는 전통으로 계승되고 있다. 패러데이는 가난한 집의 아들로 태어나 당대 최고의 과학자 반열에 오른 입지전적인 인물이자 전자기학의 선구자였으며, 아인슈타인이 가장 존경한 인물로도 알려져 있다.

맥스웰(James Clerk Maxwell, 1831~1879)은 패러데이의 전자기유도 법칙을 수학적으로 깔끔하게 완결시킨 인물로 패러데이와 함께 현대 전자기학의 선구자로 꼽힌다. 그는 전기장과 자기장, 전하밀도와 전류밀도의 형성을 4개의 편미분방정식으로 완벽하게 정리했고, 일정한 속도를 갖는 전자기파가 존재할 것이라는 사실을 예측했다. 그리고 그가 계산해낸 일정한 속도는 바로 광속이었다. 이렇게 전기와 자기의 비밀이 풀리면서 현대의 전자기학으로의 통합이 이루어졌고, 이는 결국 오늘날 전자기통신 기술의 기초가 되었다.

---

* 2021년 강의는 조나단 반탐(Jonathan Van-Tam)의 '코로나는 과학을 어떻게 바꾸어 놓았는가(How Covid changed science forever)'였고, 2022년 강의는 수 블랙(Sue Black)의 '법의학의 비밀(Secrets of Forensic Science)'이었다.

06

원자 속
또 다른 우주의 발견

음극선 실험

마이클 패러데이가 전기와 자기의 관계를 알아내고 제임스 맥스웰이 이를 수학적으로 정립하면서 전자기학은 물리학의 떠오르는 분야로 자리 잡아갔다. 1838년, 마이클 패러데이는 기압이 낮은 유리관의 양쪽 끝에 있는 두 개의 금속 전극 사이에 고전압을 가하자 음극에서 양극으로 향하는 이상한 빛의 흐름을 발견했다. 진공 펌프기술이 발달한 후, 과학자들은 진공에서의 전자기 현상을 연구하기 위해 다양한 상태의 유리관을 만들고 신기한 빛의 흐름을 연구했다. 1876년 독일의 에우겐 골드슈타인(Eugen Goldstein, 1850~1930)은 이 광선이 음극에서 시작된다는 점에서 이를 음극선이라고 불렀다.

1883년 에디슨(Thomas Edison, 1847~1931)은 백열전구를 개발하던 중 진공상태에서 금속을 가열하면 전류가 흐르는 기이한 현상을 발견한다. 이른바 에디슨 효과(Edison effect)였다. 하지만 에디슨은 전구 발명에만 집중하느라, 이 현상이 갖는 내재적 의미를 깨닫지 못했다. 진공에서 전류가 흐른다는 것은 당시 상식으로는 이해가 되지 않는 일이었다. 과학자들은 진공에서의 전류 흐름에 관심을 쏟았고 진공관(vacuum tube)은 19세기 과학자들에게 흥미로운 장난감이 되었다. 이를 바탕으로 1895년 X선, 1896년 방사능이 차례로 발견되는 성과를 얻었다.

전자의 발견

진공관에 흐르던 음극선과 전류의 정체가 규명된 것은 1897년 영국의 조셉 존 톰슨(Joseph John Thomson, 1856~1940)*에 의해서였다. 톰슨은 크룩스관을 이용한 전기 전도와 관련한 여러 가지 실험을 통해 음극선의 정체에 조금씩 다가갔다. 중간에 장애물이 있으면, 크룩스관 끝에 그림자가 생긴다는 점에서 음극선은 직진성을 지니고 있으며, 가벼운 바람개비를 회전시킬 수 있다는 점에서 질량을 가진 입자성을 띠고 있다는 사실이 확인되었다. 또한 음극선 중간에 양

---

* 영국의 물리학자. 맥스웰(James Clerk Maxwell), 레일리(John William Strutt Rayleigh)에 이어 3대 캐번디시 연구소장(1884~1918)을 역임했다. 기체에 의한 전기 전도 실험에서 전자를 발견하여 1906년 노벨물리학상을 수상했다.

극과 음극의 전기장을 걸어주면 음극선이 양극 쪽으로 휘는 현상을 발견했다. 이 같은 결과를 바탕으로 그는 음극선이 원자 질량보다 훨씬 작고 음의 전하를 지니는 미립자의 흐름이라는 사실을 밝혀냈다. 원자 내부의 또 다른 존재인 전자가 발견된 것이다.

원자 내부에 또 다른 존재가 있다는 사실은 원자가 우주의 최소 단위라는 믿음을 뿌리째 흔들어 놓았다. 더 이상 쪼개질 수 없는 것이라면 거기서부터 고민을 시작하면 된다. 하지만 그렇지 않다면 문제는 보다 복잡해진다. 기본 입자였던 원자는 갑자기 알 수 없는 내부 구조를 가진 복잡한 구조물이 되었다. 과학자들은 원자의 내부 구조를 파악하기 위한 더 많은 노력에 뛰어들 수밖에 없었다. 이러한 노력은 결국 양자역학을 낳게 된다. 그리고 이는 오늘날 우리가 누리고 있는 전자 문명의 토대가 되었다.

1901년 조셉 존 톰슨의 제자인 오언 리처드슨(Owen Willans Richardson, 1879~1945)*은 에디슨 효과의 비밀이 열전자 방출 현상이라는 사실을 밝혀냈다. 열전자 방출이란 고온의 금속 표면에서 물질 내의 전자들이 열에 의해 외부로 방출되는 현상이다. 이 같은 전기전도성은 금속 내에 자유전자가 존재하기 때문이라는 사실도 밝혀졌다. 그리고 만

---

* 열전자 방출에 관한 연구로 리처드슨 법칙을 만들었고, 이 공로로 1928년 노벨물리학상을 수상했다.

약 이 전자를 컨트롤할 수 있다면, 인류는 새로운 문명 단계에 진입할 것이란 사실을 그는 예감하고 있었다.

1904년 영국의 존 플레밍(John Ambrose Fleming, 1849~1945)*이 열전자방출 현상을 활용한 최초의 진공관인 2극관(다이오드, Diode)을 발표한다. 이후 1907년 미국의 리 디포리스트(Lee De Forest, 1873~1961)**가 이 구조에 그리드를 추가해 전류를 증폭시킬 수 있는 3극관(Triode)을 개발했다. 진공관이 스위칭, 증폭, 정류 용도로 활용될 수 있는 길이 열린 것이다. 진공관은 그 특성에 따라 전자회로의 핵심 부품으로 활용되었다. 또한 진공관의 발전으로 인해 전기공학과 전자공학은 점차 구분되기 시작했다. 인류는 전기 문명을 넘어 전자 문명이라는 새로운 시대의 문을 열게 되었다.

---

*   플레밍의 법칙을 고안했고 다이오드를 발명했다. 전화, 전신, 라디오, 전등의 발전에 공헌했다.

**   라디오의 아버지로 3극 진공관인 오디언(Audion)을 발명했다.

07

전기전자식
컴퓨터의 등장

1831년 발표된 패러데이의 전자기 유도 법칙은 전기적 스위치의 개발로 이어졌다. 전기와 자석은 서로간에 영향을 줄 수 있기 때문이다. 전기적 스위치를 이용하면 멀리 떨어져 있는 회로와 회로 사이에 전기 신호를 전달할 수 있게 된다. 같은 해인 1831년 프린스턴 대학의 조셉 헨리(Joseph Henry, 1797~1878)* 교수는 실제로 이러한 전신 기술을 발명해 냈다. 하지만 그는 무슨 이유에서인지 특허를 신청하지 않았고, 프린스턴대 학장의 손자였던 새뮤얼 모스(Samuel

---

* 미국의 물리학자로 스미스소니언 협회의 첫 번째 총무를 역임했다. 1830년에 패러데이와는 다르게 전자 유도와 전류의 자기 유도 현상을 발견했다.

Finley Breese Morse, 1791~1872)가 자신보다 여섯 살 어린 조셉 헨리 교수의 아이디어와 기술을 통째로 훔쳐 1840년 모스 부호와 전보에 대한 특허를 얻게 되었다.

이 전보에 사용된 기기를 계전기, 영어로는 릴레이(Relay)라 한다. 계전기는 코일에 전기가 흐르면 자기장의 힘을 통해 스위치가 닫혀서 전기가 흐르고, 코일에 전기가 끊기면 자기장이 없어져 스위치가 다시 열리고 전기가 끊기는 방식이다. 그런데 이 같은 물리적 방식은 마모와 불순물 문제로 인해 전류 흐름이 잘 되지 않는 문제를 발생시킨다.

그래서 이를 전기전자식 스위치로 바꾸려는 시도가 이루어졌다. 그래서 개발된 것이 바로 3극 진공관이다. 진공에서 한 선에 전류가 흘러서 열이 발생하면, 음이온이 방출되고 이 음이온은 진공을 거쳐 옆에 있는 다른 선으로 이동해 전류가 흐른다. 나머지 한 선은 제어선이다. 방출된 음이온은 양전하의 진공 공간일 때만 전류가 흐르게 되는데 제어선의 전류 유무에 따라 진공 공간을 양전하 또는 음전하로 변화시키면서 전류를 흐르거나 안 흐르게 할 수 있다. 즉 3극 진공관은 2진수를 표현하기 매우 적당한 소자라는 이야기다.

이 전기전자적 스위치를 통해 기계식이었던 컴퓨터가 전기전자 방식으로 진화할 수 있는 길이 열렸다. 최초의 전기전자식 컴퓨터는

1941년 독일의 콘라트 추제(Konrad Zuse, 1910~1995)*가 만든 Z3라는 것이 정설이다. 그러나 이 장치는 진공관이 아닌 계전기(relay)를 사용했기 때문에 좀 더 정확히 표현하자면 전기-기계식 컴퓨터라 할 수 있다.

진공관을 사용해 제작된 최초의 전자식 컴퓨터는 1942년 아이오와 주립대의 존 아타나소프(John Vencent Atanasoff, 1903~1995)와 베리 (Clifford Berry, 1918~1963)가 만든 ABC(Atanasoff-Berry Computer: 아타나소프-베리 컴퓨터)로 알려져 있다. ABC는 약 300개의 진공관으로 이루어진 논리회로와 입력장치인 천공카드 판독기, 이진 비트를 저장하기 위한 자기드럼 메모리로 구성되어 있었다. 또한 ABC는 전자공학, 재생식 메모리, 논리작용에 의한 계산, 2진수 체계 등 오늘날의 컴퓨터가 가지고 있는 네 가지의 기본 개념을 구현한 최초의 컴퓨터였다. 하지만 ABC는 프로그램 수정이 안 되는 한계를 갖고 있었다. 즉, 범용 프로그래밍이 불가능하고, 처음에 정해진 선형대수방정식만을 푸는 특수목적용 컴퓨터였던 것이다.**

---

* 독일의 컴퓨터과학자로 Z1과 Z2를 설계했고, 마침내 튜링 완전 계산기인 Z3를 제작했다. 그러나 당시 전쟁 중이었고, 또 추축국 소속이었다는 점에서 제대로 알려지지 못했다. 하지만 Z3의 후속작인 Z4는 세계 최초의 상업용 컴퓨터로 인정되며, IBM은 전쟁 이후인 1946년 추제의 특허를 구입했다.

** 강시철, '에니악, ABC, Z1, 콜로서스… 세계 최초의 컴퓨터는?', 아주경제, 2022.1.

프로그래머블 컴퓨터의 개발

진공관을 사용하면서도 프로그래밍이 가능한 현대적 개념의 디지털 컴퓨터는 영국의 콜로서스(Colossus)가 최초인 것으로 인정된다. 1943년 콜로서스 마크1이 개발되었고, 이듬해에는 마크2가 완성되었다. 콜로서스 마크1은 1,500개의 진공관을 사용하였으며, 마크2는 진공관 2,400개와 최초의 시프트 레지스터를 적용했다.

콜로서스가 개발되기 전 영국은 이미 독일의 에니그마를 해독할 수 있는 봄브(The Bombe)를 비롯해 여러 대의 암호 해독 전산기를 가지고 있었다. 그러나 독일이 에니그마의 상위 버전인 로렌츠 암호전신기를 만들자, 영국 정부의 암호 연구소인 블레츨리 파크(Bletchley Park)가 콜로서스를 추가로 개발한 것이다. 영국은 콜로서스 마크1과 마크2를 이용해 노르망디 상륙 작전 등 2차 세계대전 말미 주요 전투에서 승전을 거두게 되었다. 하지만 콜로서스의 하드웨어와 그 설계도는 군사 비밀 유지를 위해 1960년에 폐기되어 1975년까지 비밀에 부쳐졌다. 콜로서스는 세계 최초의 프로그래머블 디지털 컴퓨터로 인정되고 있지만 저장된 프로그램에 의한 것이 아니라 스위치와 플러그에 의해 물리적으로 그때그때 프로그램되고 작동되는 방식이었다. 때문에 미국의 에니악(ENIAC)과 에드박(EDVAC)을 최초의 전자식 컴퓨터로 보는 견해도 있다.

하버드 마크 I(Harvard Mark I)도 세계 최초의 컴퓨터 중 하나로 거

론된다. 하버드 마크 I은 하워드 에이킨(Howard H. Aiken, 1900~1973)
이 설계를 담당하고, IBM의 회장 토머스 왓슨(Thomas J. Watson,
1874~1956)이 프로젝트 승인과 펀딩 등 진행 과정을 지원했다. 1944
년 2월 에이킨이 계전기를 사용한 자동순서제어계산기(ASCC)인 하
버드 마크 I을 완성했다. 이 기계는 길이 15.3미터, 높이 2.4미터에
무게가 31.5톤에 달하는 거대한 몸집을 지니고 있었지만 천공카드
에 의해 문제를 풀 수 있는 구조를 갖고 있어 1975년 콜로서스가 공
개되기 전까지 최초의 프로그램 가능한 컴퓨터로 인식되기도 했다.
하버드 마크 I에 첫 번째 프로그램을 작성한 사람은 폰 노이만(John
von Neumann, 1903~1957)이었다.

에니악, 에드박

에니악(ENIAC: Electronic Numerical Integrator and Calculator)은 초중고
교과서에서 최초의 디지털 컴퓨터로 소개된 머신이다. 하지만 1973
년 미국 법원은 인류 최초의 전자계산기는 ABC라는 공식적 판결을
내린 바 있다. 이후 세계 최초의 범용 컴퓨터란 타이틀도 앞서 언급
한 영국의 콜로서스가 차지하게 되었다.

   하지만 에니악은 우리 대다수의 기억 속에 최초의 컴퓨터로 각인
되어 있다. 그렇기 때문에 이를 간략히 살펴볼 필요가 있다. 에니악
은 펜실베니아대의 프레스퍼 에커트(J. Presper Eckert, 1919~1995)와 얼

시너스(Ursinus)대의 존 모클리(John Mauchly, 1907~1980)의 공동설계로 1945년 12월에 완성됐다. 원래의 목적은 군용 탄도 계산이었지만, 난수 연구, 우주선 연구, 풍동 설계, 일기예보의 수치예보 연구 등 각종 과학 분야에서 사용되었다.

회로 구현에 진공관 18,800개, 커패시터(Capacitor) 1만 개, 기계식 스위치 6천 개, 저항 7만 개를 사용했다. 이진법에 기초하고 있으나 진공관으로 구성된 십진법 링 카운터에 의해 십진법으로 숫자가 구현되었다. 하지만 진공관은 작동 안정성을 위해 온/오프 상태로만 사용되었다. 따라서 폰 노이만 구조(von Neumann architecture)*와는 달리 스위칭 소자를 배선으로 직접 이어서 프로그래밍을 해야 했다. 즉, 일종의 FPGA(Field Programmable Gate Array)와 비슷한 기능을 했다고 볼 수 있다. 하지만 한 번 제대로 세팅되면 당시 그 어떤 기기에 비해서도 빠른 속도로 연산을 할 수 있는 능력을 보유하고 있었다.

한계도 분명했다. 첫째는 진공관의 내구성이었다. 작동 초창기에는 수시로 진공관이 터져나갔다. 둘째는 느린 입력과 출력 속도였다. 유일한 입출력 장치는 IBM 천공카드였는데 입출력 속도는 연산 속도의 5% 수준에 불과했고, 입출력이 진행되는 동안에는 연산도 수

---

* 1946년 폰 노이만이 제시한 현대 컴퓨터의 기본 구조로 메모리와 CPU, 그리고 메모리에 저장된 프로그램과 데이터로 구성된다. 이를 통해 명령어는 순차적 실행이 가능하며, 프로그램 수정이 유연하다는 특징을 갖는다.

세계 최초의 컴퓨터들		
컴퓨터	발표 연도	의의
Z3	1941	최초의 전기식 컴퓨터 (계전기)
ABC	1942	최초의 전자식 컴퓨터 (진공관)
콜로서스 마크 1	1943	최초의 프로그래머블 컴퓨터
에니악	1945	최초의 프로그램 내장형 컴퓨터
에드박	1946	최초의 폰 노이만 구조 컴퓨터

자료: 유진투자증권

행할 수 없었다. 셋째는 프로그래밍이 상당히 어려웠다는 점이다. 사람이 손으로 스위칭 소자와 배선을 직접 세팅해야 했기 때문에 프로그램을 하드웨어로 구현하는 데 수일이 걸렸다고 한다. 결과적으로 이런 한계는 마침내 폰 노이만 구조 기반의 컴퓨터 개발로 이어졌다. 폰 노이만은 에니악이 개발되고 있던 1944년에 이미 이 같은 구조적 한계를 인지하고 있었고, 결국 이를 보완하기 위해 이진수 방식의 프로그램 내장형 컴퓨터인 에드박(EDVAC: Electronic Discrete Variable Automatic Computer)을 설계했다. 에드박에 적용된 하드웨어 구조는 오늘날까지 거의 모든 컴퓨터에 사용되는 폰 노이만 구조로 자리를 잡게 되었다.

08

혁신의 불꽃,
트랜지스터와 IC의 탄생

진공관을 대체하는 신박한 기술의 등장

1947년 진공관을 대체할 신박한 기술이 탄생했다. AT&T의 벨 연구소(Bell Lab)에서 근무하던 윌리엄 쇼클리(William Shockley, 1910~1989)와 존 바딘(John Bardeen, 1908~1991), 월터 브래튼(Walter Houser Brattain, 1902~1987)이 격자구조의 반도체 층에 가는 도체선을 접촉시켜 주면 전기신호가 증폭된다는 사실을 발견한 것이다. 이들은 처음에 이 소자의 이름을 단순히 증폭기라는 뜻의 앰플리파이어(Amplifier)라고 불렀다고 한다. 그러나 이 이름이 썩 마음에 들지 않았던 월터 브래튼은 벨 연구소의 동료들에게 이름을 공모했으나, 여전히 마음에 드는 결과를 얻지 못했다. 이후 월터 브래튼이 동료이자 SF 작가로 유명한 존 피어스(John Pierce, 1910~2002)*에게 고민을 털어놓았다. 피어스는 이 소자가 신호 전달 기능이 있다는 점, 그리고 당시 다른 전자 부품의 이름(Varistor, Thermistor)들과의 통일성을 고려해 트랜지스터(Transistor)라는 이름을 제안했고, 브래튼이 그 자리에서 이를 채택했다고 한다.**

한편, 동료들과 사이가 좋지 않았던 쇼클리는 독자적인 연구를 통해 1951년 스위치 기능을 할 수 있는 게르마늄 소재 기반의 바이폴라 트랜지스터(BJT: Bipolar Juction Transistor)를 만들어 냈다. 이는 기존의 진공관을 대체해 이진수 한 개, 즉 1비트를 표현할 수 있는 더 작고 효율적인 소자로 향후 펼쳐질 혁신의 새로운 불꽃이 된다. 바이폴라는 전자와 정공 모두를 활용하는 양극성 소자로 접합(Junction) 방식에 따라 PNP형, NPN형으로 나뉘며 콜렉터, 에미터, 베이스 3개의 단자를 갖는다. 이때 트랜지스터의 온/오프(On/Off) 상태는 베이스에 흐르는 전류에 의해 결정된다. 바이폴라는 고속으로 동작했지만, 상대적으로 전력소비가 크고 집적도를 높이는 데에도 한계를 갖고 있었다. 이에 따라 개발된 것이 전계효과 트랜지스터(FET: Field Effect Transistor)였다. FET는 바이폴라와 달리 전자 또는 정공 한 종류의

---

* 미국의 공학자이자 SF 작가. 벨 연구소에서 진공관 관련 연구를 수행했으며, 월터 브래튼의 요청을 받아 트랜지스터라는 이름을 고안했다.

** Wolfgang Saxon, 'John Robinson Pierce, 92, A Father of the Transistor', The New York Times, 2002.04

캐리어에 의해서 전류가 형성된다는 의미에서 유니폴라(Unipolar)라고도 볼 수 있다. 소스, 드레인, 게이트로 구성되며 게이트에 인가되는 전압에 따라 소스와 드레인 사이의 전류를 조절해 트랜지스터의 온/오프를 결정한다. FET는 구조에 따라 제어단자가 PN 접합으로 만들어진 JFET(Junction Field Effect Transistor)과 금속 산화물로 절연된 MOSFET(Metal Oxide Semiconductor FET)의 두 가지로 구분되는데, 오늘날 널리 쓰이는 CPU, GPU, 메모리 등 대다수 반도체는 MOSFET 방식으로 만들어진다. FET는 바이폴라에 비해 작은 면적으로 만들 수 있고 전력소모도 매우 작아 고집적도의 IC에 폭넓게 사용되고 있다.

진공관 컴퓨터에서 트랜지스터 방식의 컴퓨터로

최초의 트랜지스터 컴퓨터들도 정의에 따라 여러 가지 버전이 있다. 하지만 1953년 11월에 만들어진 영국 맨체스터 대학의 프로토타입 컴퓨터가 트랜지스터로 작동된 최초의 컴퓨터로 알려져 있다. 이 컴퓨터의 풀 버전은 1955년 4월에 제작되었고, 1956년 메트로폴리탄-비커스라는 업체에 의해 상용 버전인 메트로빅 950(Metrovick 950)이 생산되었다.

미국에서는 1954년 1월 벨 연구소에서 트래딕(TRADIC)이라는 트랜지스터형 컴퓨터가 제작되었다. 하지만 트래딕은 클럭 파워 등에 진공관을 꽤 많이 사용했기 때문에 풀 트랜지스터 타입으로는 공인받지 못했다. 이런 의미에서 완전한 트랜지스터 컴퓨터는 1955년 영국 원자력 연구소(AERE)에서 만든 하웰 카이뎃(Harwell CADET)으로 인정된다.

1946년 IBM은 진공관 방식의 상업용 전자계산기인 IBM 603을 발표하고, 2년 뒤인 1948년에는 계산능력을 업그레이드한 IBM 604를 공개했다. IBM 604의 트랜지스터 버전 프로토타입은 1954년 10월에 제작되어 시연에 성공한다. 1,250개의 진공관을 사용한 원래 버전과 달리 2,200개 이상의 트랜지스터를 사용했지만, 부피는 절반으로, 전력 소모는 1/20로 줄어들었다. IBM은 이를 기반으로 1955년 4월 IBM 608 계획을 발표했다. 이는 IBM 604를 풀 트랜지스터 버전으로 업그레이드하는 프로젝트였다. 그리고 2년 8개월 뒤인 1957년 12월에 공식 런칭된 IBM 608은 대량 생산된 첫 번째 상업용 솔리드스테이트 컴퓨터로 간주되고 있다. IBM 608은 3,000개 이상의 게르마늄 트랜지스터로 이루어져 있었다. 이로 인해 IBM 608은 유사한 성능의 진공관 모델에 비해 물리적 크기를 50% 줄이고 전력 요구량을 90% 줄일 수 있었다.

디지털이큅먼트(DEC)

한편, 1956년 MIT 링컨 연구소에서도 트랜지스터 타입의 컴퓨터인 TX-0를 개발했다. TX-0는 3,600개의 고주파 트랜지스터와 64K의

자기 코어 메모리를 갖춘 당시로서는 고성능의 연구용 장치였다. 이어 후속 모델인 TX-1과 TX-2 개발이 검토됐지만 기술적 어려움과 예산 문제에 부딪혀 MIT 링컨 연구소의 컴퓨터 프로젝트는 좌초하게 된다.

결국 개발을 담당하고 있던 케네스 올슨(Kenneth Harry Olsen, 1926~2011)과 할란 앤더슨(Harlan Anderson, 1929~2019) 등은 연구소를 나와 디지털이큅먼트(DEC)를 설립했다. 1957년 설립된 DEC는 당시 시장의 주류인 IBM의 메인프레임보다 훨씬 더 작고, 더 저렴하며, 더 강력한 미니컴퓨터를 생산한다는 목표를 세우고 PDP(Programmed Data Processor) 시리즈를 개발하게 된다.

메인프레임 시대에는 고객이 컴퓨터를 주문하면 그에 맞춰 하드웨어와 소프트웨어가 만들어져 함께 판매되었다. 그러나 PDP는 그 이름에 걸맞게 스스로 운영체제도 만들고 그 위에 자체 제작 프로그램도 올릴 수 있어 컴퓨터의 새로운 지평을 열었다. 실제 1959년 출시된 PDP-1은 당시 만연했던 MIT의 해커 컬처*로부터 상당한 관심을 받았다. 이는 결국 1962년 역사적 비디오 게임으로 평가받는 PDP-1용 스페이스워와 최초의 워드프로세서 프로그램 개발로 이어졌다.

---

* 장난기와 탐구 정신으로 소프트웨어나 하드웨어의 한계를 극복해 창의적인 결과를 얻는 개인들의 서브컬처를 일컫는다.

특히, 1965년 출시된 12비트의 PDP-8은 상업적으로 큰 성공을 거두어 본격적인 미니컴퓨터 혁명의 시대를 열었다. 대학이나 민간 연구기관 중심으로 5만 대가 넘게 팔렸다. 1970년 출시된 16비트의 PDP-11도 큰 성공을 거두게 된다. PDP 시리즈는 PDP-16까지 출시되었다. DEC는 PDP 시리즈 이외에도 32비트의 VAX(Virtual Address eXtension) 시리즈 개발로 1970년대 기업용 컴퓨팅 산업에서 탄탄한 입지를 다졌다. 그러나 1977년 애플, 코모도어, 탠디 코퍼레이션이 개인용 컴퓨터를 출시한 데 이어, 1981년 IBM까지 시장에 뛰어들면서 PC 시대가 본격화되자 DEC의 영향력은 점차 약화되기 시작했다.

수적횡포와 IC의 개발

전자기기의 소형화를 가능하게 한 인쇄 회로 기판(PCB)의 발명은 전자 분야에 잔잔한 혁명을 일으켰다. PCB는 전자 부품을 단일 보드에 통합해 크기, 무게, 복잡성을 줄였고, 전자 회로의 신뢰성과 성능도 크게 향상시켰다. 고체 기판에 식각된 구리 도체를 사용하여 느슨한 연결과 단락 및 전자기 간섭의 위험을 크게 낮췄다. 또한 인쇄와 식각을 통해 자동화된 제조 공정은 전자 회로의 제조비용을 낮추는 데도 크게 기여했다.

물론 이러한 PCB의 발명도 어느 날 갑자기 이루어진 것이 아니다. 이미 1900년대 초부터 독일의 알버트 핸슨, 미국의 토마스 에디슨, 영국의 아서 베리 등이 도금, 인쇄, 식각 등 PCB에 적용 가능한 기술들을 고안해 냈고, 1925년 찰스 듀카스(Charles Ducas)가 절연판 위에 회로 패턴을 전기 도금하는 방법으로 특허를 등록했다. 1936년 오스트리아의 폴 아이슬러(Paul Eisler, 1907~1992)는 과거의 기술들을 응용해 평평한 비전도성 기판에 전도성 회로를 인쇄한 최초의 PCB를 개발하고 이를 라디오 세트에 적용했다.

제2차 세계대전 동안 미국은 대공무기에 사용되는 근접 퓨즈(proximity fuse)를 만들기 위해 PCB 기술을 더욱 발전시켰다. 전쟁이 끝나자 구리 코팅된 기판을 선택적으로 식각하는 기술이 개발되어 PCB 제조 공정은 한결 단순화됐다. 1960년대에는 기판의 반대쪽에 미리 뚫린 구멍에 부품을 넣고 납땜하는 스루홀 기술(THT: Through-Hole Technology)로 보다 복잡한 회로 설계가 가능해졌고 대량 생산 방식도 개발되었다. 그리고 IBM, GE 등에 의해 개발된 표면실장기술(SMT)의 도입으로 전자산업은 혁신적으로 발전하게 된다. 여러 가지 전자부품을 보드 하나에 연결하는 PCB 기술은 더 나아가 집적회로(IC)의 개발로 이어지는 중요한 초석이 되었다.

1950년대 컴퓨터는 보통 일련의 '모듈'로 구성되었다. 각 모듈은 일반적으로 표준화된 크기의 PCB 위에 제작되었으며, 한쪽 가장자리에 커넥터가 있어 기계의 전원 및 신호 라인에 연결된 다음 동축 케이블을 이용해 다른 모듈에 연결되었다. 모듈은 주로 수작업 또는 제한된 자동화로 맞춤 제작되어 있어 신뢰성에 문제를 안고 있었다. 특히 컴퓨터의 성능을 높이기 위한 부품 또는 모듈이 많아질 경우 컴퓨터를 실제로 작동시키기 위한 배선의 복잡도는 그 이상으로 증가하게 되는 수적횡포(Tyranny of Numbers)*의 문제가 발생한다.

1958년 중반 텍사스인스트루먼트의 신입 연구원 잭 킬비(Jack Kilby, 1923~2005)는 아직 휴가를 받을 연차에 이르지 못해 동료들 대부분이 휴가를 즐기러 간 사이 사무실에서 수적횡포문제에 대해 깊은 고민에 빠졌다. 킬비는 게르마늄이 트랜지스터, 저항기, 콘덴서 등 모든 공통 전자 부품을 만드는 데 사용될 수 있다고 판단하고, 전체 모듈의 기능을 단일 부품으로 제작해 보았다. 휴가 시즌이 끝날 때쯤 그는 회사 경영진에게 자신이 개발한 게르마늄 조각을 보여주고, 오실로스코프(Oscilloscope)를 통해 그의 발명품이 제대로 작동한다는 것을 증명해 보였다. 최초의 집적회로(IC)가 탄생한 순간이었다.

이후 페어차일드와 인텔의 창립자인 로버트 노이스는 게르마늄이 아닌 실리콘 버전으로 IC를 구현해 내 오늘날 반도체 산업의 토대를 일구었다. 잭 킬비와 로버트 노이스는 IC의 공동 발명자로 2000년 노벨물리학상을 받게 된다.

---

* 1960년대 컴퓨터 제조 시 관련된 부품의 수가 너무 많아서 설계의 성능을 높일 수 없었던 컴퓨터 공학자들이 직면한 문제였다.

모듈과 달리 IC는 조립 라인에서 포토에칭(Photoetching) 기술을 사용해 코스트를 크게 절감할 수 있었다. IC도 모듈과 마찬가지로 오작동할 가능성이 있지만, 비용이 너무 적게 들어 작동하지 않으면 그냥 버리고 다른 IC를 사용해서 제품을 만들면 되는 것이었다. 초기 IC의 수율은 극도로 낮았다. 하지만 IC를 주로 구매했던 미 공군과 나사가 더 높은 신뢰성을 요구하면서 본격적으로 공정개선이 이루어지면서 수율이 높아지게 되었다. 1960년대를 거치면서 컴퓨터의 복잡성이 증가함에 따라 대부분 컴퓨터가 IC 기반 설계로 전환되기 시작했다. IC는 마침내 1964년 IBM의 메인프레임 히트작인 IBM System/360의 모델 91에 적용되었다. 당시 나사(NASA)에서 사용한 모델 91은 우주탐사, 이론 천문학, 원자 물리학, 날씨 예측 등 과학 분야에 널리 사용되었으며 당시 가장 강력한 성능의 컴퓨터로 기록되었다.

09

호랑이는 가죽을 남기고,
사람은 데이터를 남긴다

동굴 벽화는 아마도 인류 최초의 정보 저장 매체일 것이다. 1994년 프랑스에서 발견된 쇼베(Chauvet) 동굴에는 약 3만 년 이전 선사시대의 크로마뇽인이 남긴 코뿔소, 사자, 무소, 말, 들고양이 등의 그림이 선명하게 남아 있다. 종이가 발명되기 이전에는 돌, 금속, 동물의 가죽이나 뼈, 나무껍질 등을 이용해 기록을 남겨왔다.

기원전 3000년에 사용된 것으로 추정되는 수메르인의 쐐기문자는 점토판에 새겨진 형태로 발견되었다. 종이의 근원으로 가장 많이 알려져 있는 것은 페이퍼(Paper)의 어원이 된 파피루스(B.C. 800)다. 그러나 파피루스는 식물성 섬유를 초지하는 단계까지 발전하지 못했기 때문에 엄밀한 의미에서 종이라고 규정짓기는 어렵다. 현대의 종이와 흡사한 형태는 A.D. 105년 중국 후한시대의 물자 조달 책임자였던 채륜이 만든 채후지(蔡侯紙)라 할 수 있다. 종이의 발명으로 인류 문명은 비약적으로 발전하게 된다. 축적된 지식을 종이에 적어 후세에 전달할 수 있게 되면서 인류의 지식이 누적적으로 쌓일 수 있는 토대가 되었다.

1377년 고려에서는 세계 최고(最古)의 금속활자본 직지심체요절이 만들어졌다. 그리고 1450년 독일의 구텐베르크(Johannes Gutenberg, 1398~1468)는 금속활자를 다량으로 주조하는 방법과 활자를 마음대로 조합하는 방법을 고안하게 된다. 정보와 지식의 대량 생산과 복제가 가능해진 것이다. 1999년 타임지는 11세기에서 20세기 사이 인류의 가장 중요한 발명으로 인쇄기를 선정하기도 했다.

1830년대에는 감광재료를 통한 최초의 사진이 만들어졌고, 이를 저장하기 위한 필름도 개발되었다. 필름은 지난 250여 년간 화상 및 영상 데이터를 저장하는 매체로 독보적인 자리를 유지해왔다. 하지만 이제는 플래시 메모리에 그 자리를 넘겨주고 역사 속으로 사라져 가고 있다. 1877년 토마스 에디슨은 소리를 기록하고 재생할 수 있는 장치인 축음기를 개발했다. 사진 기술과 축음기로 인류는 좀더 생생한 추억을 저장할 수 있게 되었다. 축음기의 발명은 이후 소리를 저장하는 데 용이한 매체인 레코드판의 개발로 이어졌다. 레코드

인류 데이터의 저장 매체 및 기술의 변화

쇼베 동굴 벽화 (B.C 30,000) 인류 최초의 기록	수메르 점토판 (B.C 3,000)	이집트 파피루스 (BC 800)	중국 종이 (AD 105년) 정보 전달력 급발전	고려 금속활자 (1234년) 상정고금예문	인쇄 책 (1450년) 정보의 대량생산
필름 (1830년) 영상 저장	레코드판 (1896년) 소리 저장	홀러리스 카드 (1896) 통계 데이터	자기드럼 (1932년) 디지털데이터	자기테이프 (1951년)	하드디스크 (1957년, IBM) 대용량화 (5MB)
플로피디스크 (1971년) 데이터 이동성	광디스크 (1976년) 이동성 + 대용량화	NAND (1991년) 디지털 통합	클라우드 (2000년) Data Everywhere	블록체인 (2010년) Data with Trust	AIOT (2020년) AI Everywhere

자료: 유진투자증권

판 형태의 음반은 1896년 셀락이라는 소재로 만들어졌으며, 1932년 RCA빅터사(社)가 우리에게 친숙한 바이닐을 사용한 LP(Long Play) 형태의 레코드판을 출시했다. 1889년 미 통계국은 효율적으로 대규모 통계를 처리하는 방식을 공모하고, 여기서 홀러리스 데스크가 우승을 차지한다. 허만 홀러리스(Herman Hollerith, 1869~1929)는 1896년 이를 기반으로 회사를 세우고, 1911년 다른 2개 회사와 합병해 훗날 IBM의 모태가 된 CTR(Computing-Tabulating-Recording)을 설립한다.

이후 정보를 취합하고 계산하는 디지털 컴퓨터 개발이 이어지면서 드럼 메모리, 자기테이프 등 디지털 데이터를 기록하고 이를 입출력하기 위한 장치들이 개발되었다. 최초의 하드디스크는 1957년 IBM 350에 사용된 RAMAC이라는 24인치 디스크였다. 속도는 느렸고, 부피는 컸으며 용량은 5MB에 불과했다. 이후 1971년 IBM에 의해 플로피디스크가 개발되었다. 플로피디스크는 초기 하드디스크의 치명적인 단점인 이동성을 보완하기 위한 저장 매체로 각광을 받았다. 한편, 최초의 광학디스크는 1976년 필립스사와 소니사에 의해 개발되었다. 이는 CD, CDR, CD-RW, DVD, 블루레이 등으로 발전한다. 그리고 이제는 플래시 메모리가 인류와 사물, 그리고 인공지능이 생성해 내는 데이터를 담는 가장 보편적인 저장 매체로 자리를 잡았다.

인류 문명의 발전은 어찌 보면 정보저장 매체와 디스플레이의 발전과 그 궤를 같이 하고 있다고 볼 수도 있다. 종이는 지난 2,000여 년간 인류 최고의 저장 매체이자 디스플레이로 문명 발전에 중요한 역할을 담당해 왔다. 그러나 이제는 서서히 그 자리를 플래시 메모리 반도체와 OLED 디스플레이 등에 물려줄 때가 다가왔다.

10

튜링의 짧았던 삶과
그렇지 않은 업적

2021년 3월, 영란은행(BOE: Bank of England)은 50파운드 지폐의 새 디자인을 공개했다. 앞면의 인물은 엘리자베스 2세(1926~2022)로 정해져 있었기에, 기존 지폐 뒷면의 인물이었던 제임스 와트(James Watt, 1736~1819)와 매튜 볼턴(Matthew Boulton, 1728~1809)을 새로운 모델로 교체하는 것이었다. 영국 최초의 여성 총리인 마거릿 대처(Margaret Hilda Thatcher, 1925~2013)와 이론물리학자 스티븐 호킹(Stephen William Hawking, 1942~2018)을 비롯해 총 989명의 후보가 새로운 지폐의 모델로 거론되었다. 하지만 이러한 쟁쟁한 인물들을 제치고 선정된 이는 바로 비운의 수학자이자 컴퓨터학자였던 앨런 튜링(Alan Turing, 1912~1954)이었다.

이는 과학에 대한 튜링의 헌신적인 기여와 제2차 세계대전 당시 독일군의 암호기계인 에니그마(Enigma)*의 코드를 깨트린 그의 애국심과 역할을 인정한 결정이었다. 새로운 지폐 디자인의 발표는 많은 사람으로부터 찬사를 받았고, LGBTQ+**의 권리 신장을 넘어 모든 형태의 차별과 편견을 타파하는 중요한 이정표 역할을 한 것으로 평가된다.

튜링은 어린 시절부터 친구들과 뛰어노는 것보다 조용히 책을 읽는 것을 좋아했고, 미적분을 스스로 깨우칠 정도로 수학적 천재성을 보였다. 특히 16세 때 만난 크리스토퍼 모컴(Christopher Morcom)이라는 또 다른 천재 소년과 어려운 수학 문제들을 고민하며 서로 교감했다고 한다. 그런데 모컴이 1930년 결핵으로 18세에 사망하게 되자, 튜링은 모컴의 머릿속 지능을 저장하거나 다른 사람에게 전달할 수 있는 방법에 대해 고민한다. 그리고 결국 케임브리지대 재학 중 컴퓨

---

* 1차 세계대전 당시 독일군의 암호체계가 뚫려 무용지물이 됐는데, 독일은 종전 때까지도 이 사실을 모르다가 이후 출간된 윈스턴 처칠의 1차 세계대전 회고록을 통해 사실을 알게 되었다. 줄곧 연합군 측에게 농락당해 왔다는 것을 깨달은 독일군은 충격에 휩싸였다. 이에 독일의 엔지니어 아르투르 슈르비우스가 업그레이드 된 에니그마를 발명했다. 표 방식이 아닌 기계식 암호화 기법을 사용했으며, 여기에 독일군이 여러 복잡한 장치를 추가해 기존의 복호화 기술을 완전히 무력화시켜, 상당 기간 난공불락의 암호체계를 구축했다.

** 성소수자 전반을 지칭하는 단어. 여성 동성애자(Lesbian), 남성 동성애자(Gay), 양성애자(Bisexual), 성전환자(Transgender), 성소수자 전반(Queer)과 더 다양한 정체성의 성소수자(+)까지를 의미한다.

터와 인공지능의 실현 가능성을 보여준 '튜링 머신'을 고안하게 된다.

튜링 머신 뒤에 숨겨져 있는 그의 핵심적인 생각은 적절한 명령어 집합이 주어진다면 컴퓨터로 생각의 프로세스를 시뮬레이션할 수 있다는 것이다. 즉, 충분한 시간과 메모리가 주어진다면 튜링 머신이 모든 계산을 수행할 수 있는 범용 컴퓨팅 장치가 될 수 있다는 의미다. 튜링 머신의 개념은 알고리즘, 프로그래밍 언어 및 기타 컴퓨터 과학의 기본 개념 개발에 중요한 역할을 했다.

이 같은 튜링의 아이디어는 튜링이 프린스턴대 박사 과정 중에 만난 존 폰 노이만에 의해 현대적 컴퓨터로 현실화된다. 당시 튜링보다 아홉 살 많았던 폰 노이만은 1930년 27세 때 프린스턴대의 초청으로 고등연구소 교수로 채용되어 수학 교수로 재직 중이었다. 폰 노이만은 튜링과 정반대의 성격이었으며, 튜링의 성적 지향성도 알고 있었다. 하지만 그는 튜링의 뛰어난 재능과 튜링 머신의 아이디어에서 드러난 인사이트를 인정하고 있었다. 그래서 그는 튜링에게 연봉 1,500달러의 조교 자리를 제안하며 자신과 함께 프린스턴에 남기를 권고했다. 하지만 애국심에 불탔던 젊은 튜링은 1939년 제2차 세계대전이 발발하자 개인의 이익을 뒤로한 채 조국을 위한다는 일념으로 런던행 비행기에 몸을 싣는다. 폰 노이만은 27세에 미국으로 건너와 명예와 부를 얻었지만, 튜링은 27세에 미국을 떠나 조국으로 돌아갔다. 자신의 미래를 전혀 예상하지 못한 채 말이다.

에니그마는 제2차 세계대전 중 독일의 암호화 장치로, 전자 기계식 로터를 사용해서 평문 메시지를 암호문으로 스크램블하는 복잡한 기계였다. 하지만 블레츨리 파크(Bletchley Park)의 8번 오두막(Hut 8)에서 튜링과 그의 동료들은 에니그마로 인코딩 된 메시지를 해독할 수 있는 봄브(Bombe)를 만드는 데 성공한다. 튜링의 맹활약으로 나치의 암호 체계가 뚫리면서 연합군은 전쟁 승리의 결정적 발판을 마련할 수 있게 되었다. 1941년 튜링은 다섯 살 연하의 동료 수학자인 조안 클라크(Joan Clarke, 1917~1996)와 약혼했지만, 이후 동성애자라는 사실을 고백하고 그녀와 헤어진다.

전쟁이 끝나자 튜링은 맨체스터대로 복귀하여 본업인 연구자로서의 생활을 이어갔다. 그리고 1952년 우연한 기회에 아놀드 머레이(Arnold Murray)라는 19세 남자를 만나 사귀게 된다. 그러나 얼마 지나지 않아 튜링 집에 절도 사건이 발생하고, 여기에 머레이가 연루되었다는 조사결과가 나오게 되면서 둘 사이의 동성애 관계도 드러났다. 당시 영국에서는 형법 제 11조에 따라 동성연애가 법적으로 금지되어 있었고, 앨런 튜링은 사회를 교란한다는 외설 혐의로 기소된다.

재판 초기 그는 이를 의연하게 이겨내며 본인의 업무를 묵묵히 이어갔다. 하지만 사법부에 의해 최종 유죄가 확정되면서 그도 서서히 무너져갔다. 그는 가택에 연금되었으며, 화학적 거세형으로 1년간 여성 호르몬을 투여 받아 신체의 여성화가 진행되었다. 거기에 더해 매카시즘*에 점령당한 언론의 선동질에 의해 소련의 스파이일지도 모른다는 억울한 누명을 써서 모든 기밀 관련 업무에서도 배제되고 말았다. 결국, 그는 1954년 42세라는 젊은 나이에 청산가리가 들어 있는 독사과를 깨물어 먹고 스스로 생을 마감한다.** 위대한 천재의 삶은 아이러니컬하게도 그가 그토록 헌신하고자 했던 조국에 의해 죽음으로 내몰리는 비극으로 막을 내렸다.

하지만 2010년대 들어 성소수자 인권 신장 운동과 함께 튜링과 관련한 역사 되살리기가 본격화되었다. 2009년 고든 브라운 영국 총리는 튜링이 받은 부당한 대우에 대해 영국 정부의 명의로 정식으로 사과했으며, 2012년 발행한 '과학·기술·건축·정치·예술 분야의 위대한 10인의 영국인' 기념 우표에도 튜링을 포함시켰다.

튜링은 사망 후 59년 만인 2013년 공식 복권되었다. 스티븐 호킹 등 유력 인사들이 그의 사면을 청원하자 엘리자베스 여왕이 이를 받아들인 것이다. 2014년에는 튜링이 독일군의 에니그마를 해독하는 과정을 그린 영화 〈이미테이션 게임〉***이 제작되었다. 영화의 제목

---

* 1950년부터 1954년 사이에 미국에서 시작해 전 세계적으로 확산된 공산주의자 색출 열풍.

** 하지만 튜링의 죽음에 대해서는 여러 논란이 있다. 독사과는 사실이 아니라는 의견도 있으며, 심지어 자살이 아니라 사고사였다는 설도 있다. 또한 그의 망명을 두려워한 영국 정보부의 암살이라는 음모론도 있다고 한다.

*** 그러나 많은 과학자는 이 영화에 대해 왜곡이 심각하다는 부정적인 평가를 하기도 한다.

인 '이미테이션 게임'은 그가 1950년에 쓴 논문에 등장하는 용어였다. 그리고 2021년에는 앞서 말한 대로 제임스 와트의 뒤를 이어 앨런 튜링이 50파운드 신권의 모델로 선정되었다.

또한 1966년 제정된 미국 컴퓨터 학회(ACM, Association for Computing Machinery)의 튜링 상(Turing Award)은 컴퓨터 분야의 노벨상으로 인정받고 있다. 구글이 매년 100만 달러의 상금을 후원하고 있기도 하다. 제품이나 아키텍쳐 이름에 과학기술 분야 위인들의 이름을 적용해온 엔비디아(NVIDIA)도 2018년 튜링의 이름을 딴 튜링 아키텍쳐를 발표한 바 있다.

애플의 로고가 앨런 튜링의 비극적인 죽음을 추모하는 의미라는 설도 유명한 얘기이다. 이는 충분히 설득력 있어 보였고, 만약 사실이었다면 상당한 극적 효과가 있었을 것이다. 하지만 로고 제작자인 롭 제노프(Rob Janoff, 1952~)는 글로벌 IT 전문 매체 슬래시기어와의 인터뷰를 통해 그 진실을 밝혔다. 그는 애플의 로고 디자인에 대해 단지 "사람들이 체리라고 느끼지 않게 하기 위해 한입 베어 문 자국을 남긴 것"이라고 말했다. 일부에서 얘기하는 뉴턴의 사과나 튜링의 사과는 연관성이 없었다는 이야기다. 또한 '깨물다'라는 뜻의 'bite'와 컴퓨터 용어인 'BYTE'를 연결한 것도 자신이 아니라 후에 사람들이 그렇게 갖다 붙인 것이라고 했다. 심지어 애플 로고에 등장하는 도형들이 황금비율인 1.618로 이루어졌다는 해석에 대해서도 그게 사실이라면 정말 놀라운 일이라며, 의도된 계산이 아니었다는 점을 밝혔다.*

천재 튜링의 삶은 아주 짧았다. 하지만 그가 국가와 과학계에 남긴 업적은 그렇지 않았다. 미국에서 편하게 살라는 제안을 거부하고 조국으로 돌아와 영국과 연합군에게 전쟁의 승리를 안겼고, 종전을 2년이나 앞당겨 1,400만 명의 목숨을 구해냈으며, 현대 문명의 필수품인 컴퓨터의 기본 원리를 제시하고, 인공지능의 가능성을 열었다. 그는 인공지능과 관련해 다음과 같은 말을 남겼다.

"나는 이번 세기의 말 즈음에는 사람들의 말과 인식이 확연히 바뀌어, 기계라는 것을 평가할 때 기계가 틀릴 수 있다는 생각을 아예 하지 않게 될 것이라고 생각한다."

---

* "애플 로고는 어떻게 변했을까?", 디지틀조선닷컴, 2019.06

11

외계인의 지능을 가진
폰 노이만

존 폰 노이만(John von Neumann, 1903~1957)은 헝가리 부다페스트 출신의 미국인 학자로 앨런 튜링과 함께 현대 컴퓨터의 선각자로 꼽히며, 20세기의 가장 위대한 수학자 중 한 명으로 평가된다. 폰 노이만은 1930년에 미국으로 이민을 한 후 1937년 귀화했지만, 헝가리 태생의 유대인으로 나치 독일에 강한 반감을 갖고 있었다. 그는 전쟁에서 승리하기 위해서는 수치해석이 중요할 것이라는 의견을 내고 미국 육군에도 자원했지만, 채용되지 못했다. 대신 원자폭탄 개발을 위한 맨해튼 프로젝트에 참여하게 된다. 폰 노이만은 수학적 알고리즘을 통해 플루토늄 폭탄의 내폭 메커니즘을 설계하는 데 있어 가장 어려운 부분인 폭축렌즈의 설계를 담당해 임무를 성공적으로 완수했다.

폰 노이만은 맨해튼 프로젝트의 총책임자였던 레슬리 그로브스와 함께 일본에 대해 강경한 입장이었다. 이 둘은 첫 번째 원자폭탄인 '리틀 보이'를 일본인들의 정신적 수도라 할 수 있는 문화재의 도시 교토에 떨어뜨려 일본의 저항 의지를 완전히 꺾어놔야 한다고 주장했다. 그러나 여러 변수를 고려해 최초의 원폭 투하지는 히로시마로 결정되었다. 하지만 15K톤의 '리틀 보이'의 공격에도 일본은 결사 항전 의지를 꺾지 않았고, 결과적으로 미국은 3일 뒤 나가사키에 21K톤의 '팻 맨'을 추가 투하하게 된다.

폰 노이만은 다양한 학문과 광범위한 분야에 걸쳐 많은 업적을 남겼다. 하지만 폰 노이만의 가장 유명한 업적은 현재와 같은 CPU, 메모리, 프로그램 구조로 이루어진 범용 컴퓨터의 기본 아키텍쳐를 확립했다는 것이다. 맨해튼 프로젝트 연구진 중 거의 유일하게 외부로 자유롭게 외출이 가능했던 폰 노이만은 당시 〈컴퓨터의 이론 설계 서론〉이라는 논문을 발표하고 CPU, 메모리, 프로그램의 독립된 구조를 갖는 프로그램 내장 방식의 에드박을 실제로 설계했다.

폰 노이만 구조에서는 프로그램을 쉽게 수정하고 업그레이드할 수 있는데. 이는 프로그램이 CPU와 분리되어 있는 메모리에 로드되어 구조적 독립성을 갖기 때문이다. 또한 프로그램 코드가 메모리의 다른 데이터처럼 수정될 수 있었다. 쉽게 얘기해서 폰 노이만 구조의 주요 장점은 구조적 독립성으로 인한 단순함과 유연성이라 할 수 있다. 하지만 CPU와 메모리가 버스를 통해 데이터를 공유하는 과정에서 병목 현상이 발생하고 꽤 많은 에너지가 소모된다는 한계점도 갖고 있었다. 말년에 암에 걸려 쇠약해진 상황에서도 폰 노이만은 이 같은 메모리 병목현상을 예견하고, 이를 해결하기 위한 메모리 계층구조의 필요성을 제안하기도 했다.

폰 노이만은 인류 역사상 손에 꼽히는 천재 중 한 명으로 거론된다. 그는 거의 모든 계산을 머릿속에서 해결하는 놀라운 능력이 있어 사실상 그에게는 컴퓨터가 필요하지 않았지만, 후대의 다른 학자들을 위해 컴퓨터의 구조를 고안했다. 뿐만 아니라 그는 디지털 컴퓨터는 물론 핵무기 개발과 게임이론, 경제학에 이르기까지 다양한 방면에서 놀라운 업적을 남겼다. 맨해튼 프로젝트 참여의 후유증으로 췌장암에 걸린 후 사망할 때까지 그는 『컴퓨터와 뇌』라는 제목의 인공지능 관련 책을 저술하고 있었다고 한다. 일부에선 그가 너무나 많은 분야에 관심을 가졌던 터라 학문적 인사이트는 없다고 비판하기도 한다. 하지만 그의 컴퓨터 구조에 대한 연구와 개발 공로를 보면 그는 앨런 튜링과 함께 현대 컴퓨터의 아버지로 인정되기에 부족함이 없는 인물이라 할 수 있다.

12

코리안 레전드
강대원 박사

모스펫(MOSFET) 반도체는 진공관과 트랜지스터로 대표되는 초기 전자회로 시대를 뛰어넘어 IC시대로의 발전에 가장 획기적인 역할을 한 발명으로 인정되고 있다. 그런데 놀랍게도 이 모스펫을 최초로 만든 사람이 다름 아닌 한국인 강대원 박사라는 사실은 잘 알려져 있지 않다. 강대원(1931~1992)은 1931년 보성고 교장과 부산 사범대 학장을 지낸 강정용 선생의 장남으로 태어났다. 그는 경기 중고등학교를 월반해 서울대 물리학과에 진학했고, 한국 전쟁 중에는 통역 장교로 복무했다. 1955년 서울대를 졸업한 그는 미국으로 건너가 오하이오 주립대에서 전자공학으로 1년 만에 석사, 3년 만에 박사 학위를 받았다.

강대원은 이후 당대 세계 최고였던 벨 연구소에 입사해 10년 차 선배인 이집트계 마틴 아탈라(Martin Mohamed John Atalla, 1924~2009)* 와 함께 팀을 이루었다. 모스펫의 원리는 1950년 당시 이미 이론적으로는 알려져 있었다. 하지만 아무도 이를 실제로 구현하지는 못했다. 모스펫이 제대로 동작하려면 반도체 표면과 산화물 박막의 경계에 불순물이 없어야 했다. 당시 아탈라 박사 팀은 고품질의 실리콘 산화물 박막(SiO2 필름)이라는 새로운 재료를 개발하고 이에 대한 연구를 하고 있었다. 그리고 1959년 입사 1년도 채 되지 않은 강대원 박사가 이를 이용해 20미크론 공정의 정상적으로 동작하는 PMOS와 NMOS 반도체를 만들어낸 것이다. 모스펫은 초기에는 중요성이 크게 인식되지 않았다. 그러나 소자의 집적도를 높이기에 용이할 뿐 아니라 CMOS(Complementary MOS)로 만들 경우 전력 소모가 매우 작기 때문에 그 유용성이 높아졌다. 오늘날 CPU, GPU, AP 및 메모리 등 첨단 반도체 소자는 모두 CMOS 공정으로 제작되고 있다.

아탈라 박사가 벨 연구소를 떠난 후에도 강대원 박사는 반도체 관련 연구를 지속하며 여러 중요한 업적들을 남겼다. 1967년 그는 후배 연구원인 대만계 미국인 사이먼 지(Simon Min Sze, 1936~)와 함께 플래시 메모리의 초석이 된 플로팅게이트(Floating-gate)를 세계 최

---

* 이집트계 미국인 물리학자이자 발명가로 반도체 분야에서 MOSFET, 반도체 표면 코팅 등을 개발했을 뿐만 아니라, 금융 분야에서 오늘날 널리 쓰이는 PIN(Personal Identification Number)을 개발해 '비밀번호의 아버지'로 불리는 인물이다.

초로 구현해 내기도 했다. 강대원 박사는 모스펫을 최초로 개발한 공로로 아탈라 박사와 함께 1975년 프랭클린 연구소에서 수여하는 '스튜어트 밸런타인 메달'을 수상했고, 2009년에는 미국 상무부 산하 특허청에서 공인하는 명예의 전당에 등재되기도 했다. 1988년 벨 연구소를 퇴임한 강대원 박사는 일본 NEC가 미국에 세운 연구소의 소장으로 부임해 말년의 연구를 이어갔지만, 안타깝게도 1992년 61세의 젊은 나이에 갑작스럽게 별세한다. 하지만 강 박사가 발명한 두 가지 소자인 모스펫과 플로팅게이트는 명실공히 현대 IC 혁명의 중요한 초석이 되었다. 강대원이라는 이름은 반도체 업계의 또 다른 전설로 기억될 만하다.

2부

반도체 제조 공정:
실리콘 연금술의 마법

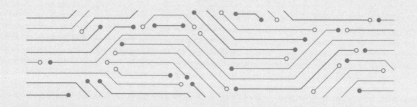

─────────── 반도체 산업의 기본적인 발전 방향은 더 많은 트랜지스터를 단일 칩에 집어넣을 수 있도록 더 작은 크기로 만들어 내는 것이다. 무어의 법칙으로 알려진 이 트렌드는 수십 년간 컴퓨팅 성능의 기하급수적 성장을 가능하게 한 핵심이다. 그러나 회로 선폭이 물리적인 한계에 가까워짐에 따라 재료 공학, 광학, 공정에서 많은 한계와 과제들이 발생하고 있다. 따라서, 극단적인 미세공정이 어떤 과정을 통해 이루어지는 것인지를 이해하는 것은 반도체 기술과 관련 산업을 이해하는 데 있어 가장 기본이 된다고 할 수 있다. 우리는 어떻게 보잘것없는 모래 가루와 같은 실리콘이 현대 디지털 문명의 인프라를 건설하는 전략자원으로 변해 가는지를 이번 챕터에서 다룰 예정이다.

　반도체 제조공정에 대해 웬만한 전문가 수준의 지식을 가진 분들이 적지 않다. 하지만 이 책은 전문 기술서적이 아닌 일반 대중을 위한 교양서이다. 따라서 기술적인 세부 내용보다는 국내외 관련 기업을 소개해 반도체 초심자가 대략적인 서플라이 체인의 구도를 이해할 수 있도록 도움을 주는 것을 목표로 한다. 자, 그럼 이제부터 실

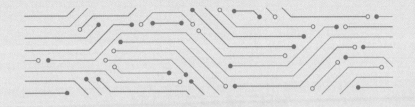

리콘 표면 아래에 숨겨져 있는 연금술의 비밀을 풀기 위한 첫 발을 떼어 보자.

13

반도체 제조 공정
개요

반도체를 만들기 위해서는 몇 가지 핵심 구성요소가 필요하다. 먼저 설계도가 그려져 있는 포토마스크(photomask)*가 필요하며, 패턴을 구현할 기반이 되는 웨이퍼(wafer)**, 그리고 제조 장비가 준비되어 있어야 한다. 그런 다음 장비가 설치되어 있는 팹(fab)*** 시설에서 포토마스크에 그려져 있는 회로의 모양을 웨이퍼 위에 차근차근 구현해가는 것이 반도체 공정의 핵심이다.

─

* 반도체 회로의 설계도가 그려진 얇은 쿼츠판.

** 반도체 회로 제작을 위한 원형의 실리콘 기판.

*** 'fabrication'의 준말로, 반도체 제조공장을 의미함.

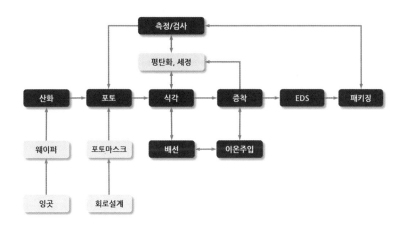

반도체 주요 공정

자료: 유진투자증권

　반도체 공정은 대략적으로 다음과 같은 단계를 거친다. 먼저 포
토마스크에 새겨진 패턴을 웨이퍼 위에 잘 전사하는 단계이다. 이
어서 식각과 증착 작업을 반복하며 웨이퍼의 아래쪽부터 시작하여
한 층 한 층 회로를 만들어나가는 과정이 이어진다. 이에 더하여 전
기적 특성을 부여하기 위한 이온 주입과 소자 간 연결을 위한 배선
작업, 그리고 중간중간의 세정 단계도 진행된다. 이러한 단계의 반
복을 통해 반도체 내부의 구조가 형성된다. 이 과정은 한 번 또는
두 번의 단순한 과정으로 이뤄지는 것이 아니다. 첨단 반도체 회로
의 경우 수십 장의 포토마스크가 사용되며, 평균적으로 3개월 이상

의 긴 시간을 필요로 한다.

참고로 2022년 반도체 시장 규모는 약 5,700억 달러였고, 제조장비 시장 규모는 약 1,000억 달러, 소재부품 시장은 약 600억 달러 정도의 규모였다. 반도체 장비 중에서는 포토와 식각, 증착 장비가 각각 200억 달러 이상으로 시장 규모가 크다. 이 세 가지 장비 시장이 전체 반도체 장비에서 차지하는 비중은 60%를 넘는다고 보면 된다. 소재부품 중에서는 웨이퍼가 약 140억 달러로 전체 소재부품 시장에서 약 20~25%를 차지한다.

14

회로 설계
- 반도체 제조를 위한 준비

반도체를 만든다는 것은 트랜지스터, 다이오드, 정류소자, 커패시터, 게이트 등 수십억 개로 이루어진 구조물을 잘 세우고 이를 연결하는 복잡한 도로망을 만드는 것과 같다. 따라서, 회로 설계는 반도체 제조의 출발점이다.

반도체의 회로 설계는 EDA(Electronic Design Automation)라는 소프트웨어를 이용한다. EDA는 전자산업 및 반도체 분야의 CAD(Computer Aided Design) 프로그램으로 ECAD(Electronic CAD)라고도 하며, 다양한 IC 라이브러리를 갖추고 있어야 한다. 또한 VHDL, 베릴로그(Verilog)등 하드웨어 기술언어(HDL: Hardware

Description Language)를 회로로 구현하는 기능과 시뮬레이션, 게이트 합성, 물리적 레벨 최적화 펑션 등이 포함되어야 한다.

EDA의 역사는 MCAD(Mechanical CAD)의 역사와 맥을 같이 한다. 1980년대에는 휴렛패커드(HP), 인텔(Intel) 등이 자체 설계 프로그램을 사용했고, 1980년대 말부터 케이던스나 멘토그래픽스(현재는 지멘스에 인수됨)에서 IC 전용의 EDA 툴을 판매하기 시작했다. EDA 분야는 소프트웨어라는 특징으로 인해 인수합병이 굉장히 활발한 편이다. 기술적 난이도가 높아지면서 새로운 기능의 프로그램이 나오게 되면 큰 기업들이 이를 인수하는 경우가 많다.

2022년 EDA 시장의 규모는 97억 달러* 수준으로 추정되며, 시놉시스, 케이던스, 지멘스(멘토그래픽스)**가 빅3를 형성하고 있다. 이 밖에 앤시스, 키사이트, 실바코, 일본의 JEDAT, 독일의 케이레이아웃, 중국의 임퍼리언 등이 특정 기능을 중심으로 제품을 내고 있다. IC 디자인이 아닌 PCB 또는 세트용 EDA 분야에서는 일본의 주켄, 호주의 알티움, 미국의 알테어 등의 캐드(CAD) 업체들이 명함을 내밀고 있다.

---

* The "EDA Software Global Market Report 2022," by Research And Markets

** 'TrendForce' data, 2022.8.

제너럴 일렉트릭(GE)의 첨단 캐드(CAD) 개발팀은 논리 합성 기술을 개발하고 이를 외부 판매하기 위해 1986년 옵티멀 솔루션스라는 회사를 설립한다. 이 회사는 1년 뒤 사명을 시놉시스로 바꾸고 본사를 캘리포니아 마운틴뷰로 옮긴 후, 1992년 주식 시장에 상장한다. 시놉시스는 현재 EDA 분야 세계 1위 기업으로 2022년 매출 50.8억 달러, 영업이익 11.6억 달러의 실적을 거두었다. EDA 분야 2위 업체인 케이던스는 1988년 SDA와 ECAD의 합병으로 설립되었다. 2022년 매출 35.6억 달러, 영업이익 10.7억 달러의 실적을 올렸다.

웨이퍼

- 트랜지스터 도시 건설을 위한 캔버스

지구 지표면에서 가장 많은 비중을 차지하는 원소는 바로 산소다. 대부분의 광물이 산소 화합물로 구성되어 있기 때문이다. 산소에 이어 두 번째로 풍부한 원소는 바로 반도체의 기본 재료가 되는 실리콘(규소)다. 산소와 실리콘의 지각 내 구성 비중은 46.6%와 27.7%다. 이 장에서는 모래의 기본 구성요소인 실리콘이 어떻게 현대 디지털 문명의 기초인 웨이퍼로 변화하는지 그 과정을 추적해본다.

웨이퍼를 만들기 위한 첫걸음은 실리콘이 풍부한 모래를 채굴하는 데서부터 시작한다. 채석장과 강바닥에서 추출한 이 모래는 불순물을 제거해가며 일련의 세심한 정제 과정을 거쳐 11-Nine*급의 초고순도 실리콘으로 재탄생한다. 초고순도 실리콘을 공급하는 업체는 독일의 바커, 코닝과 신에츠의 자회사인 헴록, 한화그룹의 자회사인 노르웨이의 REC 실리콘, 일본의 도쿠야마 등이다.

초고순도로 정제된 실리콘은 고온의 도가니(Crucible)에서 용융된다. 그런 다음 단결정의 시드(Seed) 결정 막대(Rod)를 용융된 실리콘에 담가 천천히 끌어 올린다. 그러면 실리콘 원자가 결정 격자 안쪽에 배열되면서, 시드의 결정 패턴과 같은 결정을 갖는 단결정의 원통형 실리콘 기둥인 잉곳(ingot)을 형성하게 된다. 이를 초크랄스키법(Czochralski method)이라 한다.

반면 플로팅 존법(floating zone refining)은 초크랄스키법보다 더 고품질의 잉곳을 제조할 수 있는 방법이다. 플로팅 존법은 처음에 폴리실리콘 잉곳을 이용한다. 시드는 잉곳의 위쪽이 아닌 아래쪽에 배치된다. 다음 폴리실리콘 잉곳을 회전시키며 열선 코일을 잉곳 하단부에서부터 위로 올리며 멜팅존을 만들어간다. 이때 멜팅존이 시드와 맞닿으며 시드를 아래로 끌어내리면 윗 부분의 폴리실리콘 잉곳이 단결정 잉곳으로 변하게 된다. 초크랄스키법은 도가니와 실리콘이 접촉되지만, 플로팅 존법은 비접촉 방식이라 불순물 오염 확률이

---

* 순도 99.999999999%를 의미한다.

거의 없어 고품질의 단결정 잉곳이 만들어지게 되는 것이다. 잉곳을 생산하는 대표적인 업체는 일본의 신에츠와 섬코, 독일의 실트로닉 등이며, 중국 JSG, 한국 에스테크, 미국 린톤 등은 잉곳 생성장비를 공급한다.

이제 실리콘 잉곳을 다이아몬드 블레이드로 슬라이싱하면 IC의 캔버스 역할을 하는 평평한 디스크 모양의 웨이퍼가 만들어진다. 웨이퍼는 반도체 회로가 건설되는 일종의 빌딩 블록으로 작용하게 된다. 잉곳 슬라이싱 장비는 일본의 고마츠 NTC, 아사히 다이아몬드, 미스비씨 전기와 독일의 아놀드 그룹, 중국의 JSG 등이 주로 공급하고 있다. 슬라이싱 이후 데미지를 입은 웨이퍼 표면을 복원하고 평평하게 만드는 래핑(Lapping)과 에칭, 세정 공정을 진행한다. 그리고 웨이퍼를 재가열했다 냉각시켜 물성을 다시 끌어올리고 이후 표면 연마, 세정, 최종 검사 등 최종 제품화가 진행된다. 슬라이싱 된 웨이퍼를 다듬는 주요 장비는 일본의 디스코, 와이다, 오카모토와 미국 MTI 코퍼레이션 등이 제작하고 있다.

이렇게 해서 만들어진 웨이퍼를 연마(Polished) 웨이퍼라 한다. 하지만 반도체 성능이 고도화 되면서 일반적인 연마 웨이퍼로는 부족한 부분이 있었다. 그래서 개발된 것이 에피텍셜 웨이퍼(Epitaxial Wafer) 또는 에피-웨이퍼(Epi Wafer)이다. 에피-웨이퍼는 연마 웨이퍼의 기판 위에 순도가 10배 이상 높은 초고순도 실리콘 층을 100um

이하의 얇은 두께로 증착시킨 고품질의 웨이퍼를 말한다. 에피-웨이퍼는 고가이지만, 반도체 수율을 높이고 공정 수도 줄일 수 있다는 장점이 있어 점점 더 사용 비중이 높아지고 있다.

에피-웨이퍼 보다 더 상위개념으로 실리콘 단결정층을 산화막 위에 추가로 형성한 SOI(Silicon On Insulator) 웨이퍼도 있다. SOI 웨이퍼는 고성능 마이크로프로세서, RF, PMIC 등 고성능·저전력·저발열 반도체 어플리케이션에 주로 사용된다. SOI 웨이퍼의 표면은 위에서부터 디바이스층, 절연막(BOX, Buried Oxide)층, 핸들층(실리콘기판층)의 3개 레이어로 구성된다. 에피-웨이퍼나 SOI 웨이퍼를 만들 때에는 에피를 성장시키기 위한 증착 장비가 사용되는데 이 분야에서는 비코 인스트루먼츠, 에익스트론, 어플라이드머티어리얼즈, 도쿄일렉트론, ASM의 장비가 주로 사용된다.

반도체 웨이퍼 시장은 약 140억 달러 규모로 반도체 소재 전체 시장의 20% 이상을 차지한다. 그만큼 웨이퍼는 가장 중요한 반도체 소재라 할 수 있다. 반도체 웨이퍼 시장은 일본의 신에츠와 섬코가 양대 산맥을 형성하고 있으며 그 뒤를 대만의 글로벌웨이퍼스, 독일의 실트로닉, 한국의 SK실트론, 중국의 내셔널 실리콘 등이 자리하고 있다.

한편, 반도체 기초 세미나에서 가끔 받는 질문 중 하나는 웨이퍼가 왜 하필이면 디스크 형태인가 하는 것이다. 칩은 사각형인데 웨이퍼는 원형이기 때문에 자투리 부분을 꽤 많이 낭비해야 하는 문제가 발생하기 때문일 것이다. 이에 대한 답을 한마디로 요약하면 이는 바로 웨이퍼를 단결정 구조로 만들기 위해서다라고 할 수 있다. 실리콘은 결정 형태에 따라 비정질(Amorphous), 다결정(Poly-crystalline), 단결정(Single-crystalline)으로 구분되는데, 단결정 구조의 실리콘이 전기적으로 가장 우수한 특성을 갖기 때문이다. 쉽게 비유하자면 단결정 구조가 만들어지게 되면 전자가 이동하는 빠르고 안전한 길이 열리게 되어, 비정질이나 다결정 실리콘에 비해 반도체를 저전력 또는 고속으로 만들 수 있게 되기 때문이다.

산화 공정
- 실리콘 표면 고도화 작업

웨이퍼 상에는 이미 산화막(SiO2)이 형성되어 있다. 산화막은 기본적으로 회로와 회로 사이에 누설전류가 흐르는 것을 막는 절연층의 역할을 한다. 그러나 이 산화막은 퀄리티가 좋지 않다. 따라서 회로 제작을 위해선 고품질의 산화막을 추가로 형성할 필요가 있다.

산화 공정의 방식으로는 순수 산소를 이용한 건식산화와 수증기를 이용한 습식산화 방식이 있다. 건식산화는 기체 산소로 20 나노 이하의 얇은 고품질 막을 형성하는 것이다. 그러나 습식산화에 비해 더 오랜 시간이 걸린다. 습식산화는 산소와 함께 수증기를 사용하기 때문에 두꺼운 막질(건식 대비 5~10배)을 빠르게 형성할 때 사용된다.

산화 공정은 절연층 형성 이외에도 웨이퍼 표면을 보호하는 패시베이션과 이온주입 등 마스크의 역할을 하기도 한다. 산화 공정을 진행하기 위해서는 먼저 웻스테이션(Wet Station)으로 기존 웨이퍼 위에 기본으로 생성된 산화막을 세척하거나 깎아낸 후 예열을 통해 웨이퍼 표면에 남아 있는 수분 및 휘발성 물질을 제거해야 한다. 웻스테이션 공급 업체는 일본의 스크린, 도쿄일렉트론과 한국의 케이씨텍 등이다.

웨이퍼는 쿼츠웨어(Quartz Ware)에 실려 그대로 퍼니스(Furnace)에 투입된다. 퍼니스 내부 온도는 섭씨 900~1200도까지 올라가고 이때 산소가 투입되면서 실리콘 웨이퍼 표면에는 산화막이 형성된다. 산화막의 두께가 원하는 수준에 도달하면 산소 공급을 멈추고 즉각 웨이퍼를 냉각시킨다. 퍼니스 공급 업체는 도쿄일렉트론, 코쿠사이, ASM 등이고, 쿼츠웨어는 일본의 신에츠쿼츠프로덕트와 페로텍, 독일의 헤라우스, 미국의 엔테그리스, 그리고 국내 원익큐엔씨, 하나머티리얼즈, 비씨앤씨 등이다.

한편, 공정이 미세화되면서 기존의 부분 산화막 기술(LOCOS, LOCal Oxidation of Silicon) 방식으로 소자를 절연하는 것이 점점 어려워지고 있다. 따라서 최근에는 실리콘을 식각하고 그 자리에 산화막을 채우는 STI(Shallow Trench Isolation) 공정이 새로운 솔루션으로 등장하고 있다. STI를 형성할 때도 산화 공정을 거친다.

포토리소그래피
- 빛의 춤이 만들어낸 예술

어린 시절 학교 미술 시간에 판화를 만들었던 경험을 떠올려보자. 고무로 된 판에 밑그림을 그린 후 칼이나 가위로 오려내고, 그 위에 물감을 칠하고 도화지에 올려 원판의 모양대로 그림을 찍어냈다. 리소그래피는 원래 석판화를 의미하는 미술 용어로, 기본적인 원리는 판화를 만드는 원리와 같다. 설계도가 그려진 원판은 포토마스크 (Photomask)라 하고, 이 포토마스크의 모양을 웨이퍼 위에 코팅된 포토레지스트(Photoresist)에 찍어내는 것이 바로 반도체 리소그래피 공정이다. 단, 물감 대신 레이저나 EUV 광원과 같은 빛을 이용한다는 점이 판화와는 다른 점이라고 할 수 있겠다.

포토리소그래피 기술은 흔히 판화 또는 사진 기술과 비교되곤 한다. 좋은 인물 사진을 찍기 위해서는 첫째, 모델이 좋아야 하고, 둘째, 좋은 장비(카메라)가 필요하며, 셋째, 좋은 필름이 있어야 한다. 이와 마찬가지로 좋은 반도체를 만들기 위해서는 첫째, 잘 만들어진 설계도가 있어야 하고, 둘째, 좋은 장비(스캐너)가 필요하며, 셋째, 필름 역할을 하는 포토레지스트의 품질이 좋아야 한다.

빛의 방패, 포토레지스트

포토레지스트(PR)는 빛으로 마스크의 패턴을 웨이퍼에 옮기는 노광 공정의 핵심 액체 소재이다. PR은 감광재(PAC: Photo Active Compound), 레진(Resin), 솔벤트(Solvent)의 3가지 기본 물질과 기타 첨가물질로 구성되어 있다. 감광재(PAC)는 빛을 받아 반응하는 역할을 하는 물질이다. 폴리머 물질인 레진은 감광재와 반응하는데, 이때 레진의 분자 구조에 따라 포지티브 PR일지 네거티브 PR일지가 결정된다. 솔벤트는 레진과 감광재를 용해시켜 스핀코팅을 가능하게 하는 액체 물질이다. 방식별로 보면 포지티브 방식이 훨씬 많다. 그러나 5나노 이하 EUV 공정에서는 네거티브 타입의 PR이 더 우수한 특성을 보인다. 이에 따라, EUV 사용이 많아질수록 네거티브 타입의 PR 비중이 높아지는 추세이다. 포토 공정을 시작하기 위해서는 클리닝과 탈수, 베이퍼 프라임(Vapor Prime) 과정을 거쳐 웨이퍼를 깨끗하게 해주어야 한다. 베이퍼 프라임은 웨이퍼와 PR의 접착성을 높이기 위해 계면활성제인 HMDS*를 도포하는 과정이다.

포토 공정을 위한 준비가 완료되면 웨이퍼를 고속으로 회전시켜 PR을 웨이퍼 위에 도포하는 스핀 코팅이 진행된다. 이를 트랙 공정이라고도 한다. 그런 다음에는 소프트베이크로 PR의 솔벤트를 제거하고 PR을 웨이퍼 위에 단단히 고정시킨다. 이러한 트랙 공정 솔루션은 도쿄일렉트론이 시장을 거의 독점하고 있으며, 일본의 스크린과 한국의 세메스가 일부 장비를 공급하고 있다.

이후 마스크와 웨이퍼의 위치를 정확히 잡아주는 얼라인먼트를 거쳐 리소그래피 공정이 진행된다. 노광의 소스인 레이저는 광원의 형태에 따라 면광원과 선광원으로 나뉜다. 보통 스테퍼는 면광원, 스캐너는 선광원을 사용하는데, 레이저의 파장이 짧아지면서 주로 스캐너 방식이 사용되고 있다. 스캐너 시장은 네덜란드의 ASML이 시장을 장악하고 있고, 일본의 니콘과 캐논이 DUV 장비를 납품하고 있다. 중국의 SMEE도 노광 장비를 개발했다고는 하지만 가능한 기술 수준은 아직 아이라인(i-line), KrF, 그리고 ArF 중에서도 저사양에 그치고 있어 니콘이나 ASML과 격차를 비교할 수준이 아니다.**

---

*   헥사메틸디실라젠(Hexamethyldisilazane)

** 리소그래피에 사용되는 광원은 파장에 따라 436나노미터의 G-line, 365나노미터의 i-line, 248나노미터의 KrF, 193나노미터의 ArF, 13.5나노미터의 EUV로 구분되며, 파장이 짧을수록 더 미세한 패턴을 찍어낼 수 있다.

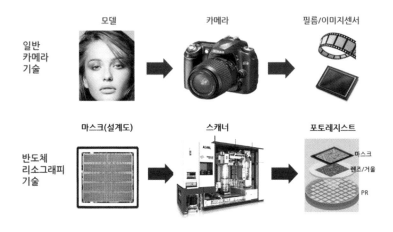

카메라 기술과 반도체 리소그래피 기술 비교

| | 모델 | 카메라 | 필름/이미지센서 |

일반 카메라 기술

마스크(설계도) 스캐너 포토레지스트

반도체 리소그래피 기술

마스크
렌즈/거울
PR

자료: 유진투자증권

　노광이 이루어지면 PR의 화학적 성질이 바뀌게 되는데 이때 회로 패턴의 PR만 남기고 나머지 부분을 제거하는 공정을 디벨로핑(Developing: 현상)이라 한다. 이렇게 포토레지스트 코팅과 노광, 그리고 디벨로핑까지 이루어지고 나면 웨이퍼 위에는 포토마스크에 그려져 있던 회로 패턴이 그대로 남게 된다. 이후 패턴이 제대로 구현되었는지를 확인하는 검사와 측정을 거쳐 다음 단계의 공정으로의 이행 여부가 결정된다. 이때 만일 패턴에 오류가 발견되면 PR을 전부 제거하고 포토공정을 다시 진행하는 경우가 생기기도 한다.

레이저란?

레이저가 무엇이냐고 물어보면 빛 아니냐고 대답하는 분들이 꽤 많다. 하지만 레이저는 유도방출에 의한 광증폭 작용(LASER: Light Amplification by Stimulated Emission of Radiation)을 뜻하는 어려운 말이다. 이때 방출되는 증폭광을 레이저빔이라고 하는데, 이를 줄여서 통상적으로 레이저라고 부른다. 백열전구에서 나오는 빛에는 여러 가지 색깔의 빛이 섞여 있다. 그러나 레이저의 빛에는 한 가지 색깔, 정확히는 한 가지 파장만이 존재한다. 백열전구에서 나오는 일반 빛은 전구에서 멀어지면 빛의 세기가 급격히 줄어든다. 하지만 레이저는 거리가 멀어져도 세기가 거의 줄어들지 않는 특성을 갖는다.

원자(분자)는 외부로부터 에너지를 흡수하면 저준위(에너지가 낮은 상태)에서 고준위(에너지가 높은 상태)로 바뀐다. 이 상태를 여기상태(excited state)라고 한다. 하지만 여기상태는 불안정하기 때문에 금세 에너지가 낮은 상태로 되돌아가는데, 이를 전이(Transfer)라고 한다. 이때 에너지 차에 상응하는 빛이 방출되며, 이를 자연방출이라고 한다. 방사된 빛은 동일하게 여기상태인 다른 원자와 충돌하여 같은 전이를 유발하는데, 이 유도로 방출되는 현상을 유도방출이라고 한다. 이때 내부에 좌우로 거울이 설치되어 있는 광공진기를 구성해 한쪽은 전반사 거울을, 다른 한쪽은 일부분만 투과시키는 반투명 거울을 사용하면 빛이 거울 사이를 수백 번에서 수천 번 왕복하면서 거울에 수직 반사되는 빛만 남게 된다. 이 과정에서 빛은 서서히 정렬되며 진폭의 증폭 작용이 일어나는데 이와 같은 동일 파장의 증폭 작용을 레이저라 부르는 것이다. 레이저는 매질의 종류에 따라 고체 레이저, 액체 레이저, 기체 레이저, 반도체 레이저 등으로 구분되는데 고체 레이저(루비, YAG)는 주로 산업용, 액체 레이저(색소)는 의료분야, 기체 레이저(He-Ne, Ar, CO2)는 의료 및 첨단 분야에 주로 사용된다.

파장과 레이저 성능

리소그래피에 쓰이는 레이저의 파장은 반도체 회로의 패턴 퀄리티를 결정하는 중요한 변수이다. 레이저의 파장이 짧으면 짧을수록 더 가는 선폭의 패턴을 찍어낼 수 있기 때문이다. 파장이 긴 파도가 방파제를 쉽게 넘어가고, 전자기파 중 파장이 긴 라디오파가 장애물을 넘어 멀리까지 전달된다는 사실을 생각해보면 이해하기 쉽다. 반대로, 전자기파의 파장이 짧으면 짧을수록 구조물에 방해를 받게 된다. 방해를 받는다는 것은 작은 구조물을 더 잘 인식할 수 있다는 뜻이 된다. 즉, 레이저의 파장이 짧을수록 더 미세한 패턴을 잘 인식할 수 있다는 이야기다. 또한 레이저 파장은 레이저와 반도체 물질 사이의 상호작용에도 영향을 미친다. 예를 들어, 특정 파장의 레이저에서 흡수 피크*를 갖는 물질을 이용하면 레이저를 이용해 점을

---

* 레이저 흡수 피크는 물질이 레이저 광선을 어떻게 흡수하는지를 나타내는 현상이다. 피크 파장은 레이저 광선이 물질에서 가장 효과적으로 흡수되는 파장을 의미한다.

반도체 오디세이

빼다든지 제모를 한다든지 하는 것이 가능해진다. 포토레지스트도 마찬가지다. 레이저 파장과 궁합이 잘 맞는 흡수 피크의 물질을 포토레지스트로 사용하면 민감도를 더욱 높일 수 있다.

반도체에 사용되는 레이저를 보통 엑시머레이저라고 한다. 엑시머 (Excimer)란 익사이티드 다이머(Excited Dimer)의 줄임말이다. 다이머란 Xe2, Kr2, Ar2처럼 동일한 원자 두 개로 만들어진 이합체 분자를 일컫는다. 이들은 비활성 기체로 상온 및 정상 상태에서는 분자를 이룰 수 없고, 고출력의 에너지를 받아 엑시머 상태가 되었을 때만 존재하는 기체 화합물이다. 하지만 들뜬 상태는 오래가지 못하고 이내 안정된 상태로 돌아가게 되는데 이때 UV(자외선) 영역의 빛이 방출된다. 그렇기 때문에 보통 엑시머레이저를 자외선 레이저로 생각하기도 한다.

과거 1960년대에는 435나노 파장의 보라색 가시광선이 반도체 생산에 사용되기도 했다. 하지만 지금은 자외선 파장의 엑시머레이저가 반도체 공정의 대부분을 책임진다. 처음에는 365나노 파장의 아이라인(I-line)이 사용되었고, 이어서 DUV(Deep UV)로 분류되는 248나노 KrF와 193나노 ArF가 차례대로 개발되었다. 193나노 ArF도 해상도에 한계가 다가오자, 이를 대신할 후보로 157나노의 F2 엑시머레이저와 126나노의 Ar2 엑시머레이저가 검토되었다. 그러나 F2와 Ar2 레이저는 렌즈 투과율과 포토레지스트 개발과 관련된 몇 가지 기술적 문제점과 비용 이슈가 해결되지 못해 결과적으로 양산화 과정에 이르지 못했다.

파장의 한계를 극복하는 기술, 이머전과 멀티패터닝

ArF 이후의 레이저 소스에 대한 고민이 깊어지는 가운데 이머전 (immersion: 액침) 기술이 새로운 대안으로 부상했다. 이는 렌즈와 렌즈 사이를 진공으로 만들었던 ArF 드라이 방식과 달리 렌즈 사이에 물을 채워 넣어 출력광의 파장을 좀 더 줄여, F2나 Ar2의 이론적 해상도에 근접한 결과를 얻을 수 있는 방식이다. 물론 액침 리소그래피를 위해서는 건식 리소그래피에 비해 추가적인 인프라와 장비가 요구된다. 또한 액체의 기포 또는 오염물질에 의한 결함을 방지하는 등 시스템의 유지관리 문제로 인한 비용증가 문제도 발생한다. 하지만 F2나 Ar2 레이저의 문제에 비하면 이는 감당할 수 있는 수준이었다. 따라서 상당히 오랫동안 ArF 이머전과 멀티 패터닝을 활용한 방법이 리소그래피의 최첨단 기술로 오랫동안 사용되고 있었다.

멀티패터닝은 리소그래피 공정의 한계를 극복하기 위해 복잡한 패턴을 여러 개의 단순한 패턴으로 분해하여 개별적으로 여러 번 노광하는 것이다. 멀티패터닝을 채택하는 이유는 빛의 광학적 특성과 물리적 한계 때문이다. 패턴과 패턴의 사이가 좁아지면 빛의 회절 현상이 더욱 강해진다. 따라서 패턴과 패턴 사이를 넓게 만들어

레이저를 노출시킨 후 웨이퍼를 정밀하게 이동해 그 사이사이에 다시 패턴을 새겨 넣는다면 빛의 회절 효과를 줄일 수 있어 좀 더 뚜렷하고 정밀한 패턴 형성이 가능해진다.

멀티패터닝은 분할 횟수에 따라 더블패터닝(DP), 트리플패터닝(TP), 쿼드러플패터닝(QP) 등으로 구분된다. 멀티패터닝은 해상도를 높일 수 있지만, 추가적인 기술적 문제와 비용 증가가 수반된다. 무엇보다 여러 번 노광을 해야 되기 때문에 마스크 수가 증가하고, 증착/식각/세척 등의 공정도 추가되어야 한다. 이로 인해 공정 시간이 길어지고, 처리량은 떨어질 수밖에 없다. 또한 높은 정밀도의 오버레이 계측 공정이 추가되어야 하고, 수율이 하락할 수 있는 리스크도 커진다. 하지만 고난도 기술과 비용 증가에도 불구하고 멀티패터닝은 기존 리소그래피 광원의 한계를 극복할 수 있는 중요한 기술이었다. 하지만 193나노 레이저는 분명한 한계를 갖고 있었고, 결국 13.5나노 파장의 EUV가 193나노 레이저의 뒤를 잇는 차세대 기술로 채택된다.

레이저 관련 기업

엑시머레이저 발진 장치의 대표 기업은 미국의 사이머다. 1986년 샌디에이고에서 설립된 사이머는 DUV 광원 시장의 주도권을 쥐게 되었다. 2001년부터는 ASML과 전략적 제휴를 체결하고, 공동으로

EUV 기술을 개발하기 시작했다. 결국, 사이머는 LPP 소스라고 불리는 고출력의 펄스 레이저를 개발하는 등 EUV 기술에서 상당한 진전을 이루어냈다. 하지만 2013년 ASML이 사이머를 통째로 인수해, EUV 생성 기술을 사실상 독점하게 된다.

사이머의 라이벌로는 일본의 기가포톤이 꼽힌다. 기가포톤은 코마츠와 우시오가 엑시머레이저 사업부를 합병해 설립한 회사이다. 사실 기가포톤의 KrF레이저는 사이머보다 우수한 것으로 평가되었다. 그러나 이미 사이머가 장악한 KrF 시장에서 점유율을 의미 있게 끌어올리기가 쉽지 않았다. 그래도 기가포톤은 일본의 노광장비 제조사인 니콘과 캐논을 고객으로 갖고 있어 나름대로의 입지를 유지하고 있다.

이 밖에 레이저 소스를 공급하는 업체들로는 미국의 코히런트, 뉴포트, IPG 포토닉스, 스펙트라-피직스와 독일의 트럼프, 예놉틱 등이 잘 알려져 있는 업체다. 하지만 이들이 공급하는 레이저 소스는 적외선~가시광선 영역에 그치고 있어 반도체 쪽과는 기술적인 차이가 크다고 봐야 한다.

18

EUV
- 광자의 끝에서 탄생한 빛

ASML이 반도체 분야에서 더욱 주목받게 된 것은 EUV(Extreme Ultra Violet) 리소그래피 기술 때문이다. 파장 13.5나노미터의 EUV는 그 이전 세대에 사용하던 엑시머레이저와는 근본적으로 다른 빛이다. 쉽게 말해 EUV는 레이저가 아닌 플라즈마에 의해 방출되는 전자기 방사선이다. 하지만 EUV 생성을 위한 플라즈마는 초고출력의 엑시머레이저가 필요하다. 정리하자면, EUV는 '고출력 엑시머레이저에 의해 생성된 플라즈마가 방출하는 13.5나노미터 파장의 방사선'으로 이해하면 된다.

ASML의 EUV는 위에 설명한 대로 플라즈마인 LPP(Laser Produced

Plasma)를 통해 생성된다. CO_2-N_2-He를 5:29:66으로 혼합한 압축 가스를 광공진기에 넣고 1차로 증폭된 CO_2 레이저를 만들고, 이를 1만 배 증폭시킨다. 그리고 이를 원자번호 50번 주석(Tin)의 액상 입자에 충돌시킨다. 진공 시속 322킬로미터의 직경 3마이크론의 초미세 주석 액상입자가 초고출력의 CO_2 레이저를 두 번 연달아 맞게 되면 최외각 전자가 궤도를 이탈하며, 순간 온도 50만 도의 플라즈마 상태로 변화하게 된다.[*]

이때 플라즈마 상태의 전자가 원래의 궤도로 되돌아가는 과정에서 광자 알갱이가 방출되는데, 그 파장이 바로 13.5나노미터이다. 그리고 이 과정을 초당 5만회 이상 성공시키면 리소그래피에 사용할 수 있을 만큼의 빛 알갱이를 모을 수 있다. ASML의 장비는 이렇게 생성된 광자들을 하나하나 수집해서 EUV의 출력을 반복적으로 높이게 된다. 그야말로 신의 기술이라 해도 과언이 아닐 정도로 난이도가 높은 기술이다. 역할을 다한 표적 물질 주석은 플라즈마 생성 후 기화된 뒤 후속 플라즈마 생성 사이클을 위해 회수되어야 한다.

LPP 이외에 DPP(Discharge Produced Plasma)로 알려진 EUV를 생성하는 방법이 있다. DPP는 레이저를 이용한 LPP와 달리 고압 방전에 의한 전자 빔 또는 마이크로웨이브를 통해 플라즈마를 생성해

---

[*] 크리스 밀러, 『칩워』, p. 385, 부키, 2023

EUV 광자를 얻는 방식이다. 이때, 진공 챔버 내의 타겟 물질은 주석 (Tin) 이외에도 제논(Xenon) 저압 가스가 사용될 수 있다. LPP와 비교하여 DPP는 설정이 보다 단순하고 두 가지 재료를 사용할 수 있고, 반복 사용률도 높다는 이점을 갖고 있다. 하지만 DPP는 집광 방식이 더 복잡해져 출력을 높이기가 어렵다는 결정적 한계를 갖고 있다. 이로 인해, 현재 상용 가능한 EUV 생성 방식은 LPP 방식에 의존하고 있다.

한계 기술들의 융합품

LPP를 통해 얻은 EUV 광원을 웨이퍼 표면에 조사(照射)하기 위해서는 마스크의 크기에 맞게 빛 알갱이들을 모으고 초점도 맞춰야 한다. 기존 노광공정에서는 이를 위해 수십 개의 렌즈를 사용했다. 하지만 흡수가 잘되는 EUV는 렌즈에 입사된 후 세기가 급격히 약화되기 때문에 렌즈 대신 여러 개의 특수 거울을 사용해야 한다. EUV에 사용되는 거울은 직경 450mm로 웨이퍼보다 1.5배 큰 사이즈다. 이때 레이저를 최대한으로 이용하기 위해서는 극도로 평평한 특수 거울을 써야 한다. EUV에 사용되는 특수 거울의 표면 높이 오차는 50피코미터(=0.05나노)라는 극한의 수준이다. 이것이 어느 정도 수준인지 감이 잘 오지 않을 것이다.

이렇게 생각해 보자. 만일 이 직경 450mm 거울을 100만 배 키운다면 거울의 크기는 직경이 450km가 될 것이다. 참고로 서울에서 제주까지의 직선거리가 455km이다. 이때 이 거대한 거울의 표면 오차가 겨우 0.05mm 이내여야 한다는 이야기다. 이 극도로 평평한 거울 10개가 EUV 시스템에 장착되어 사용된다. 거울 한 개의 가격은 10억 원을 상회하는데, 이마저도 주기적으로 교체되어야 한다. 참고로 이 거울을 제작할 수 있는 유일한 업체는 독일의 칼자이스이다.

EUV에서는 마스크도 기존의 투과형이 아닌 반사형 마스크를 사용해야 한다. 따라서 무엇보다 반사 광학계의 정확도가 매우 중요하다. 그런데 노광장비 내부 입자에 의해서 광학계가 오염되면 반사율 손실이 일어나 노광 정확도에 문제가 발생한다. EUV 노광장비의 진공 챔버 내의 주 잔류 가스는 수분과 탄화수소이다. 이 때 수분의 내부 압력은 대기압의 백억 분의 일 이하여야 하고, 탄화수소의 내부 압력은 대기압의 일조 분의 일 이하로 유지되어야 한다.

EUV 포토레지스트

포토 공정의 핵심 재료인 포토레지스트의 시장은 EUV 공정 도입으로 그 규모가 더욱 커지고 있다. 시장 조사기관들의 자료에 따르면 2021년 기준 포토레지스트의 시장 규모는 약 30억 달러에 달한다. 국내 업체들 중에서는 동진세미켐과 SK머티리얼즈퍼포먼스, 와이씨켐(구 영창케미컬) 등이 PR을 생산하고 있다. 그러나 세계 시장에서는 일본 기업들의 영향력이 절대적이다. 점유율 1, 2위인 JSR과 TOK를 비롯해 신에츠, 스미토모, 후지필름 등 5개 기업이 90% 이상을 점유하고 있다. 특히, PR의 주원료인 PAC(감광제)는 오사카유기화학, KH네오켐, 아데카, 동양합성공업 등 일본 업체들이 사실상 시장의 100%를 점유하고 있다고 해도 과언이 아니다.

화학증폭형 레지스트(CAR: Chemically Amplified Resist)는 광자가 닿을 때 연쇄반응에 의해 재료의 구조가 바뀐다. 이때 용해성이 향상되어 디벨로핑(현상) 단계에서 레지스트가 제거된다. 화학증폭형 레지스트는 광자당 생성되는 감광 분자를 늘려 레지스트의 민감도를 높인다. 그러나 감광 분자가 늘어나면 원래 빛이 닿은 위치에서 더 멀어지기 때문에 해상도가 떨어지게 된다. 화학증폭형 레지스트(CAR)는 그동안 많은 발전을 이뤘다. 하지만 EUV라는 고약한 성질의 빛에서는 여러 문제가 발생한다. 따라서 기존의 CAR대신 금속기반의 포토레지스트가 대안으로 떠올랐다. 이 분야에서 가장 선도적인 회사는 2007년 설립된 미국의 인프리아*였다.

인프리아의 주석 산화물 포토레지스트는 기존의 화학증폭형과 비교해 분자 크기는 1/5 수준이면서도 광흡수율은 4~5배 높고, 식

---

* 2007년 오리건주립대 화학과에서 스핀오프해 설립된 벤처 기업.

각 선택비도 10배 이상 높다. 또한 무기물 기반이기 때문에 구성요소가 적어 재료의 균일성을 더욱 높일 수 있다. EUV에서는 아무리 특수 거울을 쓴다고 해도 최종적으로 웨이퍼에 닿는 빛의 출력이 약할 수밖에 없어, EUV에 민감하게 작용하는 포토레지스트 개발이 매우 중요하다.

이 기업의 초기 투자 기업들 명단에는 삼성전자, 인텔, 어플라이드 머티리얼즈, JSR, TOK 등 여러 업체들이 이름을 올리고 있었다. 그러나 2021년 JSR이 인프리아를 인수해 EUV 포토레지스트 분야에서도 JSR의 시장 주도권은 변함없이 유지되고 있다. 이런 가운데 일본 정부 펀드인 산업혁신투자기구(JIC)가 JSR 주식 전량을 공개 매수해 국유화시키기로 결정했다. 이는 반도체 소재 산업 주도권을 유지하기 위해 JSR을 비상장사로 전환해 일본 정부가 주도권을 쥐고 가기 위한 포석으로 풀이된다.

EUV 포토마스크와 펠리클

포토마스크 또는 레티클(Reticle)은 포토 공정에서 웨이퍼에 전달될 회로 패턴의 원판이 그려진 마스터 템플릿이다. 예술가의 캔버스처럼 꼼꼼하게 디자인된 이 마스크는 디지털 시대의 문을 여는 열쇠가 된다. 눈으로 보기에 포토마스크는 평평하고 불투명한 판처럼 보이지만, 포토마스크의 표면에는 복잡한 패턴이 새겨져 있다. 포토마스크 제작은 예술성과 정밀 공학을 융합한 다단계의 과정이다. 포토마스크의 제작은 EDA 소프트웨어를 사용해 회로 레이아웃을 설계하는 데서부터 시작된다. 여러 복잡한 문제를 고려해 설계가 완료되고 나면 다음 단계는 디지털 레이아웃을 물리적 포토마스크로 변환하는 것이다.

이를 위해서는 회로가 그려질 캔버스인 블랭크마스크가 필요하다. 블랭크마스크는 5x5 또는 6x6인치의 매우 얇은 석영기판이다. 실제로 보면 기판이라기보다 주방 등에서 쓰는 투명하고 얇은 비닐랩처럼 보인다. 블랭크마스크 위에 수십에서 수백 나노의 두께의 크롬 차광막과 반사방지막을 증착하고, 이빔(E-beam) 또는 레이저로 반도체 회로의 레이아웃을 그리는 포토마스크 프로세스가 진행된다. 참고로 현실적으로는 블랭크마스크와 포토마스크가 혼용되어 사용되고 있으니, 문맥에 따라 구분할 필요가 있다.

이빔 마스크 라이터는 일본 뉴플레어테크놀로지*, 레이저 라이터는 어플라이드머티리얼즈가 사실상 시장을 독점하고 있다. 스웨덴의 마이크로닉과 독일의 하이델베르그 인스트루먼트, 일본의 나노시스템솔루션스 정도가 레이저 마스크 라이터를 일부 생산하고 있는 정

---

* 1976년 도시바에서 도시바 머신으로 이빔 사업부가 이관되었다. 이후 2002년 도시바 머신에서 스핀오프하여 뉴플레어 테크놀로지로 분사 설립되었다.

도이다. 전체 포토마스크의 시장은 2022년 약 56억 달러 수준이다. 이 중 디스플레이용이 약 10억 달러를 차지하고 있으니 반도체용 포토마스크 시장은 약 46억 달러 규모로 추산된다. 포토마스크 1위 업체는 미국 포트로닉스이며, 일본의 토판 포토마스크, DNP, 호야, 니폰필콘과 대만의 TMC, 독일의 AMTC, 그리고 한국의 에스엔에스텍이 제품을 공급하고 있다.

EUV 포토마스크는 기존의 투과형과 달리 빛을 반사시켜야 한다. 때문에 반사층과 흡수층으로 구성된다. 반사층은 몰리브덴과 실리콘(Mo/Si) 필름이 번갈아 가며 다층 스택을 구성하며, 그 두께는 일반적으로 약 40~50나노미터 정도이다. 빛의 반사는 파장, 반사층 간 굴절률 차이, 그리고 반사층의 두께에 따라 결정되기 때문에 다층 스택은 매우 정밀하게 설계되어야 한다. 흡수층은 질화탄탈(TaN)이라는 물질로 만들어진다. 흡수층은 원치 않는 EUV 빛을 흡수해, 표류광이 패턴 전달을 방해하는 것을 막는다. EUV 용 포토마스크는 이처럼 제작과정이 복잡하고 어렵다. 따라서 포토마스크 한 장의 가격이 최대 10억 원에 달할 정도로 고가이다.

펠리클(Pellicle)은 회로가 그려진 포토마스크의 오염을 막기 위한 일종의 보호막 덮개다. 펠리클을 사용하면 고가의 포토마스크 손상을 막아 공정비용을 절감하고 생산성을 높일 수 있다. 특히, EUV용 포토마스크는 고가의 정도를 넘는 초고가 제품이다. 따라서 EUV

공정에서 펠리클을 도입하는 것은 기술적, 경제적 측면에서 중요한 트리거가 될 수 있다. 2023년 상반기 현재 삼성전자는 아직 EUV 펠리클을 양산 라인에 적용하지 못하고 있지만, TSMC는 양산 라인에 펠리클을 적용하고 있다. TSMC는 ASML, 캐나다의 텔레다인 DALSA, 미쓰이화학과 공동으로 EUV용 펠리클을 개발한 것으로 알려져 있다.

19

식각 공정
- 실리콘의 영혼을 조각하다

식각공정은 웨이퍼에 에천트(Etchant: 식각재료)를 이용해 선택적으로 불필요한 부분을 제거해 회로 패턴을 만드는 중요한 공정이다. 식각 장비 시장의 규모는 2022년 기준 220억 달러를 넘어 노광 장비 시장 규모를 앞선다. 식각 장비 시장은 램리서치와 도쿄일렉트론, 어플라이드머티리얼즈 3사가 80% 이상을 점유하고 있다. 국내 업체로는 에이피티씨가 금속막, 산화막 및 실리콘 식각 장비를 개발해 SK하이닉스에 일부 납품하고 있고, 세메스도 삼성전자에 납품하고 있다. 중국 업체 중에서도 나우라와 AMEC도 식각 장비를 개발한 것으로 알려져 있다.

식각은 에천트의 물질 상태에 따라 습식과 건식으로 나뉜다. 습식에 비해 건식은 비용이 비싸고 방법이 까다롭지만, 회로 선폭이 미세화되면서 건식 비중이 점점 높아지고 있다. 건식 식각은 플라즈마 식각이라고도 한다. 대기압보다 낮은 압력의 진공 챔버에 가스를 주입한 후, 전기 에너지와 자기장을 통해 플라즈마(Plasma)*를 만들면 해리된 반응성 원자가 웨이퍼 위의 막질 원자와 만나 강한 휘발성을 띠게 된다. 이것이 표면에서 식각 부분과 반응하여 분리되면서 식각이 이루어진다.

식각 공정에서 포토레지스트는 보호막 역할을 한다. 따라서 포토레지스트로 가려져 있는 부분은 식각이 일어나지 않는다. 이때 포토레지스트가 보호막 역할을 잘 하지 못하고 무너지는 경우를 패턴 붕괴(Pattern Collapse)라고 하는데, 이렇게 되면 회로를 제대로 만들 수가 없게 된다. 그만큼 포토레지스트는 노광은 물론 식각에서도 중요한 역할을 한다.

식각 공정에서는 균일도와 선택비를 높이고 속도-비등방성의 최적 조합을 찾는 것이 핵심이다. 균일도는 웨이퍼 표면에 반응하는 플라즈마 기체가 얼마나 균일하게 퍼지는가를 나타내는 지표이다.

---

* 고체, 액체, 기체의 물리적 특성을 넘어선 물질의 4번째 상태로, 초고온 상태로 가열되어 다수의 자유전자, 분자 등으로 이온화된 기체를 말한다.

식각은 웨이퍼 한 장 전체를 처리해야 하기 때문에 균일도가 떨어지면 식각의 품질이 위치마다 달라질 수 있다. 따라서 식각되는 부산물을 효과적으로 제거함과 동시에 플라즈마 기체가 웨이퍼 전체에 가능한 고르게 반응하도록 컨트롤하는 것이 중요하다.

선택비는 제거해야하는 물질과 제거하지 말아야 하는 물질을 얼마나 잘 구분해서 식각을 하는지 나타내는 지표이다. 식각을 진행할 때 원하는 물질만을 정확히 골라서 100% 제거할 수 있다면 좋겠지만, 물리화학적으로 이는 불가능하다. 식각 반응이 진행됨에 따라 보호막 역할을 하는 포토레지스트도 서서히 깎여 나가는 문제가 생길 수밖에 없다. 선택비가 높다는 것은 깎여 나갈 것과 남아야 하는 것의 식각률 차이가 크다는 것이므로 그만큼 식각의 품질이 우수하다는 의미가 된다.

식각에서 비등방성(Anisotropy)이 높다는 것은 식각할 때 특정 방향, 예를 들어 아래쪽으로만 정확히 식각이 일어난다는 의미이다. 반대로 등방성(Isotropy)이 높다는 것은 상하좌우 모두 비슷하게 깎여 나간다는 것인데, 이렇게 되면 식각 시 패턴 영역에 손상이 갈 위험이 커진다. 따라서 비등방성이 높을수록 식각의 퀄리티가 좋은 것이다. 하지만 식각의 비등방성을 높이기 위해선 식각 기체의 압력을 낮춰서 진행해야 하는데, 그러면 그만큼 식각 속도는 느려질 수밖에 없다. 따라서 공정을 개발하는 과정에서 비등방성과 속도 사이의 트레이드-오프 관계에서 최적의 타협이 필요하다.

한편, 식각 공정에서는 포커스링을 포함한 여러 가지 링 타입의 소모품이 사용된다. 포커스링은 식각 챔버 안에서 웨이퍼를 고정시키고 플라즈마의 밀도를 균일하게 유지하며 웨이퍼 측면의 오염을 방지하는 역할을 담당한다. 기존 포커스링으로는 쿼츠나 실리콘 소재를 주로 사용했지만, 공정 미세화로 플라즈마를 활용한 건식 식각 비중이 높아지면서 고온과 플라즈마에 강한 내성을 가진 SiC링의 사용이 증가하고 있다. 국내의 포커스링 제조사는 티씨케이, 하나머티리얼즈, 비씨앤씨, 월덱스, 케이엔제이 등이다. 해외 업체로는 미국의 쿠어스텍, 일본의 페로텍 등이 있다.

식각이 끝나면 소임을 다한 포토레지스트는 제거되어야 한다. 이를 플라즈마 애싱(Ashing) 또는 플라즈마 스트리핑(Stripping)이라 한다. 애싱은 산소 플라즈마 애싱과 이온식각(RIE) 기반의 애싱 두 가지 방법이 주로 사용된다. 애싱 챔버 안에는 반응 매체 역할을 하는 가스가 주입된 후 고주파 또는 마이크로파 전원을 사용해 플라즈마를 생성한다. 이어 가스와 반응한 포토레지스트 및 기타 유기 물질의 화합물은 플라즈마로 분해되어 휘발성 부산물을 생성하고, 챔버에서 배출된다.

20

증착 공정
- 원자와 분자 단위로 이루어지는 타설

증착은 웨이퍼에 배선과 페시베이션, 에피텍시 성장, 코팅 등 기
타 여러 작업을 위해 실리콘, 금속(알루미늄, 구리, 텅스텐), 또는 유전체
(SiO2, Si3N4) 등 다양한 재료의 박막을 도포하는 공정이다. 따라서
원자와 분자 단위로 이루어지는 나노 수준의 타설(打設) 작업이라
할 수 있다. 증착시키는 재료에 따라 증착의 방법과 기능이 달라진
다. 증착 방법에 따라 크게 물리적 기상증착(PVD)과 화학적 기상증
착(CVD)으로 나뉜다. PVD는 진공환경에서 증발 또는 스퍼터링 방
식으로 물질을 증착하는 방식이고, CVD는 가열된 챔버에서 프리커
서(전구체)를 반응시켜 증착을 진행한다. CVD 기술은 막질과 방법에
따라 PECVD(플라즈마 CVD)와 LP CVD(저압 CVD), ALD(원자층 증착)

등으로 구분된다.

증착장비 시장은 리소그래피, 식각 장비와 함께 반도체 장비 분야에서 흔히 3대 시장으로 꼽힌다. CVD 솔루션을 제공하는 장비 업체로는 어플라이드머티리얼즈, 램리서치, 도쿄일렉트론, ASM, 코쿠사이 등이고 국내에는 원익IPS. 주성엔지니어링, 유진테크, 테스 등이 대표적 업체들이다. 증착 공정에서 전구체는 막질의 특성을 결정하는 중요한 소재이다. PVD 장비는 스퍼터라고도 하는데 이 분야는 어플라이드머티리얼즈가 절대적인 점유율을 차지하고 있으며 그 밖에 일본의 울박, 독일의 에바텍, 이스라엘의 오보텍 등이 일부 제품을 납품한다. 오보텍은 1982년에 이스라엘에서 설립되었으나, 2019년 34억 달러에 KLA로 인수되었다.

박막을 증착하기 위해서는 전구체 물질을 이용한 CVD 반응을 거쳐야 한다. 반도체의 박막 종류가 많은 것처럼 전구체의 종류도 매우 많다. 대표적으로는 다음과 같이 구분된다.

- 유기금속 전구체: 알루미늄, 텅스텐
- 할로겐금속화합물 전구체: 티타늄, 탄탈륨, 지르코늄
- 하이브리드 전구체: 유전체 및 장벽 필름
- 실란계 전구체: 실리콘계 필름
- 질소기반 전구체: 질소함유 필름

전구체 업체는 에어리퀴드, 버슘머티리얼즈, 린데, 엔테그리스, JSR, TOK 등이며, 국내 기업으로는 디엔에프, 원익머티리얼즈, 한솔케미칼, 레이크머티리얼즈, 오션브릿지, 덕산테코피아 등이 있다. 참고로 버슘머티리얼즈는 2016년 에어프로덕트에서 스핀오프해 설립되었으며, 2019년 10월 58억 달러에 머크로 인수되었다.

PVD 증착은 전극을 형성하거나 금속 필름을 증착할 때 사용된다. 금속필름은 티타늄 질화물(TiN)로 이루어진 배리어 메탈층과 탄탈(Ta) 및 구리(Cu)와 같은 시드메탈층을 말한다. 이러한 메탈 필름층들은 메모리 셀 구조에서 적절한 접착, 확산 방지 및 전기적 성능을 유지하는 데 점점 중요해지고 있다. 또한 메모리의 금속 인터커넥트 및 접점을 증착할 때 균일한 커버리지를 보장해 효율적인 전기 전도 및 상호 연결을 가능하게 한다. 이에 따라 PVD는 메모리 제조 공정에서 점점 더 중요하게 여겨지는 공정으로 부상하고 있다.

21

배선 공정
- 트랜지스터 간 고속도로 건설

회로가 동작하기 위해서는 각 소자들을 회로 패턴에 맞게 금속선으로 연결하는 작업이 필요한데, 이를 배선 공정이라 한다. 배선 공정도 증착을 통해 이루어진다는 점에서 증착 공정의 한 부분이라 볼 수 도 있다. 다만, 가스 형태의 절연물질과 금속은 물성이 완전히 다르기 때문에 같은 증착이라 하더라도 기술적으로 많은 차이점을 갖는다.

금속을 진공 챔버에 넣고 낮은 압력에서 끓이거나 전기 충격을 가해주면 금속은 증기 상태가 되며 이때 진공 챔버 내의 웨이퍼에 금속박막이 형성된다. 반도체의 배선을 위한 금속은 무엇보다 웨이퍼에 박막으로 잘 붙는 성질이 있어야 한다. 또한 전기저항이 낮고, 열적·화학적으로 안정성이 높고, 식각이 용이한 특성이 필요하다. 이러한 특성에 맞는 대표적인 금속이 알루미늄(Al)과 구리(Cu)이며, 티타늄(Ti), 텅스텐(W)이 쓰이기도 한다.

알루미늄을 사용한 배선 공정은 알루미늄을 CVD로 증착하고 포토 공정과 노광을 통해 원하는 배선 형태를 만들어가는 과정이다. 알루미늄은 전기 전도성이 높고 포토, 식각, 증착이 용이하며 산화막에 접착이 잘 된다는 장점이 있다. 하지만 부식이 쉽고 녹는점이 낮다는 약점도 갖고 있다. 특히, 실리콘과 반응하려는 성질이 있어 알루미늄과 웨이퍼 접합면 사이에 PVD로 베리어 메탈을 추가 증착해야 한다.

반도체 공정이 미세화되면서 알루미늄보다 전기 저항성이 낮고 신뢰도가 더 높은 구리가 배선의 주류가 되었다. 하지만 구리는 쉽게 휘발성 화합물을 만들지 않기 때문에 웨이퍼 표면에서 기체 상태로 변환시켜 식각하기가 어렵다. 따라서 구리를 증착하기 전에 유전체 물질을 증착한 다음 필요한 부분에만 구리를 채우는 방식으로 배선을 형성해야 한다. 이를 다마신 공정(Damascene Process)이라 한다.

그런데 고온 처리 과정에서 구리 원자가 유전체로 확산될 경우 절연성이 떨어질 수 있다. 따라서 구리와 유전체 사이를 막아줄 배리어층이 필요하다. 이후 배리어 위에 얇은 구리 시드(Seed) 층을 만들고, 도금(EP, Electro Plating)을 이용해 높은 종횡비의 패턴을 구리로 채운다. 그 다음 불필요한 구리는 식각이 아닌 CMP(Chemical Mechanical Polishing)*를 통해 제거해 나간다. 이후 다시 산화막을 증착하고, 포토 및 식각 공정을 반복하면서 구리 배선의 형태를 하나하나 만들어가야 한다.

---

* 화학적·기계적 방법을 통해 웨이퍼 표면의 굴곡을 가다듬어 매끈하게 평탄화하는 공정.

22

이온주입
- 반도체에 생명을 부여하다

이온주입 공정은 가속기와 자기장을 사용해 원자 수준에서 이온을 정밀하게 컨트롤하는 과정이므로 물리·화학적으로 상당히 복잡한 원리에 대한 이해가 필요하다. 순수한 상태의 실리콘은 전류가 거의 통하지 않는다. 그렇기 때문에 특정 불순물을 첨가하여 전기 전도도를 높여 전자가 이동할 수 있도록 해야 한다. 이온주입은 반도체가 전기적 특성을 갖게 하기 위해 이온을 목표물의 표면을 뚫고 들어갈 만큼 큰 에너지를 갖도록 전기장으로 가속하여 목표물 속으로 밀어 넣어주는 공정이다.

실리콘은 최외각 전자가 4개인 4족 원소다. 이때 3족 원소를 실리콘에 주입하면 최외각 전자 3개와 공유결합하고 전자 하나가 부족한 정공(hole)이 생긴다. 이때 실리콘 웨이퍼에 전압을 걸어주면 정공이 이동하면서 전류가 흐르는 것이다. 이를 P형 반도체라 한다. 반대로 5족 원소를 주입하면 최외각 전자 1개가 남아 자유전자가 된다. 이때 전압을 걸어주면 자유전자가 이동하며 전류가 흐르게 된다. 이를 N형 반도체라 한다. 여기서 실리콘에 전기적 특성을 부여해 주는 3족과 5족의 원소를 도펀트(Dopant)라 한다.

도펀트를 주입하는 방법은 열확산(Thermal Diffusion) 또는 이온주입(Ion Implantation)이다. 열확산 공정은 산화 공정과 비슷하게 높은 온도에서 가스 형태의 도펀트를 공급해 반도체 내부로 확산해 들어가게 하는 것이다. 열확산 방법은 비교적 간단하지만, 도핑의 프로파일이 낮아 정밀한 농도 제어가 어렵다는 한계를 갖는다.

반면 이온주입은 전기장으로 이온을 가속시켜 실리콘 내부로 직접 밀어 넣는 방법이다. 가속된 이온은 자기장을 통해 웨이퍼 표면을 향한 정확한 궤적으로 유도된 후 실리콘 격자를 통과할 때 결정 내의 원자와 공유결합하면서 실리콘 격자 구조 안에 안착하게 된다. 이 과정에서 생성된 정공 또는 자유전자가 실리콘 기판에 전기적 특성을 부여한다. 이온 주입을 위해서는 높은 수준의 정밀도와 제어 능력이 뒷받침되어야 한다. 이온 에너지, 빔 전류 및 선량을 신중하게 조정함으로써 도펀트의 농도 및 깊이 프로파일을 정밀하게 조정할 수 있느냐가 결국 반도체의 품질을 좌우하는 중요한 변수가 되는 것이다.

이온주입은 말 그대로 물리적으로 웨이퍼에 이온을 밀어 넣는 것이다. 따라서 이 과정에서 실리콘에 데미지가 생길 수 있다. 또한 주입된 이온이 공유결합을 통해 실리콘의 격자 위치에 정확히 자리를 잡지 못할 경우 이를 바로 잡아주기 위한 고온의 열처리 공정(RTP: Rapid Thermal Processing)이 필요할 수도 있다. 이를 어닐링(Annealing) 공정이라 한다.

즉, 어닐링은 실리콘의 손상된 격자 구조를 복구하고 주입된 도편트를 활성화시키는 것이다. 어닐링 공정을 마치면 최종적으로 포인트 프로브로 면저항을 측정해 도핑이 제대로 됐는지 확인하는 과정을 거친다. 이렇듯 이온주입은 열확산에 비해 도펀트에 대한 비교적 정교한 제어와 수정이 가능하고 상대적으로 낮은 온도에서 처리된다는 점에서 점점 중요한 공정으로 부각되고 있다. 최근에는 상대적으로 낮은 온도에서 고압 수소를 이용한 어닐링 기술의 적용도 증가하고 있다. RTP 공정은 700~1200도, 레이저 어닐링은 600~1000도인 반면 고압 수소 어닐링은 300~400도에서 처리되기 때문에 웨이퍼에 데미지를 거의 주지 않으면서 물성을 높일 수 있는 신기술이다.

이온주입 공정 솔루션 시장에서는 어플라이드머티리얼즈가 절대

강자이며, 일본의 울박과 SMIT, 악셀리스, 니신 이온, 그리고 대만의 AIBT 등이 있다. 국내에서는 최근 이오테크닉스가 레이저 방식의 어닐러를 개발했고, HPSP는 세계 최초로 저온고압 수소 어닐링 장비를 개발해 국내 업체에게 공급하고 있다.

계측/검사
- 무결성과 신뢰성을 위한 감리

반도체 제조는 수십 년 동안 최첨단 기술을 통해 현대 세계를 변화시켜 왔다. 리소그래피와 에칭, 증착은 회로 패턴과 특징을 정의하는 데 직접적인 영향을 미쳤기 때문에 역사적으로 관심의 중심에 있었다. 그러나 반도체 기술이 나노 차원으로 축소되고 고도의 종횡비 구조가 만들어짐에 따라 극소 구조물의 복잡성과 잠재적인 결함을 감지하기 위한 계측 및 검사(MI: Metrology and Inspection)의 역할도 점차 중요해지고 있다. 이번 챕터에서는 MI 공정의 진화와 현재 기술 환경에서 새롭게 발견된 중요성을 알아본다.

MI 프로세스는 반도체의 CD(Critical Dimension) 계측, 오버레이

(Overlay), 표면검사 및 기타 변수를 통제 범위 내에서 관리하기 위한 과정이다. 특히 첨단 노드(예: 7nm, 5nm 및 그 이후)에서뿐만 아니라 FinFET, GAA(게이트올어라운드) 및 3D NAND 메모리 셀, HBM과 같은 높은 종횡비의 반도체 구조(HAR: High Aspect Ratio)가 미래 기술의 핵심으로 떠오르면서 계측/검사의 중요성은 더욱 높아진다. 3D 구조로 인해 수직으로 정확히 정렬하는 것이 반도체 기술의 핵심으로 부상하고 있기 때문이다. 아주 미세한 오차만 생겨도 이어지는 공정에서 결함이 증폭될 가능성이 급격히 높아진다. MI 프로세스는 이러한 복잡한 아키텍처의 검사에서 중추적인 역할을 한다.

계속 증가하는 제조비용으로 인해 수율을 1%라도 더 높이는 것이 더욱 중요해지고 있다. 만일 제조 중 결함을 조기에 발견하고 이를 특성화해 스크랩(Scrap)*을 줄이게 되면 전체 수율을 향상시킬 수 있다. 계측 및 검사 도구에서 제공하는 신속한 피드백을 통해 제조 공정을 조정하여 편차를 줄여나가는 것이 반도체 공정 관리의 핵심이 되고 있다.

한편, 하이브리드 본딩(bonding)이나 다이렉트 본딩과 같은 첨단 패키징 기술의 핵심인 C2C(Copper to Copper) 본딩에 있어서도 결국 계측검사(MI)가 중요한 역할을 하게 될 전망이다. 금과 알루미늄을

---

* 불순물, 크랙, 비균일성 등 반도체의 불량을 일으키는 요소.

이용한 와이어 본딩은 반도체 패키징에서 표준 인터커넥트 기술이었다. 그러나 디바이스가 미세화되고 성능 요구가 증가함에 따라 구리가 연결의 핵심 재료로 선택되었고, 이 과정에서 인터페이스를 확대하는 것이 향후 컴퓨터의 성능을 높이기 위한 솔루션으로 부상하고 있다. 더 많은 인터페이스들을 연결하기 위해서는 적층과 C2C 패키징이 그 핵심이 된다. 이 때문에 AI 메모리로 각광받고 있는 HBM의 시장 확대는 결국 MI 장비의 수요 증가로 어어질 전망이다.

CD 계측은 반도체 웨이퍼의 폭, 높이 및 간격과 같은 중요한 치수를 측정하는 분야다. 정확한 CD 측정은 공정 무결성을 검증하고 집적회로의 기능을 보장하는 데 필수적이다. KLA는 CD-SEM(Scanning Electron Microscopy) 도구를 포함한 계측 솔루션의 선도적인 업체이다. 히타치하이테크(HHT)도 CD-SEM 분야에서 턴키 솔루션을 제공하고 있다. 특히 국내에서 HHT는 상당히 높은 점유율을 갖고 있다. 이스라엘의 노바 MI라는 업체는 비파괴 및 고속 CD 측정을 위해 산란계 및 분광 기술을 사용하는 광학 CD 계측 도구를 제공한다. 국내 업체로는 넥스틴이 CD 측정 장비를 공급하고 있다.

오버레이 계측은 반도체 웨이퍼 패터닝에서 여러 층의 정렬 정확도를 측정하는 것이다. 이는 높은 제조 수율을 달성하는 데 중요하다. 리소그래피 오버레이 정렬에서는 ASML이 지배적인 플레이어이다. 나머지 공정에서는 KLA가 오버레이 솔루션을 제공하고 있다. 국내 업체로는 오로스테크놀로지가 대표적이다.

마스크 인스펙션 분야도 EUV 도입으로 시장이 확대되고 있다. ASML, KLA 이외에 일본의 레이저텍이 EUV 마스크 검사 장비에서 두각을 보이고 있다. 국내에서는 에프에스티의 자회사 이솔이 EUV 마스크 리뷰 장비를 개발했다. C2C 본딩에서는 어플라이드머티리얼즈와 네덜란드 BESI가 선두권이다. 이외에 도쿄일렉트론도 C2C 본딩 장비를 공급한다. 오스트리아의 EV 그룹도 본딩 분야에서는 주목할 만한 업체이다.

계측 장비는 주로 광학 및 전자현미경을 사용하고 있으나, 공정 미세화에 따라 원자 현미경(AFM)이 차세대 솔루션으로 거론된다. 나노 스케일의 표면을 특성화하기 위해서는 광학 및 SEM 장비만으로는 한계가 나타나고 있다. AFM은 나노 스케일 팁과 샘플 표면 사이의 상호 작용력을 감지해 작동한다. 날카로운 실리콘 또는 실리콘 질화물 프로브로 만들어진 AFM 팁은 유연한 캔틸레버에 부착되어 팁의 원자와 표면의 원자 사이의 상호 작용에 의해 캔틸레버에 생기는 편향을 감지해 표면의 지형 이미지를 만들어낸다.

AFM 기술은 나노 스케일의 다양한 표면을 시각화할 수 있어 표면의 거칠기, 경도, 탄성 등을 측정할 수 있다. 반도체뿐만 아니라 세포, 단백질 및 DNA와 같은 생물학적 이미지의 샘플에도 사용된다. AFM 분야에서는 브루커, 키사이트 테크놀로지스, 나노서프와 국내의 파크시스템스 등이 대표적이다. 다만 스캔 속도가 아직 양산 라인에 적용할 정도는 아닌지라, 향후 스캔 속도를 높이는 멀티암(Multi-arm) 솔루션이 핵심이 될 것이며, 이 분야에서는 네덜란드의 벤처기업인 니어필드인스트루먼트(NFI)가 두각을 보이고 있다.

24

EDS, 어셈블리,
패키징

EDS 공정: 정밀 도핑 과정

EDS(Electrical Die Sorting)는 전기적 특성검사를 통해 개별 칩들이 정상적으로 동작하는지 검사해 다이* 하나하나를 양품과 불량품으로 솎아내는 공정이다. 웨이퍼 테스트의 가장 중요한 목적 중 하나는 불량품이 패키징으로 이어지는 것을 방지하는 것이다.

EDS는 프로브카드(Probe Card)에 웨이퍼를 접촉시켜 전기적 특성

---

* 집적 회로에서 다이(Die)는 반도체 회로가 제작되어있는 자그마한 사각형 조각을 말한다. 웨이퍼 절단을 나누는 여러 개의 사각형 조각들을 다이라고 부른다.

을 테스트한다. EDS의 목적은 불량 제품을 걸러내는 것도 있지만, 결함을 피드백하여 공정을 개선하는 측면도 있다. 그 다음 웨이퍼 번인(Burn-in) 테스트가 진행된다. 번인 테스트는 온도와 전압을 걸어 웨이퍼에 스트레스를 가함으로써 잠재적 불량을 미리 유도해 초기 불량을 선별하기 위한 과정이다. 그리고 웨이퍼 상의 칩이 고온/저온/상온 상태에서 정상 동작하는지 판별해 다이의 품질에 따라 리페어 가능한 칩과 불가능한 칩으로 분류한다. 리페어가 불가능한 칩은 잉크로 불량임을 표시한다. 수선 가능한 칩들에 대해서는 리페어 공정이 진행된다. 리페어는 주로 메모리에서 수행하는 공정으로, 레이저를 이용해 불량 셀의 배선을 태워 연결을 끊고 여분의 셀로 대체하는 방식으로 진행된다.

웨이퍼 테스트 장비 업체로는 일본의 어드반테스트, 미국의 테러다인, 코후, 대만의 크로마 ATE 등이 대표적이며 메모리 분야에서는 국내의 유니테스트, 와이아이케이 등이 관련 제품을 공급하고 있다. 테스터와 웨이퍼를 연결하는 인터페이스인 프로브카드를 공급하는 업체는 미국의 폼팩터와 일본의 MPI, JEM, MJC, 테섹, 재팬 프로브, 독일의 페인메탈, 중국의 청화정밀테스트와 국내의 피엠티(구 마이크로프랜드), TSE 등이다.

조립과 패키징: 실리콘 심포니를 위한 마지막 조율

패키징은 솔더볼, 리드, 리드프레임, 서브스트레이트 등 여러 패키징 재료를 이용해 웨이퍼 쏘잉, 다이 어태칭, 범핑, 본딩, 몰딩, 마킹, 싱귤레이션을 하는 공정이다. 패키징은 기본적으로는 다이를 물리적 충격으로부터 보호하고, 전기적 연결 및 외부 인터페이싱을 완성하며, 히트 싱크 및 서멀 패드를 통해 열방출 등의 역할을 한다.

최근 고성능 컴퓨팅 기술을 구현하기 위해 헤테로지니어스 인테그레이션(Heterogeneous Integration)이 각광을 받으면서 기존 패키징과는 차원이 다른 수준의 패키징 기술들이 부각되고 있다. 하지만 이는 별도의 전문 리포트나 자료를 보는 것이 좋고 여기서는 라미네이션 → 백그라인딩 → 웨이퍼 쏘잉 → 다이 어태칭 → 본딩 → 몰딩 → 마킹 → 솔더볼 마운팅 → 싱귤레이션 등으로 이어지는 전통적인 패키징 공정의 과정을 대략적으로 살펴본다.

패키징을 시작하는 첫 단계는 테이프를 붙여 웨이퍼 앞면을 보호하는 라미네이션과 웨이퍼 뒷면을 갈아 두께를 얇게 하는 백그라인딩으로 시작한다. 그 다음 다이아몬드 블레이드나 와이어, 또는 레이저를 이용해 웨이퍼를 낱개의 다이로 잘라내는 웨이퍼 쏘잉이 이루어진다. 이후 서브스트레이트에 개별 다이를 붙여 이너 리드와 서브스트레이트의 아우터 리드를 연결하는 본딩 작업이 이루어진다.

본딩

본딩은 그 방식에 따라 전통적인 와이어 본딩과 플립칩 본딩 방식으로 나뉜다. 특히 칩의 구조가 복잡해지면서 리드프레임과 서브스트레이트에 칩을 붙이기 전에 다이와 다이를 3D 구조로 겹쳐 쌓아 붙이는 공정이 점점 중요해지고 있다. 이에 3D 본딩을 위한 TCP-NCP, TCP-NCF, MRM 등의 기술이 큰 주목을 받고 있다.

와이어 본딩은 가장 오래된 본딩 방법이다. 일반적으로 금이나 알루미늄으로 만들어진 얇은 와이어를 사용해 다이와 패키지 리드를 연결하는 과정이다. 저렴한 비용과 유연성으로 인해 여전히 레거시 반도체에는 광범위하게 적용되고 있다. 플립칩 본딩은 우수한 전기 성능과 고밀도, 그리고 짧은 연결 길이로 인해 2000년대 이후 고속 및 고주파 칩에 적용되고 있다. 칩 윗면에 형성된 솔더 범프와 기판의 패드를 정렬한 다음 칩을 뒤집어 붙이기 때문에 플립칩 본딩이라고 부른다.

TC-NCF(Thermo-Compression Non-Conductive Film) 본딩은 비전도성 필름을 칩과 칩, 또는 칩과 기판 사이에 집어넣고 열과 압력을 이용해 붙이는 방식이다. 기존의 NCP(Paste)에 비해 열과 압력에 의해 활성화되는 접착성 필름을 사용해 정밀도를 높였다. TC-NCF 본딩은 양호한 전기 절연성과 열전도성 및 기계적 안정성을 갖춰 전력 반도체 등에 사용되며, 칩과 칩을 적층하는 경우에도 적용되고 있다. MRM(Mass Reflow-Molded Underfill) 본딩은 칩에 가해지는 열과 압력을 줄이는 대신 에폭시 기반의 언더필 재료로 갭을 채우고 매스 리플로우 방식으로 이를 고정해 주는 본딩 기술이다. MRM 본딩은 상온에서 낮은 압력을 사용하기 때문에 안정적인 본딩을 가능하게 한다. 최근 AI 메모리로 각광받고 있는 HBM3의 DRAM 12단 적층에 이 기술이 적용된다. 하이브리드 또는 다이렉트 본딩은 최고 난이도의 고급 패키징에 적용되는 본딩 기술이다. 중간 필름층이나 접착제 없이 두 개의 웨이퍼 또는 칩을 직접 붙이는 방식이다. 이때 하이브리드 결합은 금속 산화물 층을 포함하는 원자 수준의 표면에서 공유 결합에 의해 이루어진다.

위에 설명한 내용은 칩 본딩 기술의 몇 가지 예에 불과하다. 다른 방법과 함께 사용할 수도 있고 이를 변형한 기술도 사용될 수 있다. 본딩 기술의 선택은 애플리케이션 요구사항, 비용, 패키지 크기 및 성능 등 여러 고려사항에 따라 달라진다. 각각의 본딩 기술은 장점과 한계가 있기 때문에 반도체 제조업체는 칩의 용도와 특성에 가장 적합한 기술을 선택해야 한다.

몰딩, 마킹, 싱귤레이션

마지막 단계로 에폭시 수지(EMC)로 칩과 기판을 포장하는 몰딩과 레이저로 칩 정보를 새기는 마킹이 진행된다. 그리고 외부 PCB에 칩을 붙이기 위해 인터페이스인 솔더볼을 마운팅한다. 이렇게 되면 반도체 칩의 그룹과 외부 PCB 기판이 하나로 붙어있는 형태가 된다. 끝으로 싱귤레이션을 통해 서브스트레이트를 낱개의 칩으로 분리해 패키징을 마무리한다.

패키징 장비를 공급하는 업체는 일본의 디스코, 대만의 ASM퍼시픽, 네덜란드의 BESI, 싱가폴의 K&S 등이다. 국내 기업으로는 한미반도체가 대표적인 시스템 업체이며, 관련 장비를 이오테크닉스, 세메스, 프로텍 등이 공급하고 있다. 패키징 재료를 공급하는 국내 업체들은 심텍, 해성디에스, 대덕전자와 덕산하이메탈, 엠케이전자 등이다.

패키징이 완료되면 출하 전에 최종 패키지 테스트가 한 번 더 진행된다. 품질이 떨어지는 제품이 출하되면 고객과의 신뢰가 손상되고, 피해보상 등의 문제가 발생할 수 있다는 점에서 최종 패키지 테스트도 상당히 중요한 공정이라 할 수 있다.

패키징과 테스트의 경우 반도체 제조사를 대신해 전문적인 서비스를 제공하는 업체들이 있다. 이들 기업들의 유형을 오사트(OSAT: Outsourced Semiconductor Assembly & Test)라고 한다. 대만의 ASE와 PTI, KYEC, 중국의 JCET과 TFME, HT-Tech, 미국의 앰코테크놀로지, 싱가폴의 UTAC 등의 업체들이 상위권의 업체들이다. 하지만 최첨단 패키징 분야에 있어서는 파운드리 업체인 TSMC가 월등한 실력과 기반을 갖추고 있다. 반면, 우리나라 반도체 산업은 IDM*중심으로 발달해 있다 보니 반도체 협업 시스템이 대만에 비해 열위에 있는 것이 사실이다. 따라서 국내 OSAT 업체들은 해외 업체 대비 규모나 기술력 면에서 열세에 있다. 관련 업체는 SFA반도체, 하나마이크론, LB세미콘, 네패스, 두산테스나 등이다.

EDS 테스트 장비 업체들이 일반적으로는 패키지용 테스트 장비까지 생산하는 경우가 대부분이다. 다만 패키지 테스트를 진행하기 위해선 이 과정을 자동으로 핸들링하는 장비인 테스트 핸들러가 필요하다. 국내 패키지 테스트 핸들러 업체로는 테크윙, 미래산업이 있고 메모리 패키지 및 모듈 테스트 업체로는 엑시콘과 네오셈 등이 있다. 테스트에 필요한 부품인 테스트 소켓을 제조하는 업체로는 리노공업, 아이에스씨, 티에스이 등이 대표적이다.

---

* Integrated Device Manufacturer. 설계부터 생산, 판매까지 모든 공정을 자체적으로 소화해 상품에 자사의 로고를 찍는 종합반도체업체를 말한다.

3부

실리콘 시대의
거인들

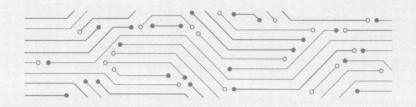

───────────────── 아이디어가 구체화되고 기술이 진

화되어가는 반도체라는 세계에서 지성과 선견지명을 가진 영웅과

기업의 상호작용은 특별함 그 자체이다. 이 장에서는 반도체 지형에

지울 수 없는 흔적을 남긴 선구자, 혁신가, 개척자들의 이야기를 풀

어가보려 한다.

트랜지스터를 공동 개발한 쇼클리(William Bradford Shockley, 1920~

1989)는 수수께끼 같은 인물이었다. 그는 반도체의 본산인 실리콘밸

리의 첫 주춧돌을 놓았지만, 실리콘밸리 역사상 가장 참담한 경영

자로 낙인 찍힌 인물이기도 하다. 어쩌면 쇼클리의 실패가 있었기

에 8인의 반역자와 페어차일드, 그리고 페어칠드런이 탄생했을지도

모른다.

　인텔의 역사는 컴퓨터와 반도체의 역사 그 자체라 해도 과언이 아

니다. 무엇보다 인텔과 AMD, 그리고 사이릭스의 경쟁과 흥망성쇠는

그 자체만으로도 흥미진진한 드라마다. 실리콘밸리가 아닌 곳에서도

반도체의 드라마는 계속된다. 아이다호의 감자밭에서 어떻게 마이크

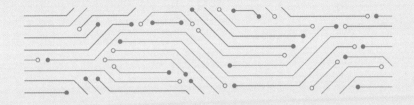

론이 탄생했는지, 그리고 스티브 애플턴이라는 테니스 유망주가 어떻게 반도체의 전설이 되었는지도 살펴보자. 세계 시가총액 1위인 애플이 오늘날 세계 반도체 업계에 미치고 있는 영향력과 반도체 역사에서 다시 없을 전설적 용병인 짐 켈러의 독창성과 경이로운 성과도 흥미롭다. 오늘날 세계 반도체 산업의 핵으로 부상하고 있는 ASML과 TSMC, 엔비디아의 이야기, 그리고 한국 반도체 산업의 태동 과정과 주요 인물들의 이야기들을 만나보자.

25

윌리엄 쇼클리
- 실리콘밸리의 창조자이자 최악의 경영자

1947년 12월, 윌리엄 쇼클리(William Shockley, 1910~1989)와 존 바딘 (John Bardeen, 1908~1991)*, 월터 브래튼(Walter Brattain, 1902~1987)은 벨 연구소의 동료들 앞에서 작은 전기 신호를 증폭하는 반도체 소자(나중에 트랜지스터로 명명됨)를 성공적으로 시현한다. 그리고 이들은 반도체 연구와 트랜지스터 효과 발견에 대한 공로로 1956년 11월 노벨상을 공동 수상하게 된다.

---

* 존 바딘은 노벨물리학상을 1956년 반도체 연구, 1972년 초전도체 연구로 총 두 번 수상 했다.

하지만 이들은 이미 그 이전부터 관계가 틀어져 있었다. 쇼클리는 연구 성과의 기여도를 놓고 동료 및 회사 경영진들과 의견 충돌이 많았다. 결국 반도체 연구팀은 해체되었고, 바딘은 1951년 회사를 떠나 대학으로 갔다. 브래튼도 1952년부터 외부 강의 활동을 늘려갔다. 갈등의 주범이었던 쇼클리도 1953년 연구소를 떠났다. 1955년 그는 칼텍의 동문 선배가 설립한 베크만 인스트루먼트(Beckman Instrument)로부터 투자를 받아 그의 어머니가 살고 있는 팔로알토 근처의 마운틴뷰에 '쇼클리 반도체 연구소(Shockley Semiconductor Lab)'란 이름의 회사 간판을 내걸었다. 오늘날 반도체의 메카인 실리콘밸리에 세워진 최초의 반도체 기업이었다.

그는 자신의 벨 연구소 동료들에게 같이 일해보자고 제안했지만, 아무도 그에게 오지 않았다고 한다. 하지만 노벨상 수상자인 쇼클리의 연구직 모집 광고를 보고 이 회사에 지원한 사람들 중에는 로버트 노이스(Robert Norton Noyce, 1927~1990)와 고든 무어(Gordon Moore, 1929~2023)라는 전설적 인물들과 젊고 우수한 많은 연구원들이 포함되어 있었다.

그러나 쇼클리는 여전히 타인과의 교감에 있어서 심각한 문제가 있는 인물이었다. 그는 독재적이고 변덕스러웠으며 직원들을 가차없이 깎아내리고 비난하기 일쑤였다. 심지어 직원들의 작은 실수에도 거짓말 탐지기를 들이댔을 정도였다. 특히, 그는 우생학 신봉자로 인류의 유전적 지능을 향상시키기 위해 IQ 100 미만의 사람들에게 돈을 지급하고 자발적 불임 수술을 받게 해야 한다고 주장하는 등 비인권적 행보와 발언을 자행했다. 이로 인해 그는 노벨상 수상자라는 엄청난 프리미엄을 갖고 있음에도 불구하고 회사에서는 물론이고 학계에서도 점차 고립되고 소외되기 시작했다.

쇼클리의 편집성 성격장애에 질릴 대로 질려버린 여덟 명의 핵심 박사급 연구원들은 입사 1년도 되지 않아 쇼클리 반도체 연구소를 떠나기로 모의한다. 그리고 당대 유명 사업가인 셔먼 페어차일드(Sherman Mills Fairchild, 1896~1971)*를 설득해 1957년 '페어차일드 반도체'를 설립한다. 이를 '8인의 반역자(Traitorous Eight)** 사건이라 한다. 8인의 반역자가 떠난 쇼클리의 회사는 이후 아무것도 하지 못한 채 그대로 내리막길을 걸었다. 3년 후인 1960년 클레비트(Clevite)라는 회사에 매각되었지만, 별다른 성과를 내지 못했고 1968년, 사업부로서의 기능도 완전히 중단된 채 역사 속으로 사라지고 말았다.

---

* 셔먼 밀스 페어차일드(Sherman Mills Fairchild, 1896~1971)는 페어차일드 항공, 페어차일드 산업, 페어차일드 카메라 앤 인스트루먼트를 포함한 70개 이상의 회사를 설립한 미국의 사업가이자 투자자. 최초의 동기식 카메라 셔터와 플래시를 발명했고, 아폴로 미션에 사용된 항공 카메라 기술도 개발했다.

** 쇼클리는 핵심 멤버 8인이 자신을 떠난 사건을 '반역'이라고 표현했다. 쇼클리 반도체 연구소를 떠난 8인은 줄리어스 블랭크, 빅터 그리니치, 진 호에르니, 유진 클라이너, 제이 라스트, 고든 무어, 로버트 노이스, 그리고 쉘든 로버츠였다.

반면, 페어차일드는 승승장구하며 최강의 반도체 업체로서의 위치를 굳혀갔다. 고든 무어가 만든 메타 트랜지스터는 IBM에 개당 150달러에 팔렸고, 진 호에르니가 개발한 에피텍셜 평면 프로세스는 트랜지스터의 제조 비용을 혁신적으로 낮췄다. 1959년 로버트 노이스는 4개의 트랜지스터를 실리콘 웨이퍼에 구현해 집적회로 제조 방법의 새로운 표준을 만들었다. 12명이었던 페어차일드의 직원 수는 12,000명까지 늘어났으며, 페어차일드에서 일했던 많은 연구원들은 후에 '페어차일드 디아스포라' 또는 '페어 칠드런'으로 알려진 인텔, AMD, 내셔널세미컨덕터 등 여러 회사들을 창업하면서 실리콘 밸리의 스타트업 신화를 만들어갔다. 페어차일드는 1990년대 이후 아날로그 분야에 집중해오다 2016년 현금 24억 달러에 온세미에 인수되었다.

한편, 은퇴 이후 쇼클리는 1982년 캘리포니아 상원의원 선거에서 공화당 후보로 지명됐지만 그의 과거 비인권적인 행보와 인종차별적 발언들로 인해 0.37%라는 초라한 득표율을 기록하는 데 그쳤다. 쇼클리의 지인들은 대부분 그를 멀리했고, 그의 주변에는 그를 이용해 먹으려는 사람들만 남아 있었다. 쇼클리의 전기 작가였던 조엘 슈킨(Joel Shurkin)은 쇼클리에 대해 "그는 전자산업 역사상 최악의 관리자였을지도 모른다."라는 말을 남겼다.

26

인텔

- 그 많던 외계인들은 어디로 갔을까

1960년대 중반에는 이익을 내는 반도체 회사는 페어차일드밖에 없었다. 하지만 당시 페어차일드의 경영진은 반도체에서 번 돈을 거의 모두 돈 못 버는 벤처기업 투자에 쏟아 붓고 있었다. 당연히 반도체 담당자들과 갈등이 생길 수밖에 없었다. 더군다나 1967년 가을부터 페어차일드의 실적이 급격히 악화되기 시작했고, 이 와중에 경영진 교체를 둘러싼 파벌 다툼이 벌어지게 된다. 대부분은 로버트 노이스가 차기 CEO로 승진할 것으로 예상했지만, 페어차일드의 대주주인 셔먼 페어차일드는 노이스를 선택하지 않았다. 이런 일련의 상황에 환멸을 느낀 로버트 노이스와 고든 무어는 외부 주주가 아닌 그들만의 회사를 설립하기로 마음먹고, 30대 초반의 촉망받는 젊은 화학 공학자 앤디 그로브(Andy Grove, 1936~2016)와 함께 1968년 인텔을 설립한다. 인텔(Intel)이라는 사명은 '집적 전자공학(Integrated Electronics)'의 약자를 뜻한다. 즉 이름 자체에 이미 '무어의 법칙'이 그대로 녹아 있었다고 볼 수 있다.

인텔 트리니티

설립 당시 초대 CEO인 로버트 노이스가 설정한 인텔의 목표는 자기 코어 메모리를 대체할 고속의 메모리 반도체 시장을 여는 것이었다. 1969년 인텔은 페어차일드가 구현했던 쇼트키 다이오드보다 두 배나 빠른 SRAM을 발표했고 1972년에는 세계 최초의 DRAM을 출시했다. 1980년대 초까지 인텔의 핵심 사업은 바로 DRAM이었다. 그러나 일본 DRAM 업체들과의 경쟁에서 승산이 거의 없다는 것을 알게 되자, 1975년부터 인텔의 2대 CEO를 역임한 고든 무어는 메모리 사업을 버리고 CPU 사업에 보다 집중하기로 방향을 정했다.

앤디 그로브는 1987년부터 3대 CEO를 맡았다. 그는 광고 역사에 길이 남을 'Intel Inside'라는 마케팅 캠페인을 펼치며 인텔을 반도체 업계의 지존으로 만들었다. x86 아키텍쳐로 대표되는 인텔은 비교 불가한 압도적 기술력을 바탕으로 1992년부터 2016년까지 25년간 반도체 매출 랭킹 1위를 지켜왔다. 인텔의 압도적인 기술은 이 회사가 비밀리에 외계인을 고용해 반도체를 만들고 있다는 우스갯

소리를 만들 정도였다. 2000년대는 윈텔(WinTel)*의 시대라고 해도 과언이 아니었다. 윈도우와 인텔의 아성은 그야말로 난공불락이었다. 당시 대부분의 반도체 및 전자부품 업체, 심지어 PC 업체들에게 있어서 가장 중요한 과제 중 하나는 인텔의 인증을 받는 것이었을 정도였다. 그만큼 인텔은 당시 IT 업계의 표준 그 자체였다고 할 수 있다.

흔들리는 지존

그러나 2010년대 들어서자 판이 흔들리기 시작했다. 스마트폰의 등장으로 PC 시장이 위축되기 시작한 것이다. '프로세서=인텔'이라는 공식도 깨지기 시작했다. 퀄컴과 삼성, 애플, 미디어텍, 텍사스인스트루먼트 등이 'ARM 아키텍쳐'를 기반으로 스마트폰용 AP 시장을 주도해 나갔다. x86 아키텍쳐에 미련을 둘 수밖에 없었던 인텔은 모바일 프로세서 시장에서는 변방으로 밀려나는 신세가 되었다. 인텔은 더 이상 과거에 집착해서는 안 된다는 것을 늦게나마 깨달았지만 이미 인텔의 시대는 저물어가고 있었다.

의도했든 의도하지 않았든 인텔은 설립 이후 CEO 선정에 있어 '순혈주의'를 고집해왔다. 로버트 노이스, 고든 무어, 앤디 그로브가 차례로 1~3대 CEO를 맡은 이후 인텔은 내부에서 성장한 인력들을 후

---

* 마이크로소프트의 윈도우(Window)와 인텔(Intel)의 합성어.

보군에 올려놓고 일정 준비 기간을 거쳐 최종적으로 CEO를 선정해 왔다. 크레이그 배럿(Craig Barratt, 1962~)과 폴 오텔리니(Paul Otellini, 1950~2017)가 4대와 5대 CEO를 거쳤다. 그리고 2013년 인텔이 6대 CEO로 낙점한 인물이 바로 브라이언 크르자니크(Brian Kraznich, 1960~)였다.

사라진 외계인들과 최악의 50주년

크르자니크는 1982년 엔지니어로 인텔에 입사해 31년 만인 2013년 CEO 자리에 오르게 된다. 인텔의 수장이 된 이후 그는 개인용 컴퓨터에 치중되어 있던 인텔의 사업구조를 클라우드와 IOT, AI, 자율주행 등으로 다각화하는 변화를 선택했다.

2015년 AI 가속기 칩인 FPGA업체 알테라를 167억 달러에 인수한 데 이어, 2016년에는 ADAS 및 자유주행 시스템 업체인 모빌아이를 153억 달러에 사들였다. 이어서 너바나, 모비디우스, 새프론 등 인공지능 관련 벤처기업들을 연이어 인수했다. 완전히 손을 놨던 메모리 분야에서도 3DXP(3D 크로스포인트)를 개발하고 중국에 자체 NAND 팹을 건설하는 등 제품 라인업을 확장하는 광폭 행보를 이어갔다. 드론과 가상현실(VR), 퀀텀 프로세서 등에서도 선제적인 투자를 이어갔다. 실적도 순항을 이어갔으며, 주가도 상승세를 보이며 투자자들로부터 긍정적인 평가를 받았다.

크르자니크는 인텔의 새로운 비전을 제시했고, 이전과 다른 적극적이고 선제적 투자를 통해 새로운 분야에서 의미 있는 성과를 보였다. 여기까지는 괜찮았다. 그러나 효율성과 변화만을 강조한 나머지 크르자니크는 기본을 놓치는 의사 결정을 하게 된다. 2015년에서 2016년 사이 전체 직원의 11%인 12,000여 명에 대한 대규모 감원을 단행한 것이다. 이 사건의 후유증은 얼마 지나지 않아 나타나기 시작했다.

2018년은 인텔의 창립 50주년이었지만, 연초부터 악재가 터져 나왔다. CPU 성능 향상에 있어 중요한 역할을 하는 인텔의 캐시 메모리 구조가 보안에 무방비로 노출되어 있다는 사실이 구글에 의해 폭로되었다. '멜트다운(Meltdown) 버그'였다. 특히, CPU 보안 결함이 언론에 보도되기 직전 크르자니크가 자신이 보유했던 인텔 주식을 대량으로 매도했다는 사실까지 드러나 모럴해저드(moral hazard)* 논란까지 불거졌다. 크르자니크에 대한 불신은 점점 커졌다. 설상가상으로 같은 해 6월에는 크르자니크가 사내 성추문에 휩싸여 결국 사임하게 되는 초유의 사태가 발생했다. 인텔이라는 거함의 침몰이 시작되고 있었다.

---

* 한 조직에서 정보의 우위를 지닌 자가 자신에게 유리한 조건에서 이익을 취한 뒤 시장에 해를 끼치는 경우를 일컫는 경제학적 용어로, '도덕적 해이'라고도 한다.

심지어 인텔의 14나노 생산 캐파(capacity)가 한계에 달해 데스크탑과 노트북용 CPU 생산량이 연말 성수기 수요를 맞추지 못할 것이라는 우려가 나왔다. 이로 인해 주식 시장에서는 인텔이 TSMC에게 14나노 CPU 일부 물량을 맡길 것이라는 기이한 소문까지 돌았다. 실제로 당시 CPU 공급 불안감이 커지며 국내외 시장에서 CPU 가격이 단기 급등하는 사태가 벌어졌다. CPU 공급 차질로 인한 PC 출하량 감소는 결과적으로 메모리 가격에도 부정적 영향을 줄 수 있기 때문에 국내 반도체 업체들에게도 이는 보통 일이 아니었다. 반도체 산업에서 사실상 큰 형님의 역할을 해왔던 인텔은 여러 군데서 삐걱거리는 모습을 보이고 있었다.

멈춰버린 틱톡

폴 오텔리니 시절 인텔은 2006년 65나노 공정의 인텔 코어 아키텍처를 선보이면서, 공정을 2년마다 업그레이드하고 그 중간에 아키텍처를 변경하는 이른바 틱톡(Tick-Tock) 전략을 천명했다. 45나노 공정의 펜린과 네할렘, 32나노 웨스트미어와 샌디브릿지, 22나노 아이비브릿지와 하스웰, 그리고 14나노 공정을 적용한 브로드웰과 스카이레이크까지도 틱톡 전략은 그런대로 잘 작동하고 있었다.

그러나 스카이레이크 이후 인텔의 틱톡은 그대로 멈췄다. 2015년 이후 벌어진 핵심 인력의 대규모 이탈은 결과적으로 기술의 정체라는 최악의 결과로 귀결됐다. 인텔은 2016년 공식적으로 틱톡 전략을 포기하고 PAO(Process-Architecture-Optimization)라고 하는 새로운 3단계 전략을 발표한다. 미세공정의 난이도가 어려워지면서 하나의 공정을 세 개의 아키텍처로 나누어 적용하고 그 이후 공정을 업그레이드한다는 복안이었다. 하지만 안타깝게도 이마저도 제대로 실행되지 못했고, 심지어 사람들은 이것에 관심도 없었고, 알지도 못했다.

계획대로였다면 14나노 공정은 2014년 브로드웰, 2015년 스카이레이크, 2016년 카비레이크까지만 적용되고 그 이후엔 10나노 공정이 등장했어야 했다. 2018년 하반기, 우여곡절 끝에 10나노 공정의 캐논레이크가 출시되기는 했다. 하지만 공개된 캐논레이크의 성능은 놀라울 정도로 실망스러웠다. 차라리 나오지 말았어야 했다고 평가받을 정도였다. 10나노로 제작된 캐논레이크는 비슷한 스펙의 14나노++ 공정으로 제작된 칩보다 오히려 성능이 떨어졌기 때문이다.

인텔은 대규모 감원을 통해 효율성과 투자 여력을 얻었을지 모른다. 그러나 테크놀로지 기업의 가장 기본이 되는 R&D의 약화가 덤으로 따라왔다. 기존 R&D 파트에 대한 홀대는 결국 핵심 인력들의 대규모 이탈로 이어졌다. 일선 엔지니어들의 이탈도 문제였지만, 인텔의 잠재적 CEO 후보군으로 꼽히던 부사장급 핵심 인력들 상당수가 인텔을 떠나는 사태가 벌어졌다. 인텔의 미래를 이끌어갈 인재풀이 고갈된 것이다.

한편, 인텔이 14나노의 늪에서 허우적거리는 동안 TSMC는 7나노를 넘어, 5나노와 3나노 양산까지 가시권에 둘 정도로 멀리 앞서갔다. 삼성전자도 EUV를 적용한 7나노 양산에 이어 5나노와 3나노 GAA 공정 로드맵까지 세우며 인텔을 가볍게 추월했다. 슈퍼스타 짐 켈러를 영입한 AMD는 2017년 마침내 뛰어난 성능의 젠아키텍쳐를 기반으로 한 라이젠 CPU를 출시하고 인텔에 카운터 블로우를 날린다. 외계인급 공정 기술을 갖고 있다고 칭송받던 인텔은 이렇게 기술 리더십을 다른 업체들에게 내주면서 과거의 명성을 잃어가고 있었다.

크르자니크의 뒤를 이어 재무 전문가인 밥 스완(Robert Swan, 1961~)이 임시 CEO를 거쳐 2019년 정식 CEO에 임명됐다. 하지만 그의 시간은 그리 길지 못했다. 그리고 2021년 인텔은 8대 CEO로 VM웨어의 CEO인 패트릭 갤싱어(Patrick Paul Gelsinger, 1961~)를 지명했다. 갤싱어는 과거 인텔의 핵심 엔지니어로 차세대 CEO 후보로 거론되던 인물로 위기의 인텔을 구원할 수 있는 적임자로 평가되는 인물이다. 하지만 인텔은 이미 우리가 알고 있던 인텔과는 확실히 달라져 있어, 갤싱어조차도 인텔을 구해내기가 쉽지 않아 보이는 것이 현실이다.

아 옛날이여

닷컴버블이라는 변수가 있긴 했지만, 2000년 8월 인텔의 시가총액은 5,000억 달러를 넘었었다. 당시 인텔이 주식시장과 산업에 미치

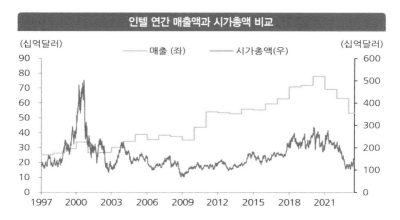

인텔 연간 매출액과 시가총액 비교

(십억달러) ——— 매출 (좌) ——— 시가총액(우) (십억달러)

2000년 한때 5,000억 달러를 넘었던 시가총액은 이제 1,500억 달러에 미치기도 힘겨운 상황이다.

자료: 유진투자증권

는 영향은 이루 말할 수 없을 정도였다. 인텔의 실적과 인텔의 전망에 따라 나스닥 전체가 출렁였고, 삼성전자나 현대전자, 미국 마이크론 같은 업체들의 주가는 그에 따라 요동을 쳤다. 인텔은 반도체 업계에서는 절대지존의 위치에 있었고, 성장을 못 한 것도 아니었다. 2001년 265억 달러인 인텔의 매출은 19년이 지난 2020년에는 779억 달러까지 증가했다. CAGR 기준 5.8% 정도는 성장했던 것이니, 고성장이라고 보기는 어려워도 나름 꾸준한 성장을 기록했던 것이다. 하지만 우수인력의 이탈과 팹리스-파운드리 모델의 확산으로 인텔은 매출 감소와 함께 급격한 기업가치의 하락이 진행되고 있는 상황이다.

27

사이릭스
- 제 2의 AMD가 될 뻔했던 CPU 팹리스

사이릭스(Cyrix)는 현재는 존재하지 않는 기업이다. 하지만 현재의 컴퓨터 산업의 구도를 이해하기 위해서는 이 회사의 스토리를 읽어보는 것이 꽤 도움이 될 수 있다.

사이릭스는 텍사스인스트루먼트 출신 엔지니어들이 1988년 설립한 CPU 팹리스* 기업이었다. 설립 초기에는 인텔의 부동 소수점 코프로세서인 80387을 제작해 납품했으나, 1992년부터는 인텔 80386

---

* 반도체 설계만을 전문으로 하는 기업을 일컫는 말. 제조설비(fabrication)를 갖추지 않았다(less)는 의미를 갖고 있다.

및 80486과 호환되면서도 성능은 더 우수한 i386칩과 Cx486 SLC/DLC칩을 직접 시장에 출시했다. 이로 인해 인텔과 기나긴 소송이 진행됐고, 그 과정에서 파운드리 파트너인 IBM, 내셔널세미컨덕터 등에게 칩 라이선스를 허용했다. 우여곡절 끝에 인텔과의 소송에서 승리하게 되어 크로스 라이선스를 얻게 됐지만, 아이러니컬하게도 자신들의 강점이었던 부동 소수점 연산능력에서 경쟁력을 잃으며 쇠락의 길을 걷게 되었다.

당시에는 일부를 제외하면 거의 대부분의 프로그램들이 정수 연산 기반이라는 점에서 사이릭스는 상대적으로 약했던 정수 연산의 성능 개선에 집중했다. 그러나 1996년 당시 게임계의 슈퍼스타였던 존 카맥(John D. Carmack, 1970~)이 폴리곤 기반의 텍스쳐 맵핑을 적용한 3D FPS(1인칭 슈팅) 게임 '퀘이크(Quake)'를 출시하면서 인텔 펜티엄과 사이릭스 칩의 성능 차이가 크게 벌어졌다.

펜티엄은 당시 부동 소수점 연산과 정수 연산을 파이프라이닝으로 병렬처리할 수 있었고, 이를 잘 알고 있었던 존 카맥이 막대한 부동 소수점 연산이 요구되는 원근보정과 텍스쳐 맵핑을 퀘이크에 적용했던 것이다. 이후 사이릭스는 가성비가 뛰어나다는 이미지에서 저성능의 싸구려 이미지로 추락하면서 경쟁력을 잃고 막대한 재무적 손실을 입게 된다. 결국 사이릭스는 1997년 내셔널세미컨덕터에 인수되고 만다.

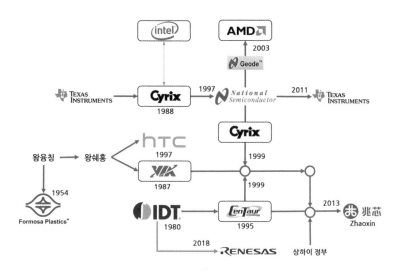

사이릭스, 내셔널, 비아테크놀로지로 이어지는 합종연횡

자료: 유진투자증권

그러나 CPU 부문의 적자가 계속되고, 엔지니어들도 하나둘 사이릭스를 떠나면서 제품 경쟁력은 더욱 추락한다. 내셔널세미컨덕터는 1999년 CPU 사업부인 사이릭스를 대만의 VIA테크놀로지에 매각했으며, 사이릭스의 기술로 생산하고 있던 임베디드 프로세서 라인업인 지오이드(Geode)의 코어와 상표권은 2003년 AMD에 넘긴다. 이후 내셔널세미컨덕트는 무선과 아날로그 중심의 사업을 이어가다 결국 2011년 텍사스인스트루먼트에 65억 달러에 인수되기에 이른다.

당시 인텔과 특허 소송이 진행 중이던 VIA 입장에서는 인텔과 크로스 라이선스를 체결한 사이릭스가 필요했다. VIA는 같은 해에 IDT(Integrated Device Technology)가 설립한 CPU업체 센타우르테크놀로지까지 인수했다. 사이릭스와 센타우르를 놓고 저울질하던 VIA는 최종적으로 센타우르의 윈칩(WinChip)이 더 경쟁력 있는 것으로 판단하고 이를 기반으로 저전력 CPU인 VIA 시리즈를 수년 간 시장에 공급했다. 그러나 인텔이 저가의 저사양 셀러론을 출시하게 되자 VIA 시리즈는 점차 경쟁력을 잃고 사라져갔다.

참고로 VIA의 설립자인 왕쉐홍(Cher Wang, 1958~)은 포모사 플라스틱의 창업자인 융칭왕의 장녀로 1987년 VIA 테크놀로지에 이어 1997년 HTC를 창업한 대만을 대표하는 IT 분야 사업가다. 한편, 센타우르의 모회사였던 IDT는 네트워킹, 오디오, RF칩을 생산하는 업체로 2018년 67억 달러에 르네사스에 인수되었다.

마이크론
- 감자왕에서 실리콘왕으로

모스텍(Mostek)*출신의 엔지니어 워드 파킨슨(Ward Parkinson, 1945~)

은 회사 동료인 데니스 윌슨(Dennis Wilson), 더그 피트만(Doug Pitman),

그리고 그의 쌍둥이 형제인 조셉 파킨슨(Joseph Parkinson)과 함께 텍

사스 주 댈러스에서 반도체 컨설팅 스타트업을 창업하기로 결의한다.

하지만 아이다호주 폴스(Falls) 출신의 더그 피트만은 텍사스가 언제

나 낯설었다. 그는 부모님들이 살고 있는 아이다호로 돌아가고 싶어

---

* 1969년 텍사스인스트루먼트 출신들이 세운 초기 DRAM 업체로 1970년 DRAM 시장 점유율이
85%에 달했다. 이후 일본의 공세에 밀리자 1979년 UTC(United Technologies Corp.)에 3.45억 달러
에 매각되었다. 그러나 적자 누적으로 결국 1985년 프랑스 기업인 톰슨-CSF에 7100만 달러에
매각되었고, 톰슨의 반도체 사업부는 추후 ST마이크로로 스핀오프되었다.

했는데, 파킨슨 형제에게도 아이다호는 고향과 다름없는 친숙한 곳이었다. 그들이 태어난 곳은 유타주 솔트레이크였지만 어린 시절 대부분을 아이다호의 남동부 소도시인 블랙풋(Blackfoot)에서 보냈기 때문이다.

상의 끝에 네 명의 동업자들은 아이다호의 주도인 보이시(Boise) 시를 그들의 새로운 본거지로 삼기로 한다. 피트만과 그의 아내는 보이시 시내의 한 치과 건물 지하에 세를 얻어 사무실을 계약했고, 피트만의 부모님 도움으로 현지의 지역 사업가들을 모았다. 그리고 이들을 상대로 투자설명회를 열어 펀딩을 받는 데 성공하고, 1978년 반도체 컨설팅을 본업으로 하는 마이크론 테크놀로지를 공식적으로 창업하게 된다.*

하지만 창업 2년 뒤인 1980년 파킨슨 형제는 마이크론의 사업 모델을 반도체 컨설팅에서 그들의 숙원인 칩 제조로 바꾸기로 결정한다. 그리고 이를 위한 추가 투자금을 확보하기 위해 당시 아이다호주의 최고 갑부였던 '감자왕(King of Potato)' 존 심플롯(John Richard Simplot, 1909~2008)에게 반도체 사업의 장기 비전과 그들의 64K DRAM 제조 기술에 대한 프레젠테이션을 진행한다.

---

* David Staats, 'Micron at 40: How its relationship with Boise has changed', Idaho Statesman, 2018.10.

존 심플롯은 20세에 감자 제품 전문 공급 업체인 J.R. 심플롯 컴퍼니를 설립한 아이다호주의 유명 기업가였다. J.R. 심플롯 컴퍼니는 미국을 대표하는 개인 회사 중 하나로 제2차 세계대전 당시 냉동 감자를 군수 물품으로 공급하며 큰돈을 벌게 된다. 그리고 1967년 맥도날드의 냉동 프렌치프라이 공급 업체로 선정되어, 한때 미국 냉동 감자 시장의 50% 이상을 점유하기도 했다.

파킨슨 쌍둥이 형제는 심플롯에게 미래는 반도체가 지배하는 세상이 될 것이라고 설명하며 계속해서 그를 설득해 나갔다. 71세의 감자밖에 모르던 심플롯은 기술에 대해서는 잘 알지 못했을 것이다. 하지만 그는 반도체 산업과 감자 산업이 무언가 연관성이 있다고 생각했다. 그는 초기 투자가 많은 반도체가 감자 시세처럼 사이클을 타게 될 것을 간파하고 있었고, 사이클의 바닥에서 투자한다면 이는 큰돈이 되어 그에게 돌아올 것이라는 사실을 동물적 감각으로 이해하고 있었다. 그는 1차로 100만 달러를 투자하고, 추가 투자와 협상을 통해 마이크론에 대한 지분율을 무려 40%까지 확보하게 된다. 지분율이 너무 높은 것처럼 보일지 모른다. 하지만 심플롯은 당시 아이다호주에서 경제적으로도 정치적으로도 아주 큰 영향력을 발휘하고 있던 인물이었다. 심플롯의 사위였던 부치 오터(Butch Otter)는 당시 아이다호주 부지사를 4연임하고 있었던 거물 정치인이었다.

이러한 배경을 바탕으로 심플롯은 마이크론이 연방정부로부터 추가 대출을 받는 데에도 적지 않은 도움을 줄 수 있었고, 이를 활용해 경제적 승부수를 던졌던 것이다. 1984년 마이크론이 주식 시장에 상장하게 되면서 심플롯은 2차 대전에서 냉동 감자를 미군에 공급해 번 돈은 물론 이후 맥도날드와의 프렌치프라이 공급 계약을 통해서 벌어들인 돈보다 훨씬 더 많은 부를 거머쥐게 된다. 감자칩의 왕이 반도체칩의 왕이 된 것이었다.

당시 마이크론의 이사회는 상당히 독특한 방식으로 운영되었다. 공동창업자 4명과 초기 투자자들, 그리고 항상 카우보이모자를 쓰고 나타나는 최대 주주(상장 후의 지분은 22%)인 심플롯이 매주 월요일 '엘머 팬케이크 & 스테이크 하우스'에 모여 브런치 식사를 함께 하며 반도체 산업과 회사 전략에 대한 이야기를 나눴다고 한다. 그러던 1994년 어느 날은 평소에 비해 아주 긴 시간 동안의 이사회가 진행됐다. 회의가 끝난 후 마이크론 측은 이례적인 성명을 내고 최고 경영진 3명의 사임을 공식화했다. 그리고 34세의 생산부문 담당 임원인 스티브 애플턴(Steve Appleton, 1960~2012)을 새로운 CEO로 선임한다는 내용을 발표한다.*

1994년은 DRAM이 역대 최고의 호황을 구가하던 시기였다. 따라

---

* Leslie Helm, 'The Micron Mystery : Sudden Departure of Three Execs Goes Unexplained', Los Angeles Times, 1994.9.

서 갑작스러운 경영진 교체는 보이시라는 작은 지역 사회에 적지 않은 충격을 던졌다. 경영진 사임 발표일에 마이크론의 흰색 건물 주변에 모여 있던 주민과 지인들에게 워드 파킨슨은 걱정하지 말라는 당부의 말을 건넸다. 공식적인 사임 이유는 '개인적인 사정'이었지만, 추후 언론 보도에 따르면 심플롯이 파킨슨 형제의 경영 스타일을 마음에 들어 하지 않았기 때문으로 밝혀졌다. 심플롯이 보다 저돌적이고 공격적인 전략을 펼칠 더 활력있고 신선한 경영진을 원했을 것이라는 분석이 제기됐다.

한편, 워드 파킨슨은 마이크론에서 물러난 뒤 50세의 나이에 로스쿨에 진학해 변호사 자격증을 땄으며 이후 오보닉스(Ovonyx)라는 상변화 메모리(PCM) 업체에서 15년 이상 근무하며 컨설턴트로서의 역할을 수행했다. 현재는 웨스턴디지털의 자회사인 HGST에 적을 두고 있는 것으로 알려져 있다. 쌍둥이 형제인 조 파킨슨은 보이시의 마이크론 빌딩 근처의 한적한 건물에서 변호사 사무실을 운영하고 있는 것으로 파악된다.

29

스티브 애플턴
- 두려움을 몰랐던 슈퍼히어로

1960년 남부 캘리포니아에서 태어난 스티브 애플턴은 고등학교 시절부터 테니스에서 두각을 나타낸 유망주였다. 그래서 당시 NCAA(전미대학체육협회)의 서부지구 명문 스포츠팀인 브롱코스(Broncos) 프로그램을 운영하는 보이시(Boise) 주립대로 진학하게 된다. 4학년이 된 애플턴은 팀의 주장을 맡아 빅스카이 챔피언십에서 테니스 복식 우승을 이루어내며 테니스 선수로서의 미래를 그리고 있었다. 하지만 그는 졸업을 앞두고 오른쪽 손목 골절 부상을 당했고, 이로 인해 안타깝게도 선수로서의 생활을 접게 된다. 그리고 1983년 졸업 후 진로를 고민하던 그는 보이시에서 가장 유명한 회사로 성장 중인 마이크론에 입사하게 된다.

초인 스티브 애플턴

그는 시급이 높은 야간 생산조로 근무를 시작했다. 당시 그의 시급은 5달러였다고 한다. 테니스 이외의 일은 잘 몰랐지만, 그는 야간 생산조 전체를 통틀어 가장 압도적인 성과를 보여주었다. 그리고 얼마 지나지 않아 생산라인 매니저와 생산 총감독을 거쳐 1991년 31세의 나이에 생산총괄 부사장(COO)이라는 자리까지 고속으로 승진하게 된다. 애플턴은 주 7일, 하루 16시간씩 근무를 하면서도 매일 새벽 4시와 저녁 9시에 강도 높은 운동을 거르지 않아 동료들이 혀를 내두를 정도였고, 당시 그의 체지방률은 5%대였다고 한다.

초인적인 체력과 정신력, 그리고 뛰어난 업무 능력과 조직 장악력까지 갖춘 그는 당시 마이크론의 최대 주주이자 이사회를 장악하고 있던 J.R. 심플롯의 눈에 들게 되었다. 결국 창업자들과 쟁쟁한 베테랑들을 제치고 그는 1994년 마이크론의 제2대 CEO로 지명된다. 그러나 1996년 갑자기 찾아온 DRAM 다운턴과 그에 따른 실적 악화, 그리고 이사회와 경영진 간 다툼에 휘말려 잠시동안 해임되는 아픔을 겪기도 한다. 하지만 그를 따르는 많은 임직원들의 열화와 같은 성원, 그리고 그를 애지중지하던 심플롯의 지원 사격을 등에 업고 해고 9일 만에 다시 CEO에 복귀하는 드라마의 주인공이 된다.

복귀 이후 애플턴은 DRAM 일변도의 사업구조를 다각화하기 위해 1996년 PC 제조사인 ZEOS 인터내셔널, 마이크론 컴퓨터,

MCMS를 마이크론일렉트로닉스로 통합하고 PC 사업의 규모를 키웠다. 이듬해인 1997년에는 중급 서버 업체인 넷프레임시스템(Net Frame Systems)마저 인수하며 세트 비즈니스로 사업 포트폴리오를 넓혔다. 또한 당시 CPU 부문에서 인텔과 AMD 사이에서 나름의 영역을 차지하고 있던 사이릭스(Cyrix) 인수를 검토하기에 이른다. 이후 애플턴은 텍사스인스트루먼트의 이탈리아 아베짜노(Avezzano) DRAM 팹과 도시바의 버지니아 DRAM 팹을 사들였으며, 2002년에는 하이닉스 인수까지 시도했다. 2005년에는 인텔과 JV로 IM 플래시를 설립해 NAND 사업에 본격적으로 뛰어들었다. 이어 2008년에는 아베짜노 팹을 CMOS 이미지센서 라인으로 전환하고, 이를 앱티나(Aptina)*라는 업체로 스핀오프시켰다. 그리고 2008년에는 키몬다가 보유하고 있던 이노테라의 지분 35.6%를 4억 달러라는 헐값에 인수하고 2010년에는 NOR 부문의 강자인 뉴모닉스(Numonyx)를 12.7억 달러에 사들이며, 과감하고 숨막히는 경영 행보를 이어갔다.

훗날 인터뷰에서 그는 "테니스 선수 때부터 나는 강력한 리턴으로 게임의 흐름을 바꾸는 플레이를 선호했다. 기회는 위기에서 찾아오는 것이고, DRAM 산업에서 남들의 위기가 우리의 기회가 될 수 있다는 확신을 갖고 있다."라며 그의 경영 철학을 설명한 바 있다. 스티브 애플턴은 여러 익스트림 스포츠를 즐기는 다재다능한 인물이

—

* 앱티나는 2014년 온세미(Onsemi)에 인수되었다.

었다. 스쿠버다이빙, 서핑, 웨이크보드, 모터사이클, 오프로드 카레이싱 등에서 취미 이상의 실력을 갖고 있었고, 태권도 검은띠도 보유하고 있었다. 특히 프로펠러 및 제트기 조종사로 주요 에어쇼에서는 프로페셔널로서 곡예비행을 선보이기도 했다.

2006년 12월부터 본격화된 DRAM 다운턴에 이어 유럽 재정위기와 미국 금융위기로 DRAM 업체들은 심각한 경영난에 빠지게 되었다. 특히, 2011년 3월 일본 대지진에 이어 7월 태국 대홍수로 PC 부품 생산 공장들이 대거 침수되면서 PC 산업이 큰 타격을 입었다. 이 여파로 당시 DDR3 DRAM 가격은 85%라는 기록적 폭락을 보여 재무 상태가 좋지 않은 기업들은 큰 위기를 맞게 된다. 당시 엘피다의 CEO인 유키오 사카모토(Yukio Sakamoto, 1947~)는 업계 최초로 25나노 공정의 DRAM 생산을 위해 추가 자금 조달에 나서는 등 적극적인 행보를 이어갔지만, DRAM 산업의 상황은 그의 머릿속 그림대로 흘러가지 않았다. 일본 대지진으로 인해 대만 파워칩과의 합작으로 규모를 키우고 있었던 엘피다의 상황은 점점 심각해져갔다. 하지만 상황이 이렇게 되자 항상 위기는 곧 기회라고 생각했던 스티브 애플턴에게는 다시 좋은 먹잇감이 생겼다. 그는 재무적 곤경에 처한 일본 엘피다와 렉스칩을 통째로 인수한다는 계획을 세웠다. 하지만 2012년 2월 신형 프로펠러 키트 비행기(kit-plane)인 랭케어4-PT(Lancair IV PT)의 시험 비행에 나선 그는 이륙 직후 기체 결함을 발견하고 비상착륙을 시도하다 안타깝게 추락사고로 생을 마감하게 된다.

애플턴 이후의 마이크론

애플턴 사망 이후 마이크론은 마크 두칸(Mark Durcan, 1961~)을 긴급 CEO로 투입해 엘피다와 렉스칩 인수, 그리고 대대적인 구조조정을 마무리한다. 단기간에 여러 회사의 팹을 인수하면서 마이크론은 생산 시설들을 통합하는 데 적지 않은 시간과 비용을 소모했다. 이 과정에서 비용은 증가하고 시장 점유율은 하락하는 힘든 시간을 겪었다. 하지만 팹 통합이 완료되자 마이크론은 강점인 뛰어난 설계 능력을 기반으로 서서히 제품 개발 능력을 회복해가고 있다. 현재 마이크론의 CEO는 샌디스크의 공동 창업자였던 산자이 메로트라(Sanjay Mehrotra, 1958~)가 맡고 있다.

미국 정부는 몇 가지 이유를 들며 마이크론을 사실상 보호해 왔다. 무엇보다 마이크론이 국가 안보적으로 매우 중요한 반도체 산업의 핵심 주자라는 점 때문이다. 미국 정부는 미국의 반도체 기업들이 생산을 해외에 의존하고 있는 현실을 우려하고 있다. 따라서 자국 내 반도체 생산 기반을 둔 마이크론은 미 정부 당국 입장에서는 반드시 보호해야하는 기업이었다.

시계를 거꾸로 돌려 2001년으로 가보자. 당시 미국 법무부(DOJ)는 철저한 조사를 통해 DRAM 업체들의 가격 담합 사실을 밝혀내고 이러한 반경쟁적 행위가 미국 소비자에게 피해를 입혔다는 결론을 내린다. 이에 따라 2004년에서 2006년에 걸쳐 모든 DRAM 업체 및 관련자들에게 당시로는 막대한 수준의 벌금을 부과했다. 업체별로 삼성전자 3억 달러, 현대전자 1억 8,500만 달러, 인피니언 1억 6,000만 달러, 엘피다 8,400만 달러였으며, 8명의 관련자들에게 각각 25만 달러씩 200만 달러 등 총합 7억 3,100만 달러에 달하는 벌금을 부과했다. 마이크론만 빼놓고 말이다. 마이크론이 벌금형에서 제외된 이유는 플리바게닝을 이용해 관련 증거를 모두 제출하고 수사에 적극 협조했기 때문이었다. 하지만 이 말을 정말 곧이곧대로 믿을 수 있을까? 아니면 흔히 말하는 짜고 치는 고스톱이었을까?

일부에서는 우리나라 업체들이 DRAM 점유율을 더 높여 시장을 완전히 장악해야 한다고 주장하기도 한다. 하지만 현실적으로 마이크론이라는 회사는 그냥 단순한 DRAM 업체가 아니라는 사실을 고려해야 한다. 마이크론은 DRAM 산업의 원오브뎀이 아니라 미국 유일의 DRAM 업체이고, 미국 정부는 마이크론을 어떻게 해서든 보호할 수 있는 수십 가지 방안을 갖고 있다는 것이다. 안타깝지만 이것이 현실이다. 그러니 마이크론과 물량 기준의 싸움에 주력하는 것은 그다지 바람직해 보이지 않는다. 지금 필요한 것은 점유율 경쟁이 아니다. 그보다는 메모리의 부가가치를 높여 비싼 가격을 받을 수 있는 차별적인 솔루션과 이를 가능케 하는 압도적인 기술력과 전략 개발이라 할 것이다.

30

애플
- 반도체 기업인 듯 아닌 듯

이미 반도체 생태계의 가장 중요한 플레이어

애플은 공식적으로 반도체 기업이 아니다. 반도체 매출도 집계되지 않는다. 그러나 비공식적으로는 이미 가장 중요한 반도체 업체 중 하나라 할 수 있다. 그 이유는 무엇일까? 시장조사 기관 가트너의 자료에 따르면 2022년 애플은 총 671억 달러어치의 반도체를 구매해 4년 연속으로 삼성전자를 누르고 세계에서 가장 많은 반도체를 구매한 기업으로 이름을 올렸다. 애플과 삼성전자 다음으로는 레노보, 델, BBK 등이 자리하고 있다. 지난해 애플은 TSMC로부터 187억 달러에 달하는 파운드리 물량을 공급 받았다. 또한 OSAT 업체인 ASE로부터는 67억 달러에 달하는 후공정 서비스를 제공받았다.

TSMC와 ASE가 애플을 상대로 올린 매출은 254억 달러에 달한다. 파운드리와 OSAT 매출은 일반적으로 팹리스 반도체 업체들에 제공되는 서비스로 사실상 반도체의 제조 원가에 해당하는 개념이다. 그렇다면, 만일 애플이 TSMC, ASE로부터 공급받은 반도체를 자체적으로 소비하지 않고 외부에 판매했다면, 그 금액은 아마도 400억 달러를 족히 넘었을 것이다. 이런 면에서 보면 애플은 사실상 이미 삼성전자, 인텔의 뒤를 잇는 세계 3위권의 반도체 업체로 볼 수도 있다는 이야기다. 반도체 생태계에서 애플은 이미 가장 중요한 플레이어라는 점을 강조하고 싶다.

현재 애플의 반도체를 포함한 하드웨어 기술을 총괄하고 있는 이는 조니 스루지(Johny Srouji, 1964~)이다. 이스라엘 출신인 스루지는 이스라엘을 포함한 중동 지역 최고 명문 이공계 대학인 테크니온-IIT(Technion-Israel Institute of Technology)에서 학부와 석사 학위를 따고 인텔과 IBM을 거쳐 2008년 애플에 합류했다. 그는 애플의 반도체 전략을 주도하는 핵심이며 애플 하드웨어의 성공에 중요한 역할을 하고 있는 인물로 평가된다. 애플의 반도체 팀은 스루지의 리더십 아래 혁신적인 칩 설계와 통합, 업계 최고의 성능을 구현해냈다는 평가를 받고 있다. 참고로 인텔은 2019년 스루지를 차기 CEO 후보로 고려하기도 했었다.

애플의 칩 설계는 다른 업체와 마찬가지로 기본적으로는 ARM

아키텍처를 따르고 있다. 하지만 애플 디바이스의 성능, 전력 효율성 및 애플 소프트웨어 에코시스템 통합을 위해 수정된 커스텀 ISA를 기반으로 설계된다. 또한 애플은 오래 전부터 애플 고유의 IDE(Integrated Development Environment: 통합개발환경)인 '엑스코드(Xcode)'와 API(Application Program Interface: 응용프로그램인터페이스)인 '메탈(Metal)'을 사용해 소프트웨어를 개발하고 있다. 흔히들 애플의 칩과 소프트웨어는 서로 더 유기적으로 결합되어 있는 것 같다고 이야기한다. 그 이유는 아마도 애플 고유의 커스텀 ISA와 궁합을 맞추고 있는 IDE 및 API 때문일 가능성이 높다.

애플 실리콘 전략

스루지의 주도하에 애플은 2020년부터 맥 라인업에서도 외부 칩 소싱을 줄이고 자체적으로 제작한 반도체인 애플 실리콘(Apple Silicon)으로 전환하기 시작했다. 애플 실리콘을 통해 애플은 전체 하드웨어 및 소프트웨어 스택을 더 잘 제어할 수 있는 것이다. 맥북의 인스턴트 웨이크(Instant Wake)와 같은 기능도 이러한 하드웨어와 소프트의 통합에 따른 산물이라 볼 수 있다. 특히, 애플 실리콘은 타 제조업체의 로드맵과 기능에 제한을 받지 않기 때문에 새로운 모델을 설계하고 생성하는 데에 더 큰 유연성을 갖는다. 애플의 칩 설계 능력은 2010년 아이폰4와 1세대 아이패드에 사용된 45나노 공정의 A4 프로세서를 기점으로 급성장하기 시작했다. 당시 애플에 몸 담았던 짐 켈러라는 슈퍼스타가 애플의 반도체 능력 향상에 적잖은 영향을 미쳤다고 봐야 한다. A4 이후 애플은 매년 아이폰과 아이패드용 AP를 연달아 출시했다. 아이폰을 기준으로 애플의 AP 시리즈를 정리하면 다음과 같다.

- 2011년 A5: 32nm HKMG, 아이폰 4S
- 2012년 A6: 32nm HKMG, 아이폰 5
- 2013년 A7: 28nm HKMG, 아이폰 5S
- 2014년 A8: 20nm HKMG, 아이폰 6
- 2015년 A9: 16/14nm FinFET, 아이폰 6S
- 2016년 A10 Fusion: 14/10nm FinFET, 아이폰 7
- 2017년 A11 Bionic: 10nm FinFET, 아이폰 8, 아이폰 X
- 2018년 A12 Bionic: 7nm N7, 아이폰 XR, XS
- 2019년 A13 Bionic: 7nm N7P, 아이폰 11
- 2020년 A14 Bionic: 5nm N5, 아이폰 12
- 2021년 A15 Bionic: 5nm N5P, 아이폰 13
- 2022년 A16 Bionic: 4nm N4, 아이폰 14 Pro
- 2023년 A17 Bionic: 3nm N3, 아이폰 15 Pro

특히, 2020년부터는 맥북 라인에서도 인텔과 결별하고, 자체 설계에 기반한 M1(N5)과 M2(N5P) 시리즈를 사용하고 있다. 이밖에 에어팟용 무선 오디오 칩셋인 H1과 H2, 애플워치용 S시리즈(S1~S8)까지 자체 설계로 대응하고 있다. 애플의 반도체 설계 전략은 애플 성공의 핵심적인 요소이다. 애플은 자체 칩을 설계로 하드웨어와 소프트웨어를 더욱 긴밀하게 통합할 수 있게 됐고, 이는 더 나은 성능과 에너지 효율, 그리고 더 뛰어난 사용자 경험으로 이어졌다. 또한 반도체 공급망에 대한 이해를 높여 생산과 관련한 여러 위험을 완화하고 비용을 줄이는 데도 도움이 되고 있다.

애플의 반도체 M&A 전략

애플이 자체 반도체 설계 능력을 키우기 위해 선택한 기본적인 전략은 핵심 기술 기업을 인수하고 이를 통합해 나가는 것이었다. 2008년 애플은 P.A.세미를 2.78억 달러에 인수했다. P.A.세미는 DEC(Digital Equipment Corporation) 출신들이 2003년 설립한 저전력 프로세서 설계 업체였다. P.A.세미는 원래 IBM의 RISC 아키텍처인 파워PC(PowerPC)를 기반으로 하고 있어 핸드폰 및 태블릿과 같은 배터리 기반 장치와 궁합이 잘 맞았다. 당시 애플은 아이폰과 아이패드를 위한 자체 커스텀 칩 개발을 계획 중이었기 때문에 P.A.세미의 엔지니어들은 그대로 애플 반도체 설계 팀의 중심축이 되었다. 이후 이들은 애플의 A4와 A5칩의 초석을 닦는 데에도 큰 기여를 하게 된다.

2010년에도 모바일 기기용 고성능 칩을 개발하는 전문 업체인 인트린시티를 1.21억 달러에 인수했다. 1997년 텍사스 오스틴에서 설립된 인트린시티도 저전력 고성능 프로세서 전문 업체였다. 애플이 관심을 갖고 있던 인트린시티의 핵심 기술은 ARM Cortex-A8 코어 기반의 패스트14(Fast14)라는 기술이었는데, 이를 이용하면 최소의 전력을 소비하면서도 1GHz 이상의 빠른 속도를 낼 수 있었다.

2011년에는 플래시 메모리 솔루션에 특화된 아노비트를 3.9억 달러에 인수했다. 아노비트의 핵심은 플래시 스토리지의 성능과 안정성을 향상시킬 수 있는 'MSP(Memory Signal Processing)'라는 기술이었다. MSP는 고급 신호 처리 알고리즘을 사용해 NAND 칩의 물리적 한계를 극복하고 전력 소비를 줄이면서 플래시 스토리지의 성능과 내구성을 크게 향상시킬 수 있는 애플 반도체의 핵심 기술 중 하나로 평가된다. 참고로 애플은 NAND 스토리지 용량 차별화를 통해 어마어마한 이익을 올리고 있다. 2022년 하반기부터 2023년 상반기 전 세계 모든 NAND 제조사들은 수조 원대의 적자를 기록하고 있지만, 애플은 아이폰의 스토리지별 가격 차이를 통해 2022년 한 해에만 최소 160억 달러(약 20조 원) 상당의 이익을 올린 것으로 추정된다. 아이폰은 NAND 용량에 따라 모델별로 64GB~1TB스토리지 옵션을 갖는다. 128GB는 동일 모델의 64GB에 비해 50달러, 256GB는 128GB에 비해 100달러, 512GB는 256GB에 비해 150달러, 1TB는 512GB에 비해 200달러의 추가 금액을 받는다. 하지만 2023년 기준 NAND 64GB의 가격은 대략 4달러 수준이다. 여기에 추가되는 컨트롤러 등의 코스트를 고려한다 하더라도 애플은 소비자들이 지불하는 가격 대비 약 80~90%에 달하는 마진을 거둬들이고 있는 셈이다. 애플은 NAND 칩을 단 한 개도 직접 만들지 않는다. 그러나 메모리 업체들의 무모한 캐파 확대로 인한 가격 폭락 덕에 마진 80%가 넘는 꿈 같은 사업을 하고 있는 것이다.

2013년에는 패시프 세미컨덕터를 인수했다. 패시프는 2007년 버클리의 박사과정 학생 두 명에 의해 설립된 저전력 무선 통신 기술 업체였다. 패시프의 핵심 기술은 매우 적은 전력을 소비하면서 짧은 거리에서 서로 통신할 수 있도록 하는 '액티브 신호'라는 독점적인 저전력 무선 통신 프로토콜이었다. 애플은 이를 센서 및 애플워치 등 웨어러블과 같은 소형 장치용 칩 설계 기술에 적용하고 있다. 2018년 10월에는 다이얼로그의 전력관리 부문을 6억 달러에 인수했다. 여기에는 300여명의 엔지니어와 주요 특허가 포함되어 있었다. 과거부터 애플은 배터리 전력 관리 분야에서 다이얼로그와 밀접한 관계를 유지해왔는데, 이번 인수로 PMIC 칩도 외부 의존을 줄이고 자체 설계할 수 있는 역량을 갖추게 되었다.

2008년 이후 본격화된 애플의 반도체 M&A는 결과적으로 애플이 스스로 커스텀 칩을 개발하고 제품의 성능과 신뢰성을 향상시키는 데 있어 상당한 시너지로 작용했다. 애플의 이와 같은 반도체 개발 역량의 발전은 삼성을 중심으로 한 한국 반도체 업계에도 적지

애플의 반도체 업체 인수 내용			
연도	인수기업	사업부문	인수규모
1999년	레이서 그래픽스(Raycer Graphics)	컴퓨터 그래픽 칩	1500만 달러
2008년	P.A.세미(Palo Alto Semi)	저전력 고성능 프로세서	2.78억 달러
2008년	이미지네이션(Imagination Technologies)	GPU	470만 달러 (지분 일부)
2010년	인트린시티(Intrinsity)	고성능 프로세서 설계	1.21억 달러
2011년	아노비트(Anobit)	플래시 메모리 컨트롤러	5억 달러
2012년	오센텍(AuthenTec)	지문인식, 기기 보안	3.56억 달러
2013년	패시프(Passif Semiconductor)	저전력 통신칩, 배터리 수명 향상	–
2018년	다이얼로그(Dialog Semiconductor)	전력관리 칩 부문	6억 달러

않은 영향을 미쳤다. 애플은 아이폰 출시 직후에는 반도체 개발과 생산을 주로 삼성전자에 의존했으나 이후 반도체 역량이 높아지자 삼성과의 결별을 본격화했다. 그리고 이제는 맥북 라인업에서 인텔과도 이별하고 있는 중이다. 중장기적으로 애플은 퀄컴과 브로드컴에 대한 의존도까지 낮춘다는 로드맵을 세우고 있다. 애플의 반도체 로드맵에 의하면 애플은 향후 팹리스-파운드리 산업에서 태풍의 눈이 될 가능성이 매우 높아 보인다.

삼성과 헤어질 결심

애플이 아이폰을 출시한 것은 2007년 6월이었다. 당시만 해도 애플의 반도체 역량은 논의 대상이 아니었다. 결국, 애플은 반도체의 역량 부족을 메우기 위한 기술 파트너로 삼성전자를 선택했다. 삼성은 반도체 분야의 최강자였으면서도 핸드폰에서 노키아의 아성을 무너뜨린 장본인이었기 때문에 애플로서는 삼성의 노하우를 들여다볼 수 있는 좋은 선택이었을 것이다.

첫 번째 아이폰의 AP는 삼성전자가 설계와 생산을 모두 담당했다. 물론 정확히는 ARM 11 기반의 CPU와 PowerVR GPU를 통합한 SoC 설계였지만 말이다. 1년 뒤인 2008년 출시된 두 번째 아이폰인 아이폰 3G에서도 역시 같은 방식으로 삼성전자가 AP의 설계와 생산을 모두 맡았다. 다시 1년 뒤인 2009년 출시된 세 번째 아이폰인 아이폰 3GS에서도 삼성이 반도체의 주도권을 쥐고 있었다. 하지만 이전에 비하면 애플의 설계 관여도가 높아지기 시작했다. 프로세서 설계의 전설이라 불리는 짐 켈러와 그의 팀인 P.A.세미가 애플에서 자리를 잡고 있을 때였다.

그리고 2010년 출시된 오리지널 아이패드와 아이폰4부터 드디어 애플의 'A 시리즈' 신화가 본격화되었다. 아이패드와 아이폰4의 AP 칩에는 A4라는 커다란 글자가 선명하게 마킹되어 있었다. 여전히 칩의 제조는 삼성 파운드리가 담당했지만, 설계의 주도권은 이제 애플로 넘어간 상태였다.

2014년 출시된 아이폰6에는 A8칩이 탑재되었다. 하지만 여기서부터는 애플의 파운드리 파트너가 삼성에서 TSMC로 바뀌었다. 이때만 해도 애플이 설마 TSMC 한 곳만을 파운드리로 사용할까 하는 의심과 함께 최소한 삼성과 TSMC가 번갈아 가면서 파운드리 오더를 받지 않겠느냐는 예상이 주류를 이루었다. 그러나 애플의 삼성 지우기 결심은 진심이었고, 삼성의 대응은 너무 안일했다. 그전까지는 잘 만하면 삼성전자가 메모리에 이어 비메모리 분야에서도 패권을 잡을 수 있겠다는 희망이 있었다. 하지만 애플이 떠나버린 삼성 파운드리의 앞날에는 이미 먹구름이 끼기 시작했다.

애플의 반도체 독립 전략에서 중요한 이정표 중 하나는 아이폰과 아이패드의 프로세서 공급 업체였던 삼성을 버리기로 했던 결정이다. 삼성은 애플의 가장 중요한 반도체 협력 업체였지만, 동시에 아이폰의 최대 경쟁자이기도 했다. 결국 애플은 삼성과의 오랜 관계를 버리고 2014년 새로운 파트너로 TSMC를 낙점한 것이다. 애플이 반도체 설계 역량을 갖추게 된 이상 파운드리 생산을 최대 경쟁사이기도 한 삼성전자에 맡길 이유도 필요도 없어진 것이다. 필자는 이러한 우려를 이미 11년 전 보고서에서 작성한 바 있다.*

---

* '삼성, 애플의 결별 가능성 점검', IBK투자증권, 2012.10.

인생과 역사에 있어서 만약이라는 가정은 의미가 없다. 그러나 만약 당시 삼성이 파운드리 전략에 있어 보다 적극적인 구조적 변화를 시도했었다면, TSMC가 독주하고 있는 지금의 파운드리 산업 구도는 조금 달라지지 않았을까 하는 아쉬운 생각이 쉽게 떠나지는 않는다.

애플, 반도체 최상위 포식자가 될지도 모른다

애플은 맥 컴퓨터에서 인텔 프로세서를 버리고 '애플 실리콘 전략'으로 전환한 데 이어 모바일에서도 외부 소싱을 더욱 줄인다는 방침을 세워놓고 있다. 2023년 9월, 애플은 2026년까지 퀄컴의 통신 칩을 사용한다는 계약을 연장했다. 하지만 장기적으로는 셀룰러 모뎀 칩을 직접 만들고, 이후 와이파이, 블루투스 기능을 통합해 하나의 칩으로 개발한다는 계획을 세워놓고 있다. 이렇게 되면 퀄컴, 브로드컴과 같은 모바일 반도체 업체들의 타격이 불가피해질 가능성이 있다.

애플은 퀄컴과 브로드컴의 최대 고객으로 2022년 각각 97억 달러와 71억 달러어치의 반도체를 공급받았다.[*] 또한 이 외에도 애플은 인텔, 삼성전자, SK하이닉스, 텍사스인스트루먼트 등의 가장 중요

---

[*] 'Bloomberg' data, 2023.6.

한 고객이기도 하다. 정말로 애플이 자체 통합 칩으로 기존 반도체를 대체하게 된다면 애플은 향후 반도체 생태계에 상당한 변수가 될 것이다. 지난 2020년 애플이 자사 노트북에 인텔 칩 대신 자체 칩을 탑재하면서 인텔은 매출의 8%를 차지하던 핵심 고객을 잃게 되었다. 반면, 애플에 파운드리를 제공하는 TSMC는 큰 수혜를 보면서 명실상부한 최강의 반도체 업체로 우뚝서게 되었다. 여전히 애플은 공식적으로는 반도체 업체가 아니다. 하지만 반도체 산업에 있어 가장 영향력이 큰 업체임과 동시에 가장 중요한 팹리스 업체로 봐야 한다. 그리고 이 같은 실질적인 생태계 변화에 대비한 적극적 대응이 필요하다. 브로드컴은 이에 대비한 소프트웨어 강화 전략을 점점 구체화하고 있다. 하지만 안타깝게도 아직 국내 업체들은 눈에 띄는 변화의 움직임을 보여주지 못하고 있다.

31

짐 켈러

- 전설적인 반도체 용병

짐 켈러(Jim Keller, 1958~)는 프로세서 설계 분야의 슈퍼스타로, 반도체를 보는 입장에서는 반드시 기억해야 할 인물 중 한 명이다. 그는 AMD와 애플, 테슬라에서 역대급이라 할 만한 칩들을 개발해 이 회사들의 반도체 설계 능력을 향상시킨 살아있는 전설이다. 참고로 짐 켈러의 부인인 보니(Bonnie)는 유명한 임상 심리학자이자 교수인 조던 피터슨(Jordan Peterson, 1962~)*의 여동생이기도 하다.

---

* 　2023년 현재 토론토 대학교의 심리학과 명예교수. 정치적 올바름(PC주의)에 관련한 많은 문제들에서 과학적이고 지성적인 대화보다는 이념적 대화에 몰두해 있는 현대의 상황을 비판했다. 현재 유튜브 구독자는 700만명을 상회한다.

펜실베이아주립대 전자 공학과를 졸업한 짐 켈러는 1982년부터 1998년까지 DEC에서 VAX 8800과 알파 프로세서 설계를 담당했다. 이후 AMD로 이직한 그는 불과 1년이라는 짧은 기간 동안 K8 마이크로아키텍처와 애슬론 64 개발을 주도하며 멀티코어와 64비트 프로세서의 시대를 열었다. AMD에서 실력을 입증한 그는 1999년 고속 네트워크 통신용 프로세서를 제작하는 사이바이트(SiByte)로 이직했으나, 이 회사가 브로드컴에 인수되어 2004년까지 브로드컴의 수석 개발자로 근무하게 된다.

짐 켈러는 이후 2004년 저전력 프로세서 업체인 P.A.세미를 거쳐 2008년 애플에 합류한다. 그리고 그의 합류 직후 애플은 P.A.세미를 인수한다. 2007년 첫 아이폰을 출시한 애플은 반도체 설계의 중요성을 실감했다. 그리고 이를 책임질 적임자로 짐 켈러를 낙점했던 것이다. 애플은 짐 켈러와 그의 팀 멤버들을 중심으로 A4와 A5 프로세서를 개발해 스마트폰 AP 분야에서 삼성전자와 헤어질 준비를 위한 빌드업을 해나가고 있었다.

한편, 짐 켈러가 떠난 AMD가 2011년 새로 출시한 불도저 아키텍처는 역사에 길이 남을 망작이 되고 말았다. 이런 제품으로는 인텔이라는 거인에 도저히 맞설 방법이 없었다. AMD는 늪에 빠져 버린 상황에 처했다. 제품 경쟁력을 높일 수 있는 최고 전문가를 찾던 AMD는 결국 짐 켈러에게 다시 SOS를 보내고 3년간의 특별 계약을 통해 2012년 그를 복귀시킨다. 이 3년이라는 시간동안 그는 불도저가 남긴 폐해를 제거하고 완전히 새로운 아케텍쳐인 젠(Zen)과 라이젠 CPU라는 선물을 남기고 다시 AMD를 떠났다. 쓰러져 가던 AMD는 새로운 무기를 장착하고 단번에 인텔의 위협적 경쟁자로 부상했다. 짐 켈러라는 전설적인 천재 아키텍트, 그리고 놀라운 판단력과 추진력을 갖춘 리사 수가 AMD를 수렁에서 건져낸 것이다.

2015년, 3년 계약 만료 후 테슬라로 이직한 그는 하드웨어 담당 부사장으로 테슬라의 고성능 자율주행용 칩을 성공적으로 만들어 내면서 테슬라의 자율주행 능력을 끌어올리는 데도 기여했다. 그리고 다시 3년 후인 2018년 그는 인텔로 이직한다. AMD의 부활을 보면서 인텔도 느낀 바가 많았을 것이다. 하지만 회사 경영진과의 의견 불일치 그리고 개인사정 등으로, 계약했던 3년을 채우지 못하고 2년 만에 인텔을 퇴사하게 된다.

그의 행보는 항상 언론의 관심사였다. 잠시 공백을 가진 후 그의 기사가 다시 나오기 시작했는데, 2020년 12월 캐나다 토론토에 위치한 AI 칩 스타트업인 텐스토렌트(Tenstorrent)에 짐 켈러가 CTO로 합류한다는 소식이었다. 그는 현재 텐스토렌트의 CEO를 맡고 있다. 참고로 짐 켈러의 명성을 등에 업은 텐스토렌트는 2021년 10억 달러의 기업가치로 2억 달러의 펀딩에 성공했으며, 2023년 4월에는 인텔의 핵심 멤버로 평가되는 라자 코두리(Raja Koduri, 1968~)를 이사회 멤버로 합류시켰다. 코두리와 켈러는 애플, AMD, 인텔에서 함께 근무하며 상당한 친분과 서로간의 신뢰를 갖고 있는 사이로 알려져 있다.

한편, 2023년에는 짐 켈러가 샘 젤루프(Sam Zeloof, 2000~)라는 2000년생 젊은이와 함께 '아토믹 세미(Atomic Semi)'라는 극소규모의 초저가 파운드리 업체를 설립했다는 소식이 전해졌다. 젤루프는 17세에 부모님의 자동차 차고에서 자체 제작한 이빔(E-beam) 리소그래피 장치로 홈메이드 마이크로칩을 만들어낸 괴짜 천재다. 그는 고무 장갑을 낀 손과 핀셋, 스포이드 등을 이용해 수작업으로 반도체의 스핀코팅, 노광, 에칭, 현상 등의 작업을 직접 수행하며, DIY 컴퓨터 칩을 만드는 것을 목표로 하고 있다. DIY라고 하면 보통은 컴퓨터 조립이나 가구 만들기 정도를 생각하는데, 젤루프는 컴퓨터 칩 만들기를 일종의 요리 레시피 작업이라 여기고 이 과정을 본인의 유튜브 채널에 업로드한다. 향후 짐 켈러가 또 어떤 행보를 보일지 지켜보는 것도 반도체 산업을 바라볼 때 있어 양념과 같은 흥미로운 부분이다.

32

텍사스인스트루먼트
- 아날로그의 지배자

텍사스인스트루먼트(TI)의 기원은 1930년 GSI(Geophysical Service Incorporated)로 거슬러 올라간다. 처음에 이 회사는 석유 탐사를 위한 지질학 관측 및 서비스 제공 업체로 출발했다. 제2차 세계대전 (1939~1945) 기간부터는 적외선 및 레이더 시스템, 레이저 조준 폭탄, 미사일 등 미군 지원을 위한 전자기기 사업으로 영역을 확장했다. 1951년 전자기기 사업을 강화한다는 의미에서 사명을 제너럴인스트루먼트로 바꿨으나, 같은 이름의 회사가 이미 있어 같은 해에 곧바로 텍사스인스트루먼트로 다시 변경했다.

반도체 사업은 1952년부터 AT&T의 자회사인 웨스턴 일렉트릭으로부터 라이선스를 사들이면서 시작되었다. 1954년, TI는 최초의 게르마늄 트랜지스터 라디오인 리젠시(Regency) TR-1을 개발했는데 이는 트랜지스터의 수요를 폭발시키는 촉매가 되었다. 1958년에 신입 엔지니어인 잭 킬비(Jack Kilby, 1923~2005)는 선배들 대부분이 여름휴가를 간 사이 세계 최초로 게르마늄 기반의 집적회로를 만들어 냈다.

이 혁신적인 발명은 전자 장치의 소형화를 위한 새로운 길을 열었고 현대의 전자 산업과 컴퓨터 산업의 초석이 되었다. 이 역사적인 성과로 킬비는 2000년 노벨물리학상을 수상한다. 킬비는 1967년 IC를 이용해 세계 최초의 휴대용 계산기의 프로토타입을 내놓았다. 이후 개선 과정을 거쳐 1972년 출고 가격 119.95달러에 TI-2500데이터매스(Datamath)가 출시되었다. 데이터매스 계산기 시리즈는 출시 첫해에 300만 대나 팔린 데 이어 이듬해에는 무려 1,700만 대가 판매되는 등 1975년까지 누적 4,500만 대의 판매고를 기록했다.

한편, TI가 DRAM 사업에 뛰어든 것은 1974년이었다. 이보다 앞선 1969년 TI의 반도체 엔지니어들이 회사를 나가 DRAM 업체 모스텍을 세운 것이 TI에게는 자극이 되었다. 이후 TI는 DRAM에서도 두각을 나타내 1970년대 TI의 DRAM 시장 점유율은 세 손가락 안에 들기도 했다. 1980년대에 들어 TI는 음성 인식 및 신호 처리 분야에 대한 연구를 강화하고 심지어 존 맥카시(John McCarthy,

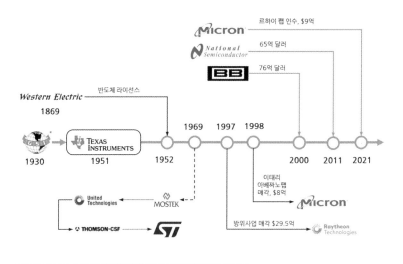

자료: 유진투자증권

1927~2011)*가 만든 인공지능 언어 리스프(LISP)를 시뮬레이션하는 리스프 머신을 개발하기도 했다. 마이크로프로세서 개발에도 힘을 쏟았다. 하지만 인텔, 모토로라와의 치열한 경쟁에서 TI는 점차 밀리기 시작했다. DSP 분야에서는 독보적 위치를 유지했지만, 1990년대 이후로는 무선통신, 자동차, 산업 자동화 등에 사용되는 아날로그 반도체 분야로 포커스를 좁힐 수밖에 없었다. 1997년에는 방위사업

---

* 1956년 다트머스 학회에서 처음으로 AI라는 용어를 사용한 인물. 인공지능용 프로그래밍 언어 LISP를 개발했으며, 1971년 튜링상을 수상했다.

부문을 레이시온에 29.5억 달러에 매각했고, 1998년에는 DRAM 사업을 철수하면서 이탈리아에 있는 아베짜노 팹을 마이크론에 8억 달러를 받고 처분했다.

2000년 이후부터는 굵직한 M&A에 나서고 있다. 2000년 아날로그 반도체 업체인 버-브라운(Burr-Brown)을 76억 달러에 인수했고, 10년 뒤인 2011년에는 내셔널세미컨덕터를 65억 달러에 사들였다. 그리고 2021년에는 마이크론의 유타 르하이 팹을 8억 달러에 인수했다. 텍사스인스트루먼트는 디지털보다는 아날로그에 집중하는 전략을 펴고 있다. 반도체 시장조사 기관의 자료에 따르면 텍사스인스트루먼트는 아날로그 반도체 분야에서 19%의 점유율로 1위를 지키고 있다. 텍사스인스트루먼트의 뒤로는 아날로그 디바이스, 스카이웍스, 인피니언, ST마이크로, 코보 등이 자리하고 있다.

모토로라
- 무선과 반도체의 선구자

모토로라(Motorola)는 1928년 일리노이 주 시카고에서 폴 갤빈(Paul Galvin, 1895~1959)과 조셉 갤빈(Joseph Galvin) 두 형제에 의해 갤빈 매뉴팩쳐링이라는 이름으로 설립되었다. 폴 갤빈이 1930년 회사의 대표 제품인 자동차용 라디오를 알리기 위해 모토로라라는 브랜드를 만들었고, 이후 이 이름이 너무 유명해지자 아예 1947년 사명을 모토로라로 변경했다.

모토로라는 트랜지스터의 잠재력을 인식한 초기 대표 기업으로 1950년대부터 반도체 사업을 강화해나갔다. 반도체는 1960년대와 1970년대에 걸쳐 모토로라 반도체 전략의 핵심이었다. 특히, 68000

프로세서는 모토로라를 대표하는 반도체로 1984년에 출시된 오리지널 매킨토시부터 1987년에 출시된 매킨토시 II 시리즈까지 애플 컴퓨터에 채용되었다. 모토로라의 반도체는 휴대전화 산업에도 큰 역할을 했다. 베이스밴드 프로세서는 물론 PMIC, RF 등 다양한 휴대폰 칩과 부품을 생산했다.

모토로라는 1970년대 후반 DRAM 사업을 시작해 1980년대와 1990년대까지 DRAM 부문에도 족적을 남겼다. 하지만 1980년대 중반 일본의 대대적 공습에 이어 1990년대 한국의 파상 공세에 밀려 어려움을 겪었다. 제조 능력과 수익성 면에서 인텔과 삼성전자, 텍사스인스트루먼트와 같은 회사들에 밀리기 시작했다. 이에 따라, 모토로라는 반도체 사업부를 DRAM 사업부와 시스템 IC로 분리하기로 한다. 이어 1990년대 후반에는 DRAM 사업에서도 발을 빼기로 하고 1998년 지멘스와 50:50 JV 형태로 버지니아주 리치몬드에 화이트오크세미컨덕터를 설립한다. 하지만 1년 뒤인 1999년 4월 지멘스는 반도체 사업부를 인피니온으로 스핀오프했고, 다시 1년 뒤 인피니온이 화이트오크세미컨덕터의 모토로라 지분을 전량 인수한다. 리치몬드 팹은 이후 인피니온의 ASIC과 가전용 IC, MCU, 자동차용 전력칩을 생산하는 라인으로 리모델링되었다.

1999년 모토로라는 디스크릿과 아날로그 반도체 사업부를 스핀오프하며 온세미를 설립한다. 이후 온세미는 아날로그와 이미지센

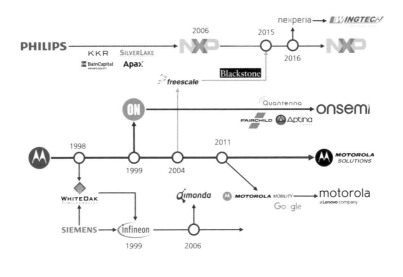

자료: 유진투자증권

서, 통신 기술, 생산시설 등 다수의 M&A를 통해 제품 포트폴리오
와 고객군, 그리고 핵심 기술 분야를 넓히고 있다. 온세미가 인수한
주요 업체들은 AMI 반도체(2008년, 9.1억 달러), 앱티나(2014년, 4억 달러),
페어차일드(2015년), 퀀테나 커뮤니케이션(2018년, 10억 달러) 등이다.
2004년 모토로라는 나머지 반도체 사업부를 프리스케일(Freescale)
로 스핀오프하고, 다시 9개월 뒤 이를 상장시켰다. 하지만 프리스케
일은 2년 뒤인 2006년 바이아웃으로 상장폐지된 뒤 블랙스톤 컨소
시엄에 매각되어 자동차용 반도체 사업에 집중하게 된다. 2011년 5

월 뉴욕증권거래소에 티커명 FSL로 재상장되었지만, 다시 2015년 118억 달러에 네덜란드 NXP에 인수되었다.

모토로라는 한때 미국 IT 기술의 상징과 같은 존재였다. 세계 최초라는 말은 마치 모토로라를 위해 만들어진 것 같았다. 1930년대 최초의 무전기를 개발했으며, 제2차 세계대전 중에는 최초의 휴대용 무선통신기기인 워키토키(Walkie-Talkie)로 연합군 승리에 크게 기여했다. 최초의 삐삐도, 최초의 휴대폰도 모두 모토로라에 의해 개발되었다. 1969년 아폴로 11호의 달 착륙 프로젝트에서 닐 암스트롱이 남긴 "한 인간의 작은 발걸음이지만, 인류에게는 거대한 도약이다 (One small step for a man, one giant leap for mankind)."라는 명언을 전달해준 것도 모토로라의 통신 장비였다. 하지만 1990년대 후반부터 모토로라의 반도체 경쟁력은 약화되기 시작했고, 2000년대 중반 이후로는 휴대폰 분야에서조차 급격히 영향력을 잃어갔다. 이에 결국 2011년 1월 4일부로 휴대폰 사업부를 모토로라 모빌리티로 분사하고, 나머지 사업부는 모토로라 솔루션으로 사명을 변경했다. 모토로라 모빌리티는 2011년 8월 15일에 구글에 인수되었지만, 구글조차 이를 회생시키지 못했다. 그리고, 2014년 1월에 레노버에 재매각 되어 현재는 모토로라라는 브랜드만 남은 상황이다.

34

NEC
- 벚꽃처럼 피었다 진 일본 반도체의 역사

일본전기(Nippon Electric Company)는 1898년 유한회사로 출범한 뒤 1899년 7월 AT&T의 자회사인 웨스턴일렉트릭과의 합작사*로 설립되었다. 하지만 제2차 세계대전에서 미국과 일본이 서로 전쟁 상대가 되면서 적국 재산관리법이 통과되었다. 이에 일본 정부는 1941년 웨스턴일렉트릭의 NEC 지분을 몰수하고 이를 국유화한다.

NEC는 설립 초기에는 전화기와 스위치 사업에 집중했으나, 이후 서버와 PC, 그리고 반도체 사업까지 영역을 확장해갔다. NEC는

---

* 일본 최초의 해외 합작사로 웨스턴일렉트릭의 지분은 54%였다.

1990년대 중반까지 세계 4위*의 PC 제조업체였으며, 한때 세계 랭킹 1위의 슈퍼컴퓨터를 제조하기도 했다. 반도체 분야에서는 1985년부터 1992년까지 8년 연속으로 매출 1위 기업의 자리를 차지하며, 일본 반도체의 전성기를 이끌었다. 하지만 1992년부터 NEC 등 일본의 DRAM 업체들은 삼성전자에게 추월당하기 시작했고, 1990년 후반에는 그 차이가 더욱 벌어졌다. 결국 1999년 12월 NEC와 히타치는 DRAM 사업을 분리해 합병하기로 하고 엘피다를 설립한다. 이후 2003년 미쓰비시의 DRAM 사업까지 통합하면서, 일본 유일의 DRAM 업체로 남게 되었다. 그러나 그리스어로 희망이라는 뜻이었던 엘피다는 일본 반도체의 희망이 되지 못했다.

2007년 DRAM 치킨게임과 2008년 세계 금융위기를 버티지 못하고 DRAM 점유율 2~3위를 넘나들던 독일의 키몬다가 파산에 이르자 나머지 업체들에게는 희망의 빛이 보이는 듯했다. 당시 엘피다의 CEO였던 유키오 사카모토는 이른바 PER(파워칩-엘피다-렉스칩) 연합을 구상하고 공격적인 경영 전략을 홍보하면서 적극적인 IR에 나섰다.

2010년 6월 남아공 월드컵이 한창이던 때 필자는 미국 뉴욕과 샌프란시스코의 해외 기관 투자자들을 상대로 한국 반도체 기업에 대한 투자 설명회 출장에 나섰다. 당시 방문했던 샌프란시스코의 한

---

* 1위는 컴팩, 2위는 IBM, 3위는 휴렛패커드였다.

헷지펀드에서는 삼성전자보다는 엘피다에 더 관심이 간다는 자신들의 의견을 나에게 전달했다. 얼마 전 엘피다의 CEO와 직접 미팅을 했는데 그의 희망찬 전략에 상당히 믿음이 간다는 것이었다. 삼성전자는 주식으로서 너무 재미가 없으니, 이제 위기를 지나 과감한 경영목표를 제시하고 있는 엘피다가 더 나아 보인다는 내용이었다. 하지만 나는 그에게 정중하게 "사카모토상은 일본 DRAM 업계의 거장이긴 하지만 반도체 애널리스트들 사이에서는 블러핑이 상당히 심한 사람으로 알려져 있으니 그의 계획을 너무 믿지 않는 것이 좋을 것 같다. 그리고 다른 회사들과 연합한다는 것이 적어도 DRAM에서는 그렇게 좋은 전략이 아닐 수 있다. 특히, 엘피다의 재무상태로는 단 한 번의 충격에도 회사가 휘청거릴 수 있다는 점을 유의해야 한다"고 조언해 주었다. 또한 나는 이미 2008년에 '사카모토의 오판'이란 제목의 전망 보고서에서 DRAM 세계 1위에 오르겠다는 사카모토의 야심은 결국 DRAM 오버서플라이를 심화시키고 그것이 엘피다에게 부메랑이 될 것이라고 전망했으니, 이를 참고해보라는 말도 덧붙였다.

엘피다의 상황은 2010년 이후에도 나아질 기미가 별로 보이지 않았다. 거기에다 2011년 3월 비극적인 일본 대지진과 7월 태국 대홍수의 발생으로 시게이트의 태국 HDD 생산시설이 큰 피해를 입었다. 이 영향으로 HDD의 대체재인 SSD의 수요는 크게 늘어났다. 삼성전자와 SK하이닉스는 NAND가 있었으니, 일부 수혜를 볼 수 있었다. 하지만 엘피다는 아니었다. 이미 재무적으로 어려움에 처해 있던 엘피다는 일본 은행들의 손으로 넘어갔고, 일본 은행들은 투자 부담이 너무 큰 사업을 더 이상 지속하지 않고 해외 매각하는 방향으로 정하고 마이크론에 엘피다 인수를 타진했다. 그러나 불행은 겹쳐서 왔다. 2012년 2월 초 인수 협상을 이끌던 마이크론의 수장 스티브 애플턴이 불의의 비행기 사고로 갑작스럽게 사망하면서, 매각 협상은 교착에 빠진다. 결국 엘피다는 2012년 2월 말 도쿄지방법원에 법정관리를 신청하고 파산을 선언한다. 한때 세계 DRAM 시장의 80%를 지배했던 일본은 공룡이 멸망한 것과 마찬가지로 DRAM 산업에서 그 흔적이 사라지게 되었다. 이후 마이크론의 새로운 경영진이 꾸려지고 협상이 재개되었다. 그리고 1년이 지난 2013년 2월 도쿄 법원과 엘피다의 채권은행단은 2,000억 엔에 마이크론의 엘피다 인수를 공식 승인한다. 이후 DRAM 시장은 삼성전자, SK하이닉스, 마이크론의 과점 체제로 안정화되기 시작했다.

한편, 히타치와 미쓰비시의 시스템 반도체 사업부가 2003년 합병을 통해 르네사스를 설립했다. 이후 2010년 NEC의 비메모리 사업부인 NEC 일렉트로닉스까지 합쳐진 것이 지금의 르네사스이다. 르네사스는 현재 인피니언, NXP와 함께 자동차 반도체 분야의 '빅3'로 꼽히고 있다. 이후 2017년 아날로그 반도체 업체인 인터실을 32억 달러에 인수한 데 이어 2018년에는 IDT를 67억 달러에 사들이며 공격적인 확장 전략을 펴나갔다. 그리고 2021년에는 영국의 팹리스 기업인

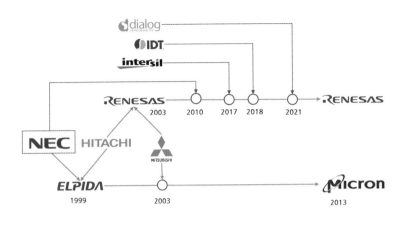

한때 세계 1위 반도체 기업이었던 NEC의 변화

자료: 유진투자증권

다이얼로그 세미컨덕터를 60억 달러에 사들였다. 그리고 이스라엘의 Wi-Fi 솔루션 업체인 셀레노 커뮤니케이션을 인수해 현재에 이르고 있다.

35

ASML
- 넘버원을 넘어선 온리원

ASML 이전의 리소그래피 업체들

리소그래피는 원래 석판화를 뜻하는 미술 용어지만, 반도체 제조의 핵심인 회로의 패턴을 축소하여 웨이퍼에 찍어내는 기술로도 잘 알려져 있다. 1957년에 최초로 리소그래피 기술을 개발한 회사는 페어차일드였다. 로버트 노이스와 고든 무어 등이 창업한 페어차일드는 최초의 근접 마스크 얼라이너와 투영 얼라이너를 포함하여 IC의 대량 생산에 필수적인 리소그래피 도구와 기술을 개발해 반도체 산업의 기술적 돌파구를 마련했다. 벨 연구소와 IBM 왓슨 연구 센터도 1960년대 리소그래피 발전에 상당한 기여를 한 곳이다.

캐논이 PPC-1(Projection Print Camera)이라 불리던 반도체용 리소그래피 장비를 출시한 때는 1970년이었다. PPC-1은 해상도 5미크론의 광학 장비로 세계 최초의 비접촉 방식의 리소그래피 장치라는 타이틀을 갖고 있다. 1984년에 출시된 FPA-1500A는 일본이 DRAM에서 미국을 넘어서는 데 결정적 역할을 한 장비였다. 하지만 2023년 현재 캐논이 공급하고 있는 반도체 리소 장비는 KrF스캐너와 i-line 스테퍼, i-line 후공정 스테퍼 정도에 그치고 있다. 사실 반도체 리소그래피 장비 경쟁에서 멀리 밀려난 것이다. 니콘은 1984년 첫 번째 스테퍼인 NSR-1010G를 출시하며 반도체 분야에 진출했으며, 기가포톤과 협력해 ArF 이머전 머신(NSR-S635E)까지 출시했다. ASML이 렌즈와 조명계, 제어 장치 등 핵심 부품을 외주에 의존하는 시스템 인테그레이션에 초점을 두고 있는 반면 니콘은 광원을 제외한 나머지 부품을 거의 자체 조달하는 등 기술적 측면에서 상당한 노하우를 갖고 있다. 하지만 ASML이 사이머를 인수하며 EUV 기술을 독점하게 되면서 니콘도 경쟁에서 밀려난 상태이다.

이외에도 울트라테크, 루돌프 테크놀로지, 수스 마이크로텍, 오보텍 등 여러 업체들이 반도체 광학 관련 기술들을 개발하고 있었다. 하지만 기술 개발비 부담으로 대부분 다른 반도체 장비 업체에 인수되거나, 응용 장비 개발 쪽으로 눈을 돌렸다. 예를 들어 울트라테크는 2017년 비코에 인수되어 TSMC의 첨단 패키징에 사용되는 리소 장비와 레이저 어닐링 장비 개발에 집중했다. 웨이퍼 검사 장비 및 이미징 솔루션을 개발하던 루돌프 테크놀로지와 오보텍은 각각 온토 이노베이션과 KLA에 인수되었다. 독일의 수스 마이크로텍은 마스크 및 컨택트 얼라이너 및 프로젝션 시스템 개발로 방향을 틀었다.

ASML의 탄생과 발전

ASML을 두고 흔히들 '슈퍼 을'이라 한다. ASML은 반도체 업체들에게 반도체 제조 장비를 파는 회사지만, 문제는 그 어떤 회사도 이 회사의 장비를 대신할 수 없다는 것이다. 그렇기 때문에 ASML의 밸류에이션은 다른 세계적 장비 업체들에 비해서 훨씬 높다. 2023년 6월 말 기준 ASML의 시가총액은 2,800억 달러로 반도체 장비 업체들 중 압도적인 1위를 기록하고 있다.

1984년 필립스와 ASM의 합작 회사로 설립된 ASML은 1995년 3월 나스닥과 암스테르담 주식 시장에 상장되었다. 리소그래피 분야에서는 당시 ASML 이외에 SVG(실리콘밸리그룹)과 캐논, 그리고 니콘 정도가 경쟁하고 있었다. SVG는 1977년 캘리포니아 산호세에 설립된 스테퍼 개발업체로 아이라인과 KrF 및 이빔(E-Beam) 등 리소그래피 시스템을 인텔 등에 납품하는 업체였다. SVG는 1999년 왓킨스-존슨사의 반도체 장비 사업부문을 인수해 제품 라인업을 넓히고 지역적으로도 아시아까지 확장하는 등 적극적인 경영 전략을 폈다. 하지만 2000년 하반기부터 시작된 반도체 다운턴으로 급격히 휘청

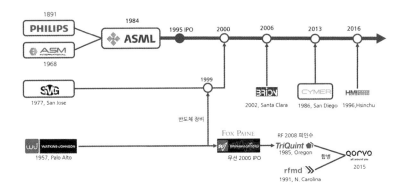

자료: 유진투자증권

거리다가 결국 16억 달러에 반도체 장비 사업부 전체를 ASML에 매각한다.

한편, 반도체 장비 사업부를 떼어낸 왓킨스-존슨은 통신용 반도체 사업만 남게 되었는데 이마저도 2000년 폭스페인(Fox Pane)이라는 사모펀드에 매각되며 왓킨스-존슨이라는 이름은 사라지게 되었다. 폭스페인은 곧 바로 왓킨스-존슨의 이름을 WJ-커뮤니케이션스로 변경해 증시에 상장시켰으나, 8년 뒤인 2008년 트라이퀀트(TriQuint)에 이를 매각했다. 이후 RF 업계의 라이벌인 RF마이크로디바이스와 트라이퀀트가 전격적인 합병을 결정하면서 2015년 코보

(Qorvo)라는 브랜드로 재탄생해 오늘에 이르고 있다.

이렇듯 ASML이 리소그래피 분야에서 독보적인 경쟁력을 갖게 된데에는 적극적인 M&A 전략이 중요한 역할을 했다. ASML은 2000년 SVG를 인수한 후, 2007년에는 반도체 장비 소프트웨어 분야에서 세계 최고 기술력을 가진 미국의 브라이언 테크놀로지(Brion Technologies)를 2.7억 달러에 사들였다. ASML의 경쟁력을 이야기할 때 광학 기술에 초점을 맞추는 경우가 대부분이지만 장비 엔지니어들의 입장에서는 인터페이스 소프트웨어가 장비의 사용 편리성을 좌우하는 가장 중요한 변수 중 하나이다. 결국, ASML이 갖고 있는 소프트웨어의 강점이 이 회사의 중요한 경쟁력 중 하나라는 점을 알고 있을 필요가 있다.

2013년에는 레이저 광원 분야에서 72%의 점유율을 가진 사이머의 주식 100%를 26억 달러에 취득해 경쟁자들의 EUV 진입을 원천 차단했다. 레이저 광원 분야에서의 다른 업체로는 일본 고마츠의 자회사인 기가포톤 정도가 있다. 하지만 현재 기가포톤이 제공할 수 있는 레이저 라인업은 KrF, ArF Dry, ArF-i까지이다. ASML이 사이머를 인수함으로써 지구상의 EUV 개발 경쟁은 그대로 막을 내렸다고 봐도 무방한 상황이 되었다. 2016년에는 전자 빔(E-beam) 검사 및 측정 장비 업체인 대만의 헤르메스 마이크로비전을 31억 달러에 사들였다. 이 인수를 통해 ASML은 리소그래피는 물론 웨이퍼와 마스크 패턴 검사에 이르는 포괄적인 솔루션을 공급할 수 있게 되었다.

　과거 냉전 당시 수립되었던 바세나르 협정(The Wassenaar Arrangement)은 국가 안보에 위협이 될 수 있는 물품에 대해 이중 사용 품목으로 제한할 수 있다는 내용을 담고 있다. 그리고 ASML의 첨단 반도체 장비가 바로 '이중 사용 품목'에 해당된다고 보고 있다. 바세나르 협정은 비록 법적 구속력이 있는 것은 아니지만 그 영향력이 작지 않다. 미국이 ASML의 수출에 자꾸 간섭하는 것은 이처럼 ASML의 핵심기술에 미국 기업들의 원천 기술이 많이 들어가 있기 때문인 것이다.

36

TSMC
- 고객과는 경쟁하지 않습니다

모리스 창(Morris Chang, 1931~)의 부친은 저장성의 고위 재정 관료를 지낸 장 웨이관이었다. 때문에 그는 부친의 근무지를 따라 주로 광저우와 홍콩, 충칭, 상하이 등에서 어린 시절을 보냈다. 당시는 국공내전이 한창이었는데, 1948년 말부터 전황은 인민해방군의 승리 쪽으로 기울기 시작했다. 고위 공무원들 입장에서는 공산당 정권이 부담스러울 수밖에 없었을 것이다. 결국 모리스 창의 가족은 1949년 도미를 결정하고 보스턴으로 이주한다.

모리스 창은 하버드에 입학했다. 하지만 2학년 때 MIT 기계공학과로 편입해 학사와 석사 학위를 받는다. 1955년 졸업 후 실바니아에 취직해 경력을 쌓은 모리스 창은 3년 뒤인 1958년 텍사스인스트루먼트로 이직해 반도체 분야에서 두각을 나타낸다. 그의 잠재력을 높게 평가한 회사의 배려로 그는 스탠포드에서 박사학위를 취득하고, 마침내 텍사스인스트루먼트에서 글로벌 반도체 담당 수석 부사장의 자리에까지 오른다.

대만의 경제정책을 총괄하던 쑨인쉬안(孫運璿, 손운선) 행정원장은 1970년대 오일 쇼크 이후 대만을 산업국가로 변화시킨 핵심 인물이다. 그는 일찌감치 반도체 산업의 잠재력을 인식하고 반도체를 대만의 주력 산업으로 키우기 위한 프로젝트를 구상했다. 그리고 그 적임자로 경제부 장관 리궈딩(李國鼎, 이국정)과 미국에서 반도체 전문가로 성공한 모리스 창을 낙점한다. 하지만 이러한 대만 정부의 구애에도 불구하고 모리스 창은 대만으로의 복귀를 주저했다. 결국, 1983년 텍사스인스트루먼트를 퇴직한 그가 선택한 곳은 대만이 아닌 미국의 제너럴인스트루먼트였다. 그러나 대만 정부는 그 후에도 계속해서 끈질기게 모리스 창에게 구애를 보냈다. 이러한 대만 정부의 진심어린 삼고초려 덕에 모리스 창은 마침내 정부출자 연구기관인 ITRI(Industrial Technology Research Institute: 산업기술연구기관)의 초대 회장 자리를 수락하고, 1985년 대만행 비행기에 몸을 싣는다.

ITRI에서 모리스 창은 대만 반도체 산업의 장기 전략 방향을 구상했다. 그는 앞으로 많은 반도체 기업이 대규모 투자 부담과 기술적 어려움으로 인해 팹을 건설하고 유지하는 데 어려움을 겪게 될 것으로 내다봤다. 따라서 미세공정을 중심으로 제조에 집중하는 것이 반도체 성공의 열쇠라는 결론을 내렸다. 파운드리 서비스 시장의 미래를 정확히 꿰뚫어 본 것이다. 이렇게 해서 1987년 대만 국가발전기금의 출자로 TSMC가 설립된다. 이후 초기 자금 조달 라운드에서 필립스는 지분 27.5%를 취득하게 되었고, TSMC의 중요한 고객이자 기술 파트너로서의 역할을 담당했다. 그리고 이 같은 과정에서 필립스가 설립한 ASML도 TSMC와 자연스럽게 협력 관계를 맺는다.

TSMC는 초창기에 많은 도전에 직면했다. 대다수의 반도체 기업들은 파운드리 모델에 거부감을 갖고 있었다. 자신들의 노하우가 담긴 반도체 설계도 및 공정기술을 외부 공급업체에 맡긴다는 것이 꺼림칙했을 것이다. 이 과정에서 필립스의 도움이 적지 않았다. 마침내 TSMC가 점점 성과를 내기 시작하며, 결국 팹리스-파운드리 모델이 시장의 대세로 자리 잡기 시작했고, TSMC는 파운드리 분야의 절대 지존으로 입지를 다지게 되었다.

TSMC는 자체 브랜드의 제품은 전혀 만들지 않는다. TSMC는 애플, 퀄컴, 엔비디아, AMD 등의 제품을 대신 만들어주는 제조 서비스를 제공하는 업체이기 때문이다. 대만은 미국의 반도체 업체들과 경쟁하지 않는다는 원칙을 강조한다. 대신 이들의 부족한 부분을 메워주고 공생하는 것이 대만이 추구해야 할 방향임을 명확히 하고 있다. TSMC는 칩을 대신 만들어주고, ASE는 이를 대신 패키징해주며, 폭스콘은 아이폰을 대신 제조한다. 이러한 공생 관계가 언제까지 계속될지는 모르지만 최소한 지금까지는, 특히 팬데믹 이후로는 상당히 성공적인 성과를 내고 있다.

TSMC는 최종 제품을 만드는 회사가 아니다. 따라서 일반적인 반도체 최종 제품 매출 집계에서는 제외된다. 하지만 2022년 TSMC의 실적은 매출 759억 달러, 영업이익 376억 달러로 삼성전자 반도체 사업부와 인텔을 넘어섰다. 따라서 실질적인 의미에서 TSMC는 세계 최대의 반도체 기업으로 인정된다. 그리고 이 같은 추세가 이어진다면 2025년 즈음이면 2000년 이후 총 누적 영업이익에서도 TSMC가 삼성전자와 인텔을 제치고 1위에 등극하게 될 것으로 전망된다.

37

엔비디아
- 인공지능이라는 무대의 새로운 지휘자

엔비디아는 1993년 AMD 출신의 젠슨 황(Jensen Huang, 1963~), 선 마이크로시스템즈 출신의 크리스 말라초프스키(Chris Malachowski, 1959~)와 커티스 프림(Curtis Priem, 1959~)*이 공동으로 설립했다. 설립 당시에는 회사 이름이 딱히 없었다. 대신 업무 문서나 파일들에 '넥스트 버전(Next Version)'을 줄여 NV라는 이름을 붙여 사용하는 식이었다. 하지만 회사를 법인화하는 과정에서 그럴듯한 정식 이름을 검토하게 되었고, NV와 연결되는 단어들을 찾다가 라틴어로 '부

---

* 1982년 IBM에서 첫 번째 PC용 그래픽 프로세서를 개발했으며, 썬 마이크로시스템스에서는 GX 그래픽을 개발했다. 엔비디아 설립후 10년간 CTO를 역임하다 2003년 퇴임했다.

러워하다'를 의미하는 'Invidia'를 선택하면서 엔비디아(Nvidia)라는 이름이 탄생했으며,* 주식 시장에는 1999년 1월에 상장하게 된다.

설립 30주년인 2023년 상반기 엔비디아는 반도체 업체로는 최초로 시가총액 1조 달러를 돌파하는 이정표를 세웠다. 지난해까지 반도체 시가총액 1, 2위를 다투던 TSMC를 멀찌감치 앞서며 반도체 시가총액 넘버원의 자리를 굳히고 있다. 엔비디아를 'GPU의 최강자' 정도로만 이해하고 있다면 이는 오산이다. 엔비디아를 제대로 평가하기 위해서는 엔비디아가 AI 컴퓨팅을 위한 칩과 소프트웨어, 그리고 네트워크 등 풀스택 경쟁력을 갖춘 업체라는 사실을 제대로 이해하고 있어야 한다. 풀스택이란 CPU, GPU, 소프트웨어, 서비스 등 컴퓨팅 기술의 전 영역을 모두 갖춘 것을 의미한다. 엔비디아의 CUDA(Compute Unified Device Architecture)를 일종의 프로그래밍 랭귀지로 알고 있는 경우가 많다. 하지만 사실은 그보다는 좀 더 큰 일종의 프레임워크 개념으로 보는 것이 좋다. CUDA는 C와 C++ 이외에도 자바, 파이선 등 다양한 언어를 이용해 AI 어플리케이션을 개발하는 플랫폼이다. CUDA를 사용하면 개발자는 GPGPU의 연산 능력을 극대화한 어플리케이션을 빠르고 편리하게 개발할 수 있다. 따라서 굳이 CUDA를 벗어나 스스로 더 많은 수고를 하지 않게 된다.

---

* Khalid Moammer, 'Nvidia, How The Company Got Its Name & Its Origins In Roman Mythology', WCCF Tech, 2016.10.

AMD와 애플도 GPU 생태계 강화의 중요성을 인식하고 있었다. AMD는 ROCM(Radeon Open Compute platforM), 애플은 OpenCL (Open Computing Language)이라고 하는 CUDA와 대응되는 프로그래밍 프레임워크를 만들었다. 하지만 CUDA보다 후발주자였던 이들은 다양한 GPU 지원을 위한 이식성과 유연성에 초점을 둘 수밖에 없어 가급적 표준에 충실한 개방성에 초점을 두고 만들어졌다. 하지만 그러다 보니 GPU의 성능을 한계까지 끌어올리기가 어려웠다. 반면, CUDA로 프로그래밍을 할 경우에는 엔비디아 GPU에 직접 엑세스해 세부 기능을 하나하나 컨트롤할 수 있었기 때문에 훨씬 더 우수한 성능을 낼 수 있다. 결국, GPU 생태계를 선점했다는 점과 소프트웨어와 하드웨어의 통합이 가능하다는 점이 엔비디아-CUDA 중심의 AI 생태계를 강화시킨 핵심 요인이라 볼 수 있다.

딥러닝 트레이닝에서 엔비디아의 성능을 넘어선 칩을 개발했다고 주장하는 업체들이 적지 않다. 실제로 특정 분야에서는 상당히 우수한 성능을 내는 것도 사실이다. 하지만 AI 컴퓨팅은 칩의 연산 속도로만 평가할 수 없다는 것을 시장은 점점 더 잘 이해하고 있다. 결국 AI 컴퓨팅의 경쟁력은 개별 칩의 성능보다는 이 칩들을 어떻게 효율적이고 조화롭게 연결해 시스템의 전체 성능을 끌어올리는가에 있다. 엔비디아의 핵심 역량은 GPU의 성능뿐 아니라 컴퓨팅 패브릭을 구성하는 NV링크, NV스위치, 인피니밴드에 이르는 네트워킹 프로토콜과 다양한 I/O를 지원하는 라이브러리, 그리고 이를 통합하는 풀스택과 높은 확장성에 이르는 모든 것이다. 이 같은 엔비디아의 강점을 젠슨 황보다 더 잘 설명할 수 있는 사람은 그리 많지 않을 것이다. 따라서 2023년 5월 실적 발표 컨퍼런스콜에서 젠슨 황이 투자자들에게 엔비디아의 핵심 기술에 대해 설명한 내용을 소개한다.

"많은 사람들이 가속 칩에 대해서만 생각하고 있지만, 사실 핵심 포인트는 스택과 소프트웨어에 있습니다. 네트워킹 스택인 DOCA(Datacenter infra On Chip Architecture)와 가속 라이브러리인 매그넘(Magnum) IO가 데이터센터 내의 수만 개 GPU를 유기적으로 연결할 수 있도록 하는 핵심 기술입니다. 그것이 바로 엔비디아가 멜라녹스를 인수한 목적입니다. 엔비디아의 컴퓨팅 패브릭인 NV링크는 여러 GPU를 넘어 인피니밴드에 연결됩니다. 인피니밴드는 스마트 NIC(Network Interface Card)와 DPU*인 블루필드-3등을 포함합니다. 이렇게 최적화된 광섬유 네트워크가 우리가 제공하는 인공지능 시스템입니다. 엔비디아는 이 같은 기술들을 각 컴포넌트로 구분해 판매합니다. 그렇게 해야 클라우드와 온프레미스, 엣지 등 모든 스타일의 아키텍쳐에 엔비디아의 소트트웨어 스택이 제대로 작동할 수 있기 때문입니다. 이를 구현하는 방식은 놀라울 정도로 복잡하지만 이를 통해 엔비디아의 AI 솔루션은 경쟁하기 어려울 정도의 압도적인 확장성을 갖게 됩니다."

---

* 멜라녹스가 개발한 데이터처리장치(Data Processing Unit)였으나 엔비디아가 멜라녹스를 인수하면서 현재 개발 주체는 엔비디아가 맡고 있다.

AMD
- 죽음의 문턱에서 부활하다

1968년 모토로라에서 새로 영입된 레스터 호간(Lester Hogan, 1920~ 2008)을 비롯한 페어차일드의 새 경영진은 꽤나 보수적이었다. 이로 인해 페어차일드의 젊은 연구원들과도 크고 작은 갈등을 빚었다. 특히, 실리콘밸리의 터프가이로 유명한 샌더스의 와자지껄한 스타일을 상당히 마음에 들어 하지 않았다. 결국 AMD의 마케팅 담당 책임자였던 샌더스(Jerry Sanders, 1936~)는 해고 통보를 받게 된다.

심지어 페어차일드 설립의 주역인 로버트 노이스와 고든 무어도 경영진과의 갈등으로 회사를 떠나, 1968년 7월 인텔을 설립했다. 새 경영진과 잘 맞지 않던 또 다른 8명도 사표를 내고 그들만의 반도체 업체인 AMD를 설립한다. 이후 이들은 제리 샌더스에게 CEO 역할로 합류를 요청했다. 그리고 샌더스는 2002년까지 무려 33년간 AMD의 CEO로 재직하게 된다.

설립 초기 AMD는 주로 페어차일드와 내셔널세미컨덕터가 설계한 로직칩을 생산하는 데 주력했다. 그러나 1971년에 64비트 바이폴라 램을 시작으로 메모리 시장에도 진출한다. 그리고 인텔이 상장한 지 1년 뒤인 1972년에는 주식 시장에 상장하며, 인텔의 행보를 끊임없이 따라간다. 1978년 인텔이 x86 마이크로프로세서를 출시하자, IBM은 이를 이용한 PC를 생산하기로 계약을 맺는다. 하지만 조건이 있었다. 인텔의 독점을 막기 위해 제2의 업체에게 x86 생산 특허를 허용해야 한다는 것이었다. 인텔로선 당연히 내키지 않았지만 대기업인 IBM과의 거래를 위해 어쩔 수 없이 이 조건을 받아들였고, 그 특허권은 AMD에게 돌아갔다.

1980년대 중반에는 일본과의 경쟁에서 밀리면서 DRAM 사업을 철수했고, 2003년에는 플래시 메모리 사업을 스팬션으로 분사시키며 메모리에서 발을 뺐다. 반면, 2006년 캐나다의 3D 그래픽 카드 회사인 ATI 테크놀로지를 54억 달러에 인수하며 그래픽 프로세서에 집중하는 전략을 폈다. 하지만 여전히 AMD는 CPU에서는 인텔, GPU에서는 엔비디아에 밀리는 만년 2위라는 이미지가 굳어지고 있었고, 무엇보다 경영성과도 좋지 못했다. 결국 2008년 아부다비 투자청의 ATIC(첨단기술투자회사)의 투자를 받으면서 생산라인을 글로벌 파운드리로 분사하고 설계 사업부는 팹리스로 전환하기로 약속했다. 하지만 AMD의 위기는 계속되었다. 당시 CEO이었던 더크 마이어(Dirk Meyer, 1961~)는 뛰어난 개발자이긴 했지만, 경영능력에선 좋은 점수를 받을 수가 없었다. 모바일 그래픽 부문을 퀼컴에 덜컥 팔아버린 그의 안목은 AMD에게 두고두고 후회할 한 수가 되고 말았다. 특히, 2011년 출시한 불도저 아키텍쳐가 역대급 망작이 되면서, AMD는 절체절명의 위기를 맞게 된다.

적자기업이던 레노버를 회생시킨 로리 리드(Rory Read, 1961~)가 AMD의 소방수로 긴급 투입되었다. 그는 대규모 구조조정과 사옥 매각을 진행하고, AMD를 부활시킬 핵심 인물들을 추려 마크 페이퍼마스터(Mark Papermaster, 1961~)를 CTO로, 리사 수(Lisa Su, 1969~)를 총괄 부사장으로, 그리고 짐 켈러를 수석 개발자로 낙점한다. 1년 뒤에는 짐 켈러의 영혼의 단짝 라자 코두리도 애플을 나와 AMD 개발팀에 합류하게 된다. 물론 이사회의 추천과 결정이 있었지만, 이 세 사람을 영입한 것만으로도 로리 리드는 AMD의 CEO로서의 역할을 다했다고 할 수 있을 정도였다.

기회는 주로 위기에서 만들어지는 법이다. 새로운 경영진과 리더의 영입으로 AMD는 부활의 기회를 얻게 된다. 총괄 부사장 자리를 맡은 리사 수는 당시 불도저 라인업으로는 PC 시장에서 인

AMD의 주요 M&A			
날짜	회사명	사업 분야	인수 가격
2002.02	알케미(Alchemy) 세미컨덕터	임베디드 프로세서	–
2006.07	ATI 테크놀로지	3D 그래픽 (라데온)	54억 달러
2012.02	시마이크로(SeaMicro)	데이터센터 플랫폼	3.34억 달러
2016.06	하이알고(HiAlgo)	게이밍	–
2017.04	니테로(Nitero)	무선 IP (AR, VR 헤드셋)	–
2020.10	자일링스(Xilinx)	FPGA	490억 달러
2022.04	펜산도(Pensando)	데이터센터 솔루션, DPU	19억 달러

텔과의 경쟁이 어렵다고 판단했다. 대신 밥캣, 재규어, 푸마로 이어지는 AMD의 APU 라인업을 플레이스테이션4와 엑스박스원에 공급하는 딜을 따낸다. APU의 약어는 가속프로세싱장치(Accelerated Processing Unit)라는 뜻을 갖고 있었지만, 당시 AMD의 APU는 GPU 통합형 CPU를 의미하는 제품이었다. 어쨌든 이 전략적 선택으로 AMD는 새로운 판매처를 확보하고 현금 유동성 위기에서 벗어나는 발판을 마련했다. 또한 짐 켈러가 개입하자 기존의 PC용 CPU 개발에서도 성과가 나타나기 시작했다. 그리고 마침내 모습을 드러낸 젠 아키텍처와 14나노공정의 에픽(Epyc)과 라이젠(Ryzen) 프로세서가 시장의 호평을 받으며 CPU 시장에서도 점유율을 점차 회복하기 시작했다.

2020년 AMD는 FPGA 1위 업체인 자일링스를 490억 달러에 인수한다고 발표했다. 이로써 AMD는 CPU와 GPU, 그리고 FPGA 등 인공지능 반도체에 대한 풀라인업을 갖춘 업체로 발돋움했다. 2012년 말 16억 달러였던 AMD의 시가총액은 2023년 상반기 2,000억 달러를 넘어 인텔의 시가총액을 상회하고 있다.

39

젠슨 황과
리사 수 이야기

인공지능의 핵심 반도체인 GPU에서 양대 산맥을 형성하고 있는 엔비디아와 AMD를 이끌고 있는 젠슨 황(Jensen Huang, 1963~)과 리사 수(Lisa Su, 1969~)는 둘 다 대만 남부 타이난 태생이자 비슷한 시기에 미국으로 이민을 왔다는 공통점을 갖고 있다. 실제로 대만의 아이뉴스(iNEWS)라는 방송 프로그램에서는 젠슨 황이 리사 수의 5촌 아저씨 뻘이라는 보도가 나간 적이 있다. 젠슨 황과 리사 수의 엄마(샌디 수)가 4촌간이라는 이야기였다. 심지어 위키피디아에도 두 사람이 친척지간이라고 나온다. 하지만 2018년 국내 조선일보와의 인터뷰

에서 리사 수는 이에 대해 사실이 아니라고 일축한 바 있다.*****

2023년 세계 반도체 산업의 넘버원 슈퍼스타는 젠슨 황이다. 젠슨 황은 1963년 대만 타이난에서 출생했다. 그의 가족은 젠슨 황이 4살 때 대만을 떠나 태국에 정착했으나, 9살 때 다시 미국으로 이민을 떠난다. 1984년 오리건 주립대를 졸업한 후 그는 LSI 로직과 AMD에서 직장생활을 하는 동시에 학업을 계속해 1992년 스탠포드에서 석사학위를 딴다. 그리고 이듬해인 1993년 그의 나이 30세에 커티스 프림, 크리스 말라코프스키와 엔비디아를 공동창업한다.

그는 엔지니어 출신으로 기술에 대한 이해도도 높고, 이미지 메이킹에도 아주 뛰어나다. 특유의 '검은색 가죽 재킷'은 스티브 잡스의 '검정 터틀넥과 청바지'처럼 젠슨 황의 트레이드마크가 되었다. "소프트웨어가 세상을 씹어 먹고 있다. 그러나, AI는 소프트웨어를 씹어 먹게 될 것이다(Software is eating the world, but AI is going to eat software).", "그냥 됩니다(It Just Works).", "메타버스가 오고 있다(The Metaverse Is Coming)."와 같은 임팩트 있는 코멘트를 보면 그의 시장과 산업에 대한 인사이트를 느낄 수 있다. 젠슨 황은 현재 엔비디아의 지분 3.5%를 보유하고 있다.******

---

*   '죽어가던 회사 일으켜 인텔에 어퍼컷을 날리다', 조선일보, 2018.9.

** 'Bloomberg' data, 2023.6.

리사 수는 1969년 대만 타이난에서 출생했다. 그녀 나이 3세 때 아버지가 콜롬비아 대학원 유학길에 오르면서 가족들이 미국으로 이주했다. 그녀는 1986년 MIT에 입학해 학사, 석사, 박사를 마친 후 TI와 IBM, 프리스케일을 거쳐 2012년 AMD에 합류한다. IBM 근무 당시에는 플레이스테이션 3에 사용된 셀(Cell) 칩 개발을 담당했고, 프리스케일에서는 CTO로서 킨들용 칩을 개발할 정도로 엔지니어로서의 능력을 인정 받았다. 이후 프리스케일에서부터는 글로벌 전략과 마케팅 담당 부사장 등 경영 관련 업무를 맡기 시작했는데, 여기서도 뛰어난 비즈니스 통찰력과 능력을 입증해 나갔다.

그녀가 AMD에 합류하게 된 것은 IBM 시절 그녀의 멘토였던 닉 도노프리오(Nicholas Michael Donofrio, 1945~)*의 요청 때문이었다. IBM의 전설 중 한 명인 도노프리오는 AMD의 이사회 멤버였다. 그는 IBM 시절 그녀의 능력과 의지를 한 눈에 알아보고 그녀가 경영자로서 경력을 쌓을 수 있게 이끌어 주고 도움을 주었던 장본인이었다. 그는 똑똑하고 젊고 추진력 있는 리사 수야말로 기업 존폐 위기에 몰려있는 AMD를 구원할 수 있는 적임자라고 생각하고, 텍사스 오스틴 서쪽에 위치한 '옴니 바턴 크릭 리조트'의 레스토랑으로 그녀를 초대했다. 나파밸리의 고급 와인 '쉐이퍼, 힐사이드 셀렉트'를 마

---

* 미국의 과학자이자 엔지니어로, 2008년까지 IBM의 혁신 및 기술 총괄 부사장을 지냈다. 은퇴 후 회사의 최고 기술적 영예인 명예 IBM 펠로우로 선정되었다.

시며 도노프리오는 그녀에게 AMD의 경영진 자리를 제안하며 새로운 역사를 써보자고 설득했고, 리사 수도 혁신을 추구할 수 있는 기회가 될 것으로 믿는다며 이를 수락한다.* 당시 인텔의 CEO이었던 브라이언 크르자니치는 AMD의 불도저 아키텍쳐와 CPU 라인업을 보고 AMD는 더 이상 경쟁 가시권에 있는 업체가 아니니 신경 쓰지 않아도 된다고 했다. 하지만 도노프리오의 눈은 정확했다. 리사 수는 수준이 떨어지는 불도저 라인업의 마케팅을 전면 중단하고, 대신 소니 플레이스테션과 마이크로소프트 엑스박스에 맞춘 커스텀 디자인의 APU를 공급하는 계약을 따냈다. 회사를 운영할 수 있는 최소한의 현금흐름을 만들기 위한 선택이었다. 이를 통해, AMD의 경영 상황은 서서히 최악에서 벗어나게 된다. 한편, 그녀와 거의 비슷한 시기에 AMD에 재영입된 짐 켈러는 젠(Zen) 아키텍쳐와 이를 기반으로 하는 라이젠 개발 프로젝트를 진두지휘하며 또 다시 AMD 프로세서의 경쟁력을 끌어 올리는데 성공한다.

리사 수의 영입은 신의 한 수가 되었다. 결국 2014년 그녀는 AMD의 새로운 CEO로 지명되었다. CEO로서 그녀는 AMD의 임직원들과 주주들 사이에서 믿을 수 없을 정도의 높은 지지를 받고 있다. 포츈지, 하버드 비즈니스 리뷰, 블룸버그 비즈니스 위크에서도 리사 수를 세계 탑 CEO 명단에 올려놓고 있다. 배런스에서는 그녀를

---

* '신형 반도체에 올인하다', Fortune Korea, 2017.10.

2019년 월드 베스트 CEO로 선정했다. AP통신에 따르면 2019년 그녀의 연봉은 5,850만 달러로 S&P 500 상장기업 CEO중 1위를 기록한 것으로 나타났다.

젠슨 황과 리사 수는 둘 다 대만 태생이지만, 어렸을 때부터 미국에서 교육받고 미국에서 성공한 미국인이다. 두 사람 모두 뛰어난 추진력을 바탕으로 팀워크와 협업을 강조하며 직원들의 역량을 끌어올리는 뛰어난 경영자라는 평가를 받는다. 최근 대만, 중국과 관련한 이슈에 대해 이 두 사람은 특별한 언급은 하고 있지 않았지만, 대만은 자사 반도체의 중요한 공급처이고, 대만의 평화와 안보를 지지한다고 밝혀 미국의 입장을 반영하고 있다고 추정된다.

40

브로드컴
- 칩을 넘어 소프트웨어와 네트워크로

브로드컴(Broadcom Inc.)은 상대적으로 네임밸류가 그리 높지는 않다. 하지만, 2023년 9월 말 기준 반도체 기업 시가총액 순에서 엔비디아, TSMC에 이어 3위를 기록하고 있는 주목할 만한 반도체 기업이다. 브로드컴의 뿌리는 HP와 AT&T로 거슬러 올라간다. 1961년 휴렛패커드는 반도체 부서였던 HP어소시에이츠(Associates)를 자회사로 출범시켰다. 이후 덩치가 커진 HP는 첨단 분야에서 좀 더 효율적이고 민첩하게 대응한다는 의미로 1999년 반도체, 광학, 부품, 장비, 부품, 의료 기기 사업부를 한 군데로 모아 애질런트테크놀로지스(Agilent Technologies)로 스핀오프시키고 곧바로 IPO를 추진한다. 애질런트의 IPO공모 규모는 21억 달러로 당시 최고 기록을 세울 정도로 큰 반향을 일으켰다.

　하지만 2000년 가을부터 IT 버블이 꺼지면서 애질런트의 경영환경은 급속히 악화되었다. 멋지게 출발했지만 얼마 지나지 않아 의료기기 부문을 필립스에 매각하는 등 다운사이징에 내몰리게 되었다. 이 과정에서 애질런트의 직원 수는 48,000명에서 13,500명까지 쪼그라들었다. 그리고 2005년에는 반도체 사업부를 사모펀드인 KKR과 실버레이크 파트너스에 26.6억 달러에 매각하게 된다. 이때 매각된 반도체 부문의 사명은 아바고테크놀로지(Avago Technology)였다. 아바고는 2009년까지 프라이빗 컴퍼니로 운영되다가, 2009년 IPO를 통해 티커명 AVGO로 증시에 재입성했다.

　소규모 M&A를 통해 사업 포트폴리오를 늘려가던 아바고는 2014년 AT&T의 반도체 사업부와 LSI 로직의 합병으로 탄생한 LSI를 66억 달러에 인수하며 체급을 키웠다. 또한 2015년에는 PCIe 전문 업체인 PLX 테크놀로지와 커넥티비티 전문 업체인 에뮬렉스(Emulex)를 인수했다. 그리고 마침내 2016년에는 370억 달러라는 거액을 주고 덩치가 자신보다 훨씬 큰 브로드컴을 인수하고 사명을 브로드컴으로 변경했다. 하지만 주식 티커명은 여전히 AVGO를 그대로 유지하고 있다. 브로드컴은 1991년 UCLA의 교수인 헨리 사무엘리(Henry Samueli, 1954~)와 학생 헨지 니콜라스에 의해 설립된 통신용 반도체 업체였다. 1998년 IPO를 통해 티커명 BRCM으로 나스닥에 입성한 후 2001년 서버 칩셋 업체인 서버웍스를 인수하는 등 네트워크와 인프라 반도체 분야에서 세계적인 업체로 성장하고 있었다.

아바고와 합쳐진 새로운 브로드컴은 2017년 광섬유 네트워킹 업체인 브로케이드(Brocade)를 55억 달러에, 2018년 시스템 소프트웨어 업체인 CA 테크놀로지를 189억 달러에, 2019년 보안 소프트웨어 업체인 시만텍(Symantec)을 108억 달러에 연달아 인수하며 네트워크 반도체 전문 업체를 넘어 인프라스트럭처 소프트웨어와 보안 분야로 사업 영역을 넓혀가고 있다. 브로케이드는 데이터 센터 네트워킹 및 SAN(Storage Area Network: 스토리지 영역 네트워킹) 분야의 네트워킹 솔루션 공급업체였다. 브로케이드의 네트워킹 솔루션은 고속 데이터 전송 및 연결을 통해 AI 구현을 지원하는 데 중요한 역할을 한다. CA테크놀로지는 메인프레임 소프트웨어와 DevOps 도구 및 보안 솔루션을 제공하는 기업이다. 시만텍의 엔드포인트 프로젝션 제품은 네트워크의 PC와 서버를 맬웨어, 위험 요소 및 취약점으로부터 보호하는 클라이언트-서버 솔루션이다. 결국 이 같은 브로드컴의 행보는 통신 및 인프라용 반도체 업체를 넘어 최종적으로 AI용 솔루션 기업을 향한 큰 포석인 것으로 보인다. 그리고 2022년에는 가상화 및 클라우드 컴퓨팅 업체인 VM웨어를 610억 달러에 인수한다고 발표했다. 브로드컴은 확실히 일반 반도체 제조업체들과는 다른 전략을 펴나가고 있다. 만약 이 인수 건이 성사된다면 IT 분야에서 델(Dell)의 EMC 인수(670억 달러)에 이은 역대 두 번째 규모의 M&A 딜이 된다.

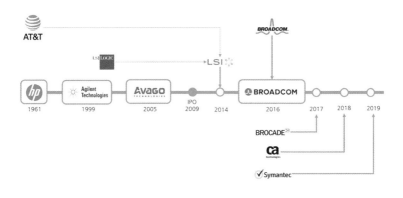

자료: 브로드컴, 유진투자증권

브로드컴의 M&A 전략은 반도체에 국한되지 않는다. 이 회사는 칩을 넘어 소프트웨어와 네트워크, 보안에 이르는 분야에 관심을 보이고 있다. 보다 복합적이고 새로운 지도를 그리고 있는 듯 보인다. 그리고 이를 위한 포석에 맞는 개별 기업들을 모으고 있는 것이다. 국내 반도체 업체도 새로운 그림을 그려낼 수 있는 종합적인 비전과 전략이 절실해 보인다.

반도체 오디세이

CISC와 RISC의
경쟁의 역사

ISA란

ISA(Instruction set architecture: 명령어 집합 구조)는 컴퓨터 아키텍쳐의 근간이다. 일반인들을 위한 교양 서적을 표방하면서도 굳이 어려운 컴퓨터의 구조에 대한 이야기를 꺼내든 이유는 매우 중요하지만 또 익숙하지 않기도 한 Arm이라는 회사에 대해 잘 모르거나 또는 오해하고 있는 분들이 의외로 많기 때문이다. 방송이나 언론 등에서 Arm이라는 회사를 이야기할 때 최고의 '팹리스' 업체로 소개하는 경우를 여러 번 접했기 때문이다. 물론 Arm에도 팹리스 사업부가 있기는 하다. 하지만 Arm 비즈니스의 핵심은 팹리스라기보다는 IP(지적재산권) 라이선스이다. 그렇다면 도대체 Arm이 만든다는 ISA가 무엇인지, 그리고 이것이 왜 중요한지 정도는 알아둘 필요가 있다. 그래야 일부 과장된 정보를 걸러듣고 제대로 이해할 수 있으니 말이다.

컴퓨터 아키텍처라는 개념은 1960년대 초 IBM의 유명한 엔지니어인 레이놀드 존슨(Reynold B. Johnson, 1906~1998)*과 프레드 브룩스(Frederick Phillips Brooks, 1931~2022)**에 의해 정확히 규정되었다. 그들은 당시 그들이 설계한 슈퍼컴퓨터인 'IBM 7030 스트레치(Stretch)'를 상세히 기술하기 위해 명령어의 종류와 형식, 하드웨어 매개변수, 속도 등에 관한 설명을 하면서 시스템 아키텍처라는 표현을 사용했다. 컴퓨터 아키텍처는 기본적으로 ISA, 마이크로아키텍처, 시스템 디자인의 세 단계로 구성된다. ISA는 마이크로프로세서가 이해하고 실행할 수 있는 기계어 명령어의 집합과 그 구조이며, 프로그래밍 언어로 작성된 코드를 프로세서가 실행할 수 있는 기계 코드로 변환해주는 일종의 문법체계라고 할 수 있다.

CISC vs. RISC

인스트럭션 세트 아키텍쳐(ISA)는 구조적 특징에 따라 CISC와 RISC로 구분된다. CISC(Complex Instruction Set Computer)가 다수의 복잡

---

* 하드디스크의 아버지로 불린다. 비디오카세트테이프도 발명했다.

** 1999년 튜링상을 수상했다.

한 명령어 세트를 처리하기 위해 만들어진 것이라면, RISC(Reduced Instruction Set Computer)는 명령어 수를 줄여 하드웨어 구조를 심플하게 만든 방식이다. 굳이 명령어를 줄인 구조를 만든 이유는 상위 20% 정도의 명령어가 전체 명령어 빈도의 80%를 차지하는 파레토 법칙이 컴퓨터 아키텍처에서도 적용되기 때문이다.

CISC 아키텍처는 다양한 명령어를 지원하기 때문에 인스트럭션을 처리하는데 소요되는 클럭 사이클도 각기 다르다. 이렇게 다양한 명령어를 내장하고 있으면 복잡한 작업 수행 시 단계가 줄어들어 개발자 입장에서는 프로그래밍을 더 편하게 할 수 있다. 반면, RISC 아키텍처는 지원하는 명령어의 길이를 일정하게 맞출 수 있고, 하드웨어 설계가 단순해진다. 반면, 어떤 작업을 수행하기 위해서는 하나하나 디테일한 단계까지 프로그래밍 작업을 거쳐야 한다. CISC는 더 다양한 명령어 집합을 갖고 있어 비디오 인코딩이나 복잡한 계산과 같은 특정 작업에 더 적합하다. 하지만 RISC는 속도와 효율성 면에서 CISC를 능가하고, 구조가 단순해 제조하기도 더 쉽고 더 저렴하게 만들 수도 있다. CISC과 RISC 중 어느 것이 더 나은지는 사용하는 애플리케이션에 달라지지만, 스마트폰, 태블릿, 노트북 등 소비전력이 중요한 모바일 기기의 비중이 높아지면서 RISC 아키텍처를 채용하는 비중이 높아지고 있다.

RISC의 역사는 컴퓨터 학자들과 대학의 연구원들이 CISC 방식에 근본적 의문을 제기하기 시작한 1970년대로 거슬러 올라간다. 1974년 IBM의 연구원인 존 코크(John Cocke, 1925~2002)와 데이비드 패터슨(David Andrew Patterson, 1947~)은 각각 독립적으로 축약 명령형 컴퓨터와 관련된 논문을 게재했다. 이들의 아이디어는 어차피 자주 쓰이지 않는 명령어는 지워버리고 모든 명령어의 길이를 동일하게 만듦으로써 ISA를 단순화하는 대신 더 높은 클럭의 하드웨어를 설계할 수 있고 업그레이드도 용이하게 할 수 있다는 것이다.

파이프라이닝은 여러 명령어의 실행을 겹쳐서 프로세서의 효율성과 처리량을 높이기 위해 사용하는 기술로 RISC 및 CISC에서 모두 활용이 가능하다. 그러나 RISC는 고정된 길이의 명령어로 균일성을 높일 수 있어 파이프라인 설계가 더 단순해지고 효율적이 된다. 특히, 2000년대 들어 RISC 가 모바일 기기에서 점점 더 많이 사용되었고, RISC 기반의 ARM이 CISC 기반의 x86 아키텍쳐를 누르고 스마트폰과 태블릿 시장에서 지배적인 위치를 차지하게 되었다. RISC 라고 하면 케임브리지 출신들이 만든 ARM을 먼저 떠올리는 경우가 많다. 하지만 그 이외에도 스탠포드 출신들이 개발한 MIPS와 SPARC, 버클리에서 개발한 버클리 RISC, 그리고 IBM의 파워PC, DEC(Digital Equipment Corp)의 알파칩 등 여러 RISC 아키텍처 기반의 칩들이 공존했었다.

CISC vs. RISC		
구분	CISC	RISC
명령어 종류	많음	적음
명령어 길이	여러 가지 (가변적)	한 가지
설계중심	하드웨어 중심	소프트웨어 중심
전력 소모	많음	적음
회로구성	복잡	단순
레지스터수	적음	많음
클럭스피드	상대적으로 느림	상대적으로 빠름
메모리 사용	고밀도 메모리 효율적 메모리 사용	저밀도 메모리 비효율적 메모리 사용
프로그래밍	단순	복잡
컴파일러	다양한 명령어로 컴파일러 복잡	단순한 명령어로 컴파일러 심플

MIPS

1984년 스탠포드 동문들이 설립한 회사인 MIPS테크놀로지에서 개발한 MIPS(Microprocessor without Interlocked Pipeline Stages)는 임베디드 시스템, 네트워킹 및 가전제품을 포함한 광범위한 응용 분야에서 사용되는 높은 성능과 낮은 전력 소비로 유명했다. 여러 임베디드 시스템과 시스코의 라우터, 소니 플레이스테이션, 닌텐도 64 등 게임 콘솔에 사용되었다. MIPS테크놀로지는 1992년 워크스테이션 제조업체인 실리콘그래픽스(SG)에 인수되었다. 그러나 실리콘그래픽스가 자사 워크스테이션과 서버에 인텔 아이태니엄을 채택하기로 하면서 MIPS는 결국 분사되어 다시 독립의 길을 걷게 되었다. MIPS 아키텍처 기반의 칩들은 일부 실리콘그래픽스의 워크스테이션과 시스코의 라우터, 소니의 플레이스테이션 등에 채택되어 나름의 영역을 구축했다.

실리콘그래픽스는 1981년 설립된 미국의 워크스테이션 제조사로 1990년대까지 3D 그래픽스 기술을 선도했다. 당시 헐리우드 영화 CG 작업에는 거의 100% 이 회사의 제품이 사용되었다. 〈터미네이터 2〉, 〈쥬라기 공원〉, 〈토이 스토리〉 등이 대표적이다. 2009년 2,500만 달러에 래커블시스템에 매각되었고, 이는 다시 2016년 HPE에 인수되었다. 하지만 2000년 이후 MIPS테크놀로지의 사세는 서서히 기울기 시작했다. 2013년에 PowerVR로 유명한 영국의 GPU 업체인 이미지네이션테크놀로지(IMG)에 1억 달러에 인수되었으나, IMG마저 경영난에 빠지면서 2017년 중국계 사모펀드 탈우드벤처캐피탈을 거쳐 2018년 AI 스타트업인 웨이브컴퓨팅에 팔리는 신세가 되었다. 2021년 3월 웨이브컴퓨팅은 사명을 'MIPS"로 바꾸고 재기를 노렸지만, 결국 개발을 포기하고 RISC-V 진영에 합류를 결정했다. 고성능 워크스테이션과 플레이스테이션의 프로세서를 탄생시키며 한 시대를 풍미했던 추억의 MIPS는 이렇게 잊혀져가는 중이다.

SUN SPARC

1980년대 스탠포드 컴퓨터공학과는 RISC의 대표적인 본산이었다. SPARC(Scalable Processor ARChitecture)는 1985년 스탠포드 동문들이 설립한 썬 마이크로시스템즈(SUN Microsystems)에 의해 개발된 RISC 방식의 프로세서로, 텍사스인스트루먼트, 사이프레스, 후지쯔 등 많은 칩 제조사들이 대형 SMP 서버나 워크스테이션 프로세서 개발에 SPARC를 채택했다. SUN이라는 이름은 Stanford University Network에서 따온 것이다. 하지만 썬은 스파크 아키텍쳐보다는 서버를 판매해 돈을 버는 비즈니스 모델을 지향했다. 스파크 머신에는 썬의 리눅스 운영 체제인 솔라리스(Solaris)가 함께 제공되었다. 1990년대 국내 주요 대학의 전산실에서도 스파크-솔라리스 서버와 터미널을 흔하게 볼 수 있었다. 1995년에는 썬의 소프트웨어 담당인 제임스 고슬링(James Gosling, 1955~)*이 웹에서 활용 가능한 객체지향 프로그래밍 언어인 자바(JAVA)를 개발해 공전의 히트를 기록했다. 이를 통해 썬과 자바의 이름이 널리 알려지기도 했다.

하지만 닷컴 버블 이후 썬은 본격적으로 내리막을 걸었다. 2000년 당시 250달러에 달했던 주가는 2002년에는 10달러까지 폭락했다. 개발자들이 썬을 떠나자 점차 성능 면에서도 IBM 호환 기종에

---

* Java를 최초로 개발한 소프트웨어 개발자. 이 때문에 그는 전 세계적으로 가장 영향력 있는 소프트웨어 개발자로 꼽힌다. Java라는 명칭은 그가 자바 커피 애호가이기 때문에 붙었다. 썬이 오라클에 인수되고 1년 뒤 구글에 입사했고, 2017년에 아마존 AWS에 합류했다.

밀리게 되었다. 결국 썬은 2010년 오라클에 인수되었다. 하지만 하드웨어에 방점을 둔 썬과 소프트웨어 업체인 오라클의 궁합은 좋을 리가 없었다. 소프트웨어를 판매하는 오라클에게 오픈소스는 어울리지 않는 옷이었다. 결국 2017년 오라클은 솔라리스 개발을 공식적으로 종료하고 관련 개발자들을 전원 해고했다. 스파크-솔라리스가 IT 업계에 미쳤던 막대한 영향력을 생각해 보면 너무나 아쉬운 결말일 수밖에 없다. 한편 과거 썬이 잘 나갈 때 사용하던 초대형 사옥은 2011년부터 페이스북(현 메타)이 사용하고 있으며, 지금도 빌딩 앞에 서있는 페이스북(메타) 사인의 뒷면에는 썬의 로고를 지우지 않고 그대로 남겨뒀다. 그래도 메타의 경영진들은 썬에 대해 예우를 하는 것인가 생각했는데, 그게 아니라 직원들에게 우리도 잘못하면 썬처럼 한 번에 훅 갈 수 있다는 자극을 주기 위해 그대로 놔둔 것이라고 한다.

IBM PowerPC

1980년대 후반부터 애플은 매킨토시의 CPU인 모토로라 68000 시리즈에 한계를 느끼고 대안을 찾고 있었다. 마침 IBM도 각종 IBM PC 호환기종 제조사들과 마이크로소프트, 그리고 인텔에게 IBM PC 플랫폼의 주도권을 내주고 있었으며, 모토로라 역시 68000 시리즈의 후속 프로세서였던 88000이 실패하면서 대안을 찾고 있었다. 그 결과 1991년 10월 윈텔(Win-Tel) 타도를 기치로 내건 AIM

(Apple, IBM, Motorola) 동맹이 결성됐다. IBM의 RISC 아키텍처에 애플의 니즈, 그리고 모토로라의 반도체 개발 노하우와의 시너지가 기대되는 결합이었다. 그리고 1993년 9월 동맹을 연결시켜 줄 매개체인 IBM의 PowerPC 프로세서가 탄생했다.

애플은 PowerPC 601을 CPU로 사용한 파워 매킨토시를 1994년 출시했다. 이를 통해 인텔과 마이크로소프트가 장악하고 있는 PC 시장을 재탈환하겠다는 야심이었다. 일부 컴퓨터 애호가들은 IBM PC와 매킨토시가 호환되는 환상적 세상을 꿈꿨다. 하지만 1997년 12년 만에 애플에 복귀한 스티브 잡스(Steve Jobs, 1955~2011)는 1998년 맥 호환 프로그램을 중단시켰다. 그는 맥 호환 기종이 애플 파워 맥 판매에 오히려 방해만 될 뿐이라고 판단했다. 애플의 배신에 칩을 생산하는 모토로라는 분노했다. 그리고 결국 2004년 반도체 사업부를 프리스케일로 분사하며 발을 빼기 시작했다. 애플도 결국 2006년 PowerPC를 버리고 인텔 CPU로 전향한다는 계획을 밝히면서, 웅대한 꿈을 꿨던 AIM 동맹은 결국 와해되고 말았다. 구형 PowerPC 아키텍처는 현재 프리스케일을 인수한 NXP의 일부 제품에 채택되고 있으며, 제임스 웹 우주 망원경 등 항공 우주 관련 제품을 주로 공급하는 BAE 시스템즈의 우주용 프로세서에도 사용되고 있다.

DEC Alpha Chip

미니컴퓨터 시대를 호령했던 DEC는 1992년 최초의 64비트 프로세서인 DECchip을 발표했다. 1994년 DEC는 이 칩의 이름을 DEC Alpha로 변경하고, 25년 안에 1,000배의 성능 향상을 목표를 정했다. 알파칩은 완전한 64비트를 지원한 워크스테이션용 RISC 프로세서로 시장에서 상당한 관심을 받았다. 알파프로세서는 RISC 특유의 심플한 구조를 유지하면서도 정교한 회로와 높은 클럭을 완벽히 구현했다. 최초로 CMOS와 L2 캐시를 내장하였으며, 동시 멀티 스레딩(SMT)을 최초로 지원했다. 출시 당시 기가헤르츠급 클럭스피드를 기록해 인텔 CPU 대비 2배의 성능을 자랑했다.

한편, 일찌감치 알파칩의 우수성을 파악한 삼성전자의 진대제 (1952~) 당시 부사장은 1996년부터 DEC와 접촉해 알파칩 생산 라이선스를 따내는 성과를 이뤘다. 삼성전자는 1999년 알파칩 매출 목표를 2억 달러로 잡고 2002년에는 15억 달러까지 늘린다는 장밋빛 계획을 수립했다. 뛰어난 제조능력의 삼성전자와 기술력의 DEC 연합이 어쩌면 반도체 최강자였던 인텔과 경쟁구도를 만들 수도 있을 것이라는 기대까지 나올 정도였다. 하지만 1990년 이후 매년 적자를 기록하던 DEC는 1997년 스트롱암(StrongARM)을 사업 부문을 인텔에 7억 달러에 매각한 데 이어 1998년 6월에는 컴팩에 인수되고 말았다. 그런데 세계 1위 컴퓨터 업체인 컴팩이 자사 서버에 알파칩을 탑재한다면 삼성의 알파칩 사업은 오히려 성장의 기회를 잡을 수도 있다는 기대는 유효했다.

그러나 2000년 IT 버블 붕괴로 컴팩마저 경영난에 빠졌고, 돌파구를 찾지 못하던 컴팩은 2001년 HP와의 합병 협상을 시작한다. 이때 삼성의 알파칩 생산을 꺼림칙하게 여겼던 인텔은 컴팩과 HP에 알파칩 사업부 인수를 제안하고 이를 거절할 경우 인텔 프로세서 공급에 불이익을 줄 수 있다는 갑질을 시전하기에 이른다. 대안이 없었던 컴팩과 HP는 결국 알파칩을 인텔에 매각하게 된다. 인텔은 IA-64 아이태니엄의 가장 강력한 경쟁자로 여겨졌던 알파칩의 개발을 즉각 중단하고 시장에서 그 존재를 아예 지워버리는 방법을 택했다. 이렇게 해서 삼성의 알파칩 계획은 끝내 좌초하고 말았다. 파트너인 DEC의 경영난과 IT 버블 붕괴의 후폭풍, 그리고 인텔의 경쟁제품 고사 전략에 무릎을 꿇게 된 것이다. 하지만 이 과정에서 삼성전자는 CPU와 관련된 다수의 설계 및 생산 기술을 습득하게 되었다. 그리고 이들 알파칩 개발 인력들을 중심으로 2000년대 초반 ARM팀이 꾸려지게 되어 마침내 엑시노스 개발까지 이어졌다. 한편, 2016년 6월 중국 선웨이의 '타이후라이트(TaihuLight, 太湖之光)'가 세계 슈퍼컴퓨터 랭킹 1위를 달성하는 충격적인 일이 벌어졌다. 중국 당국은 여기에 쓰인 CPU(SW20610)가 자체적으로 개발한 칩이라고 선전에 나섰지만, 업계에서는 DEC 알파칩 기반의 칩이라는 의심의 눈초리를 지우지 않고 있다.

무적의 지배자, Arm RISC

1978년 케임브리지대 출신의 헤르만 하우저(Hermann Hauser, 1948~) 와 크리스 커리(Christopher Curry, 1946~)는 BBC의 자금 지원을 받아 마이크로프로세서와 컴퓨터를 설계하고 제조하는 에이콘(Acorn)이 라는 회사를 설립했다. 1980년대 에이콘은 아르키메데스라고 불리 는 RISC 기반의 컴퓨터 시스템에 필요한 프로세서를 설계하고 이를 ARM(Acorn RISC Machine)으로 명명했다. RISC의 개념은 1970년대 IBM이 처음 제안했지만, 이를 최초로 상용화한 회사가 바로 영국의 에이콘컴퓨터였다. RISC 기반의 ARM 프로세서는 기존 프로세서 보다 더 높은 클럭 속도로 작동하면서도 더 적은 전력을 소비할 수 있었다. 에이콘은 기술 혁신과 고품질 엔지니어링, 사용자 친화적인 디자인을 바탕으로 영국의 컴퓨터 산업 발전에 중요한 역할을 했다. 하지만 미국에는 이미 애플과 IBM과 같은 거대 컴퓨터 기업들이 시 장을 장악하고 있었다. 에이콘은 혁신적 기술을 보유하고 있었지만, 세계 컴퓨터 업계에서 두각을 나타내기에는 한계가 있을 수밖에 없 었다.

1985년 스티브 잡스가 애플을 떠났다. 하지만 애플 경영진은 이 미 저전력의 핸드헬드 컴퓨터를 구상하고 있었다. 이 때 애플이 관 심을 갖고 지켜본 기술이 바로 에이콘의 ARM 프로세서였다. 실 리콘밸리의 반도체 기업인 VLSI테크놀로지도 저전력 기술에 관심 이 있었다. 결국, 1990년 11월 에이콘과 애플 컴퓨터, 그리고 VLSI

테크놀로지의 합작으로 ARM홀딩스가 설립되었다. ARM홀딩스의 CEO는 로빈 삭스비(Robin Keith Saxby, 1947~)가 맡았다. 한편, 제록스에서 'WYSIWYG'*을 탄생시킨 애플의 래리 테슬러(Lawrence Gordon Tesler, 1945~2020)**는 RISC 프로세서 기술을 활용한 애플 뉴턴(Newton) 프로젝트를 담당했다. 1993년 출시된 이 제품은 사실상 오늘날 스마트폰의 원형이라 할 수 있는 상당히 충격적인 제품이었다. 맞춤형 ARM 610프로세서에 의해 구동되는 뉴턴은 6인치 흑백 터치스크린 디스플레이와 스타일러스를 갖춘 장치였으며 PIMS(개인정보관리시스템) 및 필기 인식 소프트웨어를 내장하고 있었다. 심지어 IrDA(적외선무선통신)***을 통해 명함, 캘린더, 메시지, 노트 등을 다른 뉴턴 디바이스로 전송하는 획기적 기능까지 포함하고 있었다.

당시 학생이었던 필자는 전공 수업 시간 중에 애플 뉴턴을 직접 가져오신 교수님 덕에 그 실물을 직접 본 적이 있다. 당시 국내 대학생들은 대부분 삐삐를 차고 다니던 시기였다. 때문에 필기체 글씨

---

* What You See Is What You Get. 프린터 출력물이 모니터 화면과 동일해야 한다는 래리 테슬러의 인터페이스 철학.

** 테슬러는 스탠퍼드 수학과 졸업한 뒤 1960년부터 컴퓨터 연구를 시작했고 1973년 제록스 팔로알토연구소(PARC)에 입사했다. GUI의 개념을 도입해 컴퓨터 대중화를 이끌었다. '집시(Gypsy)'라는 워드 프로그램에서 '자르기(cut)', '복사(copy)', '붙여넣기(paste)' 명령어를 처음 도입했다. 1980년 애플에 합류해 매킨토시 OS의 GUI 환경을 설계했다.

*** Infrared Data Association. 당시에는 아직 블루투스, 와이파이 등이 기술이 소개되기 전이었다.

를 인식해서 텍스트로 변화한 후 이를 무선으로 송수신이 가능한 이 디바이스는 당시로서는 거의 상상 속의 물건처럼 느껴졌다. 하지만 애플 뉴턴은 제대로 자리를 잡지 못한 채 극히 일부 사람들의 기억 속에만 흐릿하게 그 흔적이 남아있다. 무엇보다 비싼 가격에도 필기 인식률이 형편없었고, 배터리 성능도 매우 떨어졌다. 크기도 사실 쉽게 들고 다니기에는 부담스러운 수준이었다. 하지만 아이폰이 나오기 무려 20여 년 전부터 애플이 무선 휴대용 컴퓨팅 기기 개발을 시도했다는 사실은 전율이 일게 한다.

1998년에는 상호명 ARM의 A를 'Acorn'에서 'Advanced'로 바꾸고, 런던 증권거래소에 상장하면서 기존 주주들과의 지분 관계도 정리가 되었다. 오늘날 ARM아키텍쳐는 스마트폰, 태블릿 및 임베디드 시스템을 포함한 광범위한 컴퓨팅 장치의 전성시대를 연 핵심 기술로 평가된다. ARM 기반의 프로세서는 전 세계 수십억 개의 장치에 사용되고 있으며, 애플, 삼성전자, 퀄컴, 엔비디아 등 거의 모든 반도체 제조업체들의 ARM을 채택하고 있다. ARM은 2016년 9월 손마사요시(1957~) 회장의 소프트뱅크 그룹에 320억 달러에 인수되었다. 인수가격은 당시 종가 대비 약 43%의 프리미엄이 더해진 수준이었다. 2016년 피인수 당시 직전 12개월 기준 ARM의 실적은 매출 15.5억 달러, 영업이익 6.2억 달러, 순이익 5.3억 달러였다. PSR 20배, PER 60배 이상의 밸류에이션이 적용된 것이다. 한편, 이듬해인 2017년 8월부터 공식 브랜드의 표기법을 'ARM'에서 'Arm'으로 변경했다.

소프트뱅크에 인수된 이후 Arm의 매출은 2016년 16.9억 달러에서 2022년 28.2억 달러로 성장했다. 하지만 성장률은 CAGR 기준 9% 수준으로 같은 기간 팹리스의 매출 성장률 15%에 비해 현저하게 낮다. 더군다나, 상장 이후 줄곧 40%를 상회하던 영업이익률이 인수 이후 4년간 적자를 기록할 정도로 수익성이 악화됐다. 최소한 겉으로 드러난 결과만 놓고 보면 소프트뱅크의 Arm 인수는 그다지 성공적이라고 보기 어렵다. 2023년 9월 나스닥에 재상장한 Arm의 IPO 당시 기업가치는 560억 달러로 소프트뱅크의 인수가격(320억 달러)에 비해 1.75배 증가했다. 하지만 같은 기간 필라델피아 반도체 지수는 800에서 최고 3900 이상으로 5배 가까이 올랐다는 사실과 비교하면 소프트뱅크의 투자가 과연 성공적이었는지에 대해 논란이 있을 수 있다.

Arm이 세계 반도체 시장을 석권할 수 있었던 중요한 이유 중의 하나는 Arm의 비즈니스 모델이 낮은 라이선스 비용과 러닝 로열티에 기반하고 있다는 점이다. Arm이라는 회사의 비즈니스가 시장과 산업에 미치는 영향력은 말할 수 없이 크다. 하지만 그 영향력에 비해 회사가 거두어들일 수 있는 잠재적 이익은 생각만큼 크지 않을 수 있다. Arm을 소개할 때 세계적인 '팹리스'라고 하는 경우를 심심치 않게 보게 된다. 물론 Arm이 팹리스 비즈니스를 하기는 한다. 하지만 Arm의 핵심은 팹리스가 아니고 IP(지적재산권)이다. Arm은 컴퓨터의 소프트웨어와 하드웨어의 연결고리인 ISA(Instruction Set

Architecture)를 설계하고 이를 팹리스 기업들에 제공하며 칩 매출의 일부를 로열티 수익으로 수취한다. 최근 5년간 ARM이 로열티를 인식한 칩의 개수는 1,279억 개, 로열티 매출액 합계는 66.2억 달러였다. 한 개당 평균 로열티는 5센트 수준이다. Arm이 반도체 산업에서 갖는 영향력은 너무나도 중요하다. 하지만 회사의 비즈니스 철학 자체가 태생적으로 큰 수익을 낼 수가 없다는 딜레마를 안고 있다. Arm은 반도체 산업에 있어서 일종의 공공재와 같은 역할을 하는 업체이다. 따라서 Arm이 특정 누군가의 소유가 되면 오히려 그 동안 없었던 경쟁업체의 출현을 가속화할 수 있다. 따라서 Arm의 가치는 Arm을 둘러싼 반도체 업체들 간에 균형이 이루어질 때가 가장 이상적인 경우가 된다.

RISC-V, 버클리의 부활을 꿈꾸는 도전자

UC버클리는 미국에서 컴퓨터 아키텍쳐 분야에서 스탠포드와 양대 산맥을 이루며 1980년대에 버클리 RISC 시리즈를 개발했다. 1982년부터 1985년까지 매년 RISC-I, RISC-II, RISC-III, RISC-IV가 발표되었다. 하지만 ARM이 RISC 시장을 장악해 가면서 스탠포드의 MIPS와 SPARC, 그리고 버클리 RISC도 설 자리를 잃고, 1985년 이후 프로젝트는 사실상 중단됐다. 그러나 RISC 연구로 2017년 튜링상(Turing Awards)*을 수상한 데이비드 패터슨(David Patterson, 1947~) 교수의 지도와 다르파(DARPA)**의 자금 지원에 힘입어 2010년 RISC-V 프로젝트가 재가동되었다.

특히 RISC-V 기반의 칩이 동등 성능의 ARM 칩에 비해 칩 사이즈는 30%~50%, 소비전력은 60%나 줄어드는 등 꽤나 의미 있는 결과가 보고되었다. 만약 구글 안드로이드가 RISC-V를 본격 지원하고 나선다면 Arm의 독점적 생태계에도 균열이 생길 수 있다는 분석도 있다. 실제 구글을 비롯해 HP, IBM, 오라클, 퀄컴, 마이크로소프트 등 쟁쟁한 기업들이 RISC-V를 지원하고 있으며, 엔비디아도 GPU 내부에 꽤 많은 RISC-V 코어를 사용한다고 밝혔다. 퀄컴은 2019년부터 스냅드래곤 865에 처음으로 RISC-V 기반의 마이크로컨트롤러를 탑재하기 시작해, 현재까지 모바일, 자동차, XR, IoT 등에 약 6.5억 개의 RISC-V 코어를 출하했다고 밝히고 있다.*** 삼성전자도 RISC-V를 다각도에서 검토 중이다. 특히, 중국과 인도 업체들

---

* 2017년 튜링상은 스탠포드의 존 헤네시와 UC버클리의 데이비드 패터슨 교수가 RISC연구에 대한 공로로 공동 수상했다. 존 헤네시는 스탠포드 총장을 역임한 바 있으며 2017년부터는 에릭 슈미트의 뒤를 이어 구글 회장에 취임했다. 데이비드 패터슨은 현 RISC-V의 이사회 부의장을 맡고 있다.

** Defense Advanced Research Projects Agency. 미 국방성 산하의 첨단연구조직으로 오늘날 현대인의 공기와도 같은 인터넷을 탄생시킨 연구기관이다.

*** Qualcomm talks up RISC-V, roasts 'legacy architecture' amid war with Arm, The Register, 2022. 12.

이 오픈소스 기반의 RISC-V에 높은 관심을 갖고 있다.

싸이파이브(Si-Five)는 RISC-V 프로젝트의 핵심 인물인 UC버클리의 크르스테 아사노비치(Krste Asanovic) 교수와 이윤섭(1982~) 박사 등이 공동 창업한 칩 설계 전문 회사이다. 이윤섭 박사는 현재 이 회사의 CTO를 맡고 있다. 2015년 설립 후 싸이파이브는 시리즈 C와 D에서 인텔, 퀄컴 등으로부터 1.25억 달러를, 2020년에는 SK하이닉스와 사우디아라비아의 아람코 등으로부터 6,000만 달러를 투자받았다. 2021년에는 인텔이 싸이파이브에 20억 달러에 인수하겠다는 제안을 하기도 했었다. 또한 AI 스타트업인 텐스토렌트(Tenstorrent)에 합류한 짐 켈러(Jim Keller)가 싸이파이브의 X280 프로세서 코어를 AI 칩 설계에 적용했다고 한다. 그 동안 짐 켈러가 컴퓨터 프로세서 분야에서 남긴 전설적 영향력을 감안하면 향후 텐스토렌토의 행보는 지켜볼 필요가 있는 부분이다. 하지만 아직 RISC-V를 이용한 시스템을 찾아보기란 하늘의 별따기이다. RISC-V가 시장의 관심사인 것은 맞지만 아직 응용 인프라와 시스템 생태계가 ARM에 비해 절대적으로 부족하다. 2022년 ARM 기반의 칩은 307억 개 생산되었다. 반면, RISC-V는 아직 소규모 응용 수준에 머물러 있다. 냉정하게 볼 때 ARM과 RISC-V는 시장 성숙도에서 20년 이상의 차이가 있다고 봐야 한다.

특히 RISC-V는 오픈소스인 만큼 프로세서를 디자인하는 업체가

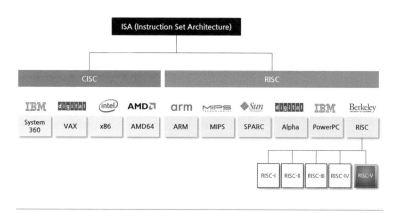

CISC 및 RISC 계열 아키텍처

자료: 유진투자증권

스스로 설계를 책임져야 한다는 리스크가 있다. 따라서 현재 시중에 나와 있는 상용 RISC-V 프로세서는 거의 대부분 싸이파이브가 제공하는 코어를 그대로 사용하고 있다. 아직은 새로운 칩을 설계하는 일부 칩 전문 설계자들이나 내부 컨트롤러에서만 소량으로 적용되고 있어서 소프트웨어 개발자들이 RISC-V를 접할 가능성은 더욱 낮다. 결국 오픈소스이지만, 개발자들을 구하기가 어렵기 때문에 이들을 직접 고용해 프로젝트를 맡길 경우 인건비 부담이 Arm에 비해 훨씬 커진다. 하지만 중국과 인도 등에서는 RISC-V에 대한 관심이 높다. 미국 등 서방과 반도체 패권 경쟁을 하려는 중국의 입장에서는 혹시라도 미국이 중국에 대해 ARM 라이선스를 차단하는 무역 제재를 할 가능성에 대비해 장기적으로 RISC-V를 육성 중이다.

특히, 알리바바의 자회사인 핑터우거(Ping-Tou-Ge)는 RISC-V로 구현한 16코어 프로세서 Xuan Tie 910 칩을 개발해 알리바바의 클라우드 서버에 이를 일부 탑재하고 있다고 한다.

한편, 인텔은 싸이파이브와 손잡고 RISC-V 기반의 4나노 데모버전 프로세서에 싸이파이브의 P550 코어를 탑재했다. 애플도 RISC-V 개발자 및 프로그래머를 모집하고 있는 중이다. 퀄컴은 2019년부터 스냅드래곤 865에 처음으로 RISC-V 마이크로 컨트롤러를 탑재하기 시작했다. 르네사스도 자동차용 반도체 설계에서 싸이파이브와 협력하고 있으며, 삼성전자도 싸이파이브의 한국 내 자회사인 세미파이브를 DSP(Design Solution Provider)로 지정해 놓고 있다. Arm의 상장 이후 주요 반도체 업체들의 RISC-V에 대한 관심은 더욱 높아질 것으로 기대된다.

42

한국의
반도체 개척자들

고미반도체, 아남산업, 한국반도체

국내 최초의 반도체 기업은 1965년 미국의 소기업인 '코미(Komy) 코퍼레이션'과의 합작으로 설립한 고미반도체이다. 고미반도체는 지금의 마포 부근에 군용 천막 2개 동을 세워 그 안에 비닐을 깔고 간단한 트랜지스터 및 다이오드를 조립했다고 한다. 그리고 1년 뒤인 1966년 10월에는 전자계산기용 트랜지스터 170만개의 수출을 따내기도 했다.

고미전자산업의 사례는 한국의 전자산업에서의 가능성을 보여줬다. 1966년 대한민국 정부는 외국인 투자에 대해 소득세·법인세·재산세·취득세 부과를 5년 동안 면제하는 내용의 외자도입법을 제정했다. 이를 계기로 1966년 시그네틱스, 1967년 페어차일드와 모토로라, 1969년 도시바, 1970년 KMI 등 외국 기업들이 한국에 차례로 합작사를 세우게 된다.*

1968년 아남산업은 사업 목적에 반도체 제조업을 추가하고, 미국 법인 앰코테크놀로지(Amkor Technology)를 설립했다. 그리고 1970년부터 반도체 패키징 사업을 본격적으로 시작해 나갔다. 하지만 우리나라에서 반도체 웨이퍼 전 공정 가공이 시작된 것은 1974년 한국반도체가 설립되면서부터이다.

서울대 전기공학과를 졸업하고 미국 유학길에 오른 강기동(1934~)은 오하이오대에서 석박사를 마치고 1962년부터 모토로라에서 트랜지스터 개발을 담당하고 있었다. 그는 서울대와 오하이오대 선배인 강대원 박사가 개발한 CMOS 기술에 미래가 있다고 판단하고 한국에 돌아와 반도체 웨이퍼 가공 회사 설립을 계획한다. 하지만 계획은 순조롭지 않았다. 우여곡절 끝에 미국 콜린스(Collins)사로부터 무전기를 수입판매하던 켐코(KEMCO)사와 미국 ICII(Integrated Circuit International, Inc.)사의 5:5 조인트벤처 형태로 '한국반도체'가 설립되

---

* 이강봉, '1979년 한국의 반도체 신화가 시작되다: 부품조립 시대서 제품생산 시대로…', 사이언스타임즈, 2006. 11.

었다. 부천시 도당동에 3인치 웨이퍼 가공설비를 갖춘 한국반도체는 1974년 8월부터 전자손목시계용 CMOS 칩 생산을 시작했다. 하지만 1974년 세계 경제의 사정은 그렇게 좋지 않았다. 1973년 10월 터진 4차 중동전쟁의 여파로 유가가 1~2개월 만에 4배 이상 오르는 전대미문의 오일쇼크가 세계 경제를 강타하고 있었다. 상당수 기업은 그야말로 생존게임에 내몰릴 수밖에 없는 상황이었다. 결국 한국반도체도 공장 가동 2개월 만에 자금난에 봉착하면서 큰 위기를 맞이하게 되었다.*****

앰코테크놀로지

7남매 중 막내로 태어난 김향수(1912~2003)는 일본에서 학업을 마치고 1935년 귀국해 1939년 자전거를 수입 판매하는 일만무역공사를 세웠다. 그는 광복 후 사명을 아남산업으로 바꾸었고, 자전거 부품을 직접 생산하기 시작했다. 1967년 김향수 창업주는 1년 간 일본과 미국을 다녀오며 첨단기술산업에 눈이 트이면서 1968년 아남산업의 사업목적에 반도체 제조업을 추가했다. 이후 서울 성동구 화양동의 낡은 공장을 사들여 1970년 반도체 생산을 시작했다.****** 한편, 장남인 김주진(1936~)은 서울대 법대 재학 중 1955년 도미해 펜실베

---

* 　오동희, '99세 투자자 김규한 사장, 44년만의 투자서명', 머니투데이, 2018.11.

** 　정동민, '국내 반도체 시장 개척했던 아남그룹', 비즈한국, 2021.8.

니아대에서 경제학으로 박사과정을 마친 후 빌라노바 대학에서 교수생활을 하다 1968년 아남산업의 미 현지 법인인 앰코테크놀로지 (Amkor Technology, 이하 엠코)를 설립했다.

아남산업은 1980년대 세계적 반도체 패키징 전문업체로 발돋움했다. 그러나 1992년 그룹 회장에 오른 김주진 회장은 패키징만으로는 한계가 있다고 보고 파운드리 팹 투자를 결심한다. 1996~1997년 2년간 1조 6천억 원을 투자해 부천에 파운드리 팹을 건설했다. 물론 패키징 시설도 확대한다. 하지만 무리한 설비투자와 아남건설 등 계열사의 부실화, 그리고 IMF 외환위기로 아남그룹은 위기를 맞게 된다. 1998년 사명을 '아남반도체'로 변경하는 등 반도체에 대한 의지를 다지며 안간힘을 썼지만, 2.5조 원의 금융권 부채를 감당할 방법이 없었다. 결국 1998년 10월 아남반도체, 아남전자, 아남환경 등 3개사가 워크아웃을, 아남건설은 법정관리를 신청하게 된다. 1998년 5월부터 아남반도체에 대한 워크아웃이 공식화됐다. 채권단은 감자 후 출자전환과 신규자금 지원으로 아남반도체 살리기에 나섰다. 반면 같은 시기인 1998년 5월 아남반도체의 미국 법인인 앰코는 나스닥에 상장하게 된다. 이후 업황이 회복되면서 앰코의 상황은 점점 좋아졌다. 앰코는 총 21억 달러에 아남반도체의 패키징 공장 3개를 사들여 아남반도체의 후공정 사업부를 인수했고, 추가 지분 투자에도 나섰다. 그 결과 아남반도체의 차입금은 98년 말 2.24조 원에서 2000년 6월 2,700억 원으로 극적으로 줄었고 아남반도체는 1년 2개월 만에 워크아웃을 졸업하게 된다.

패키징 사업을 매각한 아남반도체는 파운드리 전문 업체로서 당시 텍사스인스트루먼트와의 기술 제휴를 통해 DSP 등을 수탁생산했다. 당시 생산 캐파는 8인치 웨이퍼 월 3만 장이었으나, 가동률은 50% 수준에 그쳐 수익성이 확보되지 못했다. 하지만 2002년 9월 동부 그룹에서 앰코가 가지고 있던 지분 일부를 인수해 아남반도체의 경영권을 확보하게 되었다. 이후 앰코는 아남반도체의 지분을 지속적으로 정리하고 패키징 분야에만 집중한다. 앰코는 2000년 미국 캔서스의 OSAT 업체인 인테그라 테크놀로지를 인수했고, 2016년에는 일본의 1위 OSAT 업체인 J-디바이스를 사들였다. 2022년 앰코 테크놀로지는 매출 71억 달러, 영업이익 9억 달러로 OSAT 분야에서 대만 ASE에 이은 세계 2위를 기록하고 있다.

43

삼성전자
- 도쿄선언 40주년, 기로에 서다

1974년 12월 6일, 한국 반도체 산업의 무대에 빼 놓을 수 없는 역사적 사건이 발생한다. 동양방송의 이건희(1942~2020) 이사가 켐코(Kemco)가 소유하고 있던 '한국반도체'의 지분 50%를 50만 달러에 인수하는 계약을 체결한 것이다. 이로써 삼성이 반도체에 발을 담그는 계기가 마련되었다. 이어 3년 뒤인 1977년 12월에는 ICII가 보유하고 있던 나머지 지분까지 인수하게 된다. 그리고 1978년 '한국반도체'의 사명은 '삼성반도체'로 바뀐다.

하지만 별다른 기술력이 없었던 삼성반도체는 이름만 바뀌었을 뿐 기존 '한국반도체'와 크게 다를 바가 없었다. 삼성반도체의 경영

상황은 좀처럼 개선되지 못했고, 자금 부족에 허덕이는 상황도 지속되었다. 결국, 2년 뒤인 1980년 개인 회사였던 '삼성반도체'는 '삼성전자공업'에 흡수합병되며 재무적 리스크에서는 어느 정도 벗어날 수 있었다. 하지만 계속된 실적 부진으로 반도체 사업부는 그룹 내에서 '애물단지' 취급을 당할 수밖에 없는 상태였다.

1982년 이병철, 미래를 만나고 돌아오다

1982년 3월. 이병철(1910~1987) 회장은 경영학 명예박사 학위를 받기 위해 보스턴 대학을 방문하게 된다. 비행기 멀미가 심해 장거리 여행을 기피하고 있었던 이 회장의 미국 방문은 18년 만의 일이었다.* 흔한 기회가 아니었던 만큼 그는 많은 것을 보고 느끼고 싶었다. 특히 1980년대 신산업의 메카로 떠오르고 있는 실리콘밸리는 꼭 보고 싶었던 곳이었다.

그곳에서 IBM의 반도체 라인과 휴렛팩커드를 방문하고 그는 큰 충격을 받는다. 29년 전 소니의 모리타 아키오 회장이 미국 방문에서 충격과 영감을 느꼈던 것처럼 말이다. 삼성은 이미 '한국반도체'를 인수해 트랜지스터를 생산하고 있었기 때문에 이회장에게도 반도체가 아주 낯선 것만은 아니었다. 하지만 실리콘밸리의 젊고 활력

---

* 우은식, '이병철 이야기⑧ 1983년 도쿄선언, 반도체 신화를 쓰다', 뉴시스, 2013.6.

넘치는 기업들과 사무실의 풍경은 그에게는 충격 그 자체였다. 모든 직원들의 자리에 놓였있는 개인용 컴퓨터와 모니터의 모습에서 그는 미래를 보았다. 그리고 그 컴퓨터를 작동하게 하는 핵심이 바로 반도체라는 것을 두 눈으로 직접 확인한 것이다. 그의 머릿속에는 미래의 사무실 모습은 물론 일반 가정들의 모습이 어떻게 변할지 그림이 그려지고 있었다.

한국으로 돌아오는 비행기의 퍼스트 클래스에 앉은 이병철 회장은 지그시 눈을 감았다. 그는 아들 이건희가 왜 그렇게도 많은 사람들의 반대에도 불구하고 반도체 사업에 집착했었는지 이제는 확실히 알 것만 같았다. 이륙을 앞둔 시각, 평소 같았으면 멀미 걱정으로 불편한 기색이 역력했을 그는 알 듯 모를 듯한 미소를 머금고 있었다. 그랬다. 1982년 이병철의 미국 방문은 미래로의 타임 트래블이었던 것이다.

도쿄선언, 20세기 한국 경제사 최고의 명장면

미국에서 돌아온 이병철 회장은 즉각 반도체 사업에 대한 기획안을 작성하도록 지시한다. 그리고 7개월 뒤 100장이 넘는 기획안을 받아든 이병철 회장은 1982년 말부터 일본 도쿄의 오쿠라 호텔에 머무르며 신사업에 대한 구상에 들어갔다. 무엇보다 일본 기업들이 반도체 종주국인 미국을 넘어선 비책이 무엇이었을까. 일본의 급부상으로 미국 내에서 번지고 있던 일본에 대한 반감이 향후 어떤 지정학적 변수로 작용할 것인가, 그리고 삼성이 일본을 따라잡기 위해서는 과연 무엇을 해야 할 것인가에 관한 고차원 방정식을 풀기 위한 장고에 들어간 것이다. '장고 끝에 악수'라는 말이 있다. 하지만 이병철에겐 이 말이 통하지 않았다. 반도체 사업에 대한 장기적이면서도 구체적 구상을 마친 그는 1983년 2월 8일 사돈인 중앙일보 홍진기 (1917~1986) 회장에게 전화를 걸어 삼성의 VLSI 반도체 사업 진출에 관한 계획을 공식화한다. 20세기 한국 경제사 최고의 명장면으로 꼽히는 '도쿄선언'이었다.

전율의 DRAM DRAMA

하지만 중앙일보의 '도쿄선언' 보도에 대한 시장의 반응은 우호적이지 않았다. 세간의 많은 전문가들은 삼성의 DRAM 사업 진출 결정을 두고 무모한 선택이라며 우려의 목소리를 높였다. 일본의 미쓰비시 종합연구소(MRI, Mitsubishi Research Institute)는 삼성이 반도체에서 성공할 가능성은 없다는 결론의 보고서를 발표했다. 삼성그룹 내에서조차 회의적인 의견이 우세했다. 하지만 이 회장은 확신에 차 있었다. 그가 두 눈으로 직접 목격한 실리콘밸리의 사무실을 가득 채운 컴퓨터와 그 핵심 부품인 반도체는 그에게 미래의 노다지로 보였기 때문이다. 특히 대량 생산으로 '규모의 경제' 효과를 누릴 수 있는 DRAM이야말로 기술이 부족한 삼성이 선진국 일본과 미국을 따라

잡을 수 있는 최적의 품목이라는 것을 그는 정확히 꿰뚫어보고 있었다.*

이병철 회장은 사업을 시작하기 전에는 가능한 모든 시나리오를 만들고 이에 대해 고민에 고민을 거듭하지만 일단 최종 의사결정이 이루어지고 나면 불도저처럼 사업을 추진해 나가는 스타일이었다. 삼성은 곧바로 미국 산타클라라에 연구소를 설립하고, 진대제, 이윤우, 권오현, 황창규 등 미국 유학파 인재들을 영입해 호화 라인업을 갖췄다. 이어 DRAM 컨설팅 업체였던 마이크론과 기술 이전 계약을 맺고 64K DRAM의 설계도와 샘플 제공, 그리고 직원들의 연수를 지원받기로 했다.

하지만 그 즈음 마이크론은 반도체 컨설팅을 넘어 직접 팹을 지어 칩을 제조하는 IDM(종합반도체업체)으로의 변신을 꾀하고 있었다. 당시 미국 반도체 산업의 분위기는 "남자라면 팹이 있어야지"라는 식의 이른바 마초적 분위기가 물씬 풍기던 때였다. 그러던 중 아시아 변방의 삼성이라는 회사가 DRAM 사업을 해보겠다고 하자 처음에는 대수롭지 않게 생각했었다. 하지만 삼성이 마이크론으로부터 제공받은 설계도와 초도 샘플을 바탕으로 DRAM 시험 생산에 성공하게 되자 분위기가 싸해졌다. 어쩌면 삼성이 자신들의 잠재적 경쟁

---

* 한주엽, '반도체 등불을 켜다… 삼성, 64K D램 6개월 만에 개발', 전자신문, 2016.8.

자가 될 수도 있다는 위기감이 생겨나기 시작한 것이다. 결과적으로 삼성 직원들의 연수는 제대로 진행되지 못했고, 컨설팅이나 협력 같은 것도 더 이상 진전이 이루어지지 않았다.

삼성으로서도 더는 비협조적인 마이크론과의 협력에 매달릴 필요가 없어졌다. 이에 당시 DRAM 개발을 총괄했던 이윤우 전 부회장은 자체 기술로 64K DRAM을 개발한다는 수정 전략을 수립했다. 그리고 마침내 사업진출 1년도 되지 않은 1983년 11월 10일 삼성전자는 64K DRAM의 개발 성공을 공식 발표한다. 이렇게 한국은 미국, 일본에 이어 세계 세 번째로 64K DRAM 개발에 성공한 나라에 등극하게 되었다. 세계 반도체 업계는 경악했고 한국 정부 당국자들은 전율했다. 당시만 하더라도 한국 정부는 기술도 없는 상황에서 리스크와 고정비 부담이 큰 반도체 산업에 명운을 건다는 것에 대해 소극적일 수밖에 없었다. 하지만 삼성의 성과에 고무된 한국 정부는 이후 '반도체 산업 종합 육성 계획'을 발표하고 연구비 지원을 대폭 확대해나가기 시작했다. 그리고 삼성이 쓴 기적과도 같은 드라마에 자극받은 금성과 현대와 같은 다른 대기업들도 정부의 지원을 발판으로 DRAM 사업 출사표를 내게 된다.

과유불급
하지만 DRAM은 역시 우려했던 대로 리스크가 큰 사업이었다.

1985년부터 세계 반도체 시장은 그동안 진행된 일본의 공격적인 투자와 미국의 맞불 투자로 공급과잉 국면에 빠지기 시작했다. 삼성의 DRAM 사업은 과거 '한국반도체'의 트랜지스터 사업과 마찬가지로 시작하면서부터 대규모 적자의 늪에서 허우적거렸다. DRAM을 주도하고 있던 일본은 아예 삼성을 끝장내겠다며 64K DRAM의 판가를 1/3 수준으로 낮추며 삼성에 마지막 일격을 가하려 했다. 하지만 과유불급이었다. 반도체 산업 전체가 역대급 하락 사이클에 빠지게 되자 미국 실리콘밸리의 여론은 일본을 그 원흉으로 지목했다. 이에 미국 정부는 플라자 합의와 미일 반도체 협정을 통해 일본 반도체 산업의 숨통을 조이기로 마음먹기 시작했다. 일본 반도체는 여전히 세계 최강이었다. 하지만 미국의 대대적이면서도 효율적인 반격에 서서히 그 기세가 꺾이기 시작했다. 특히 1986년 미일 반도체 협정으로 일본의 생산량 확대에 제동이 걸리면서 1987년 말부터 DRAM의 수요-공급에는 변화의 바람이 불기 시작했다.

삼성반도체의 신화 창조

1987년 8월 8일 기흥에서는 삼성의 세번째 반도체 라인의 착공식이 열리고 있었다. 하지만 3년간 DRAM에서만 2,000억 원 넘게 적자가 누적된 상황인지라 경영진들의 마음은 편치 못했다. 계란으로 바위치기와 같은 반도체 산업에서 또 얼마나 많은 손실을 보게 될지 걱정이 앞섰을 것이다. 그러나 3라인 착공을 지켜보고 있던 호암은 의미심장한 미소를 머금고 있었다. 플라자 합의와 미일 반도체 협정, 그리고 도시바-콩스베르그 스캔들 등 미국과 일본을 둘러싼 국제 정세의 급변, 그리고 각 반도체 업체들의 투자 계획 등 모든 변수를 고려한 그의 머리 속에는 판세가 점점 삼성에게 유리하게 돌아가고 있는 모습이 그려졌다. 그는 머지않아 삼성에게 큰 기회가 올 것이라며 착공식에 참석한 임직원들을 독려했다. 그리고 그날의 행사는 이병철 회장의 마지막 공식 일정이 되었다. 그는 3개월 뒤인 1987년 11월 19일, 향년 77세로 영면에 들었다.

호암은 삼성반도체의 성공을 자신의 두 눈으로 확인하지 못한 채 그렇게 눈을 감았다. 하지만 그의 머리 속에는 이미 삼성의 성공이 그려져 있었다. 실제로 그가 예견한 대로 서울 올림픽을 앞둔 1987년 말부터 DRAM 시장은 언제 그랬냐는 듯 호황 사이클에 접어들기 시작했다. 그리고 1988년 시장 규모는 64억 달러로, 전년 대비 무려 171%라는 전대미문의 성장률을 기록하게 된다. 3년 연속 적자에 허덕이던 삼성반도체 사업부는 1988년 한 해에만 무려 3,600억 원의 당시로서는 천문학적 이익을 거둬들여 누적적자를 만회하고도 상당한 이익을 유보할 수 있게 되었다. 선제적인 투자 결정으로 삼성은 1988년 4메가, 1989년 16메가 DRAM을 차례로 개발하는 데 성공하며 일본과의 기술 격차를 좁혀나갔다. 그리고 마침내 1992년 64 메가 DRAM을 세계 최초로 개발하며 기술력과 시장점유율 모두에서 미국과 일본 업체들을 제치고 1위에 오르며 기염을

토한다. DRAM 사업을 시작한지 불과 10년도 채 지나지 않은 기간에 이뤄낸 성과였다.

도쿄선언 40주년, 빛과 그늘

이병철의 '도쿄선언'은 동아일보가 외부 전문가들의 자문으로 선정한 '한국 기업 100년, 퀀텀점프의 순간들' 중 최고의 순간으로 꼽혔다. 그리고 2023년은 '도쿄 선언'의 40주년이 되는 해이다. 삼성반도체가 이뤄낸 성과는 신화 그 자체라 해도 과언이 아니다.

하지만 2023년 현재 삼성을 압박하는 변수들은 한두 가지가 아니다. 미국과 중국은 패권을 놓고 서로 으르렁거리고 시장을 분열시키고 있다. 그렇다고 미국과 중국이 가깝게 지내는 것이 우리에게 유리한 것도 아니다. 중국이 발톱을 감추고 미국에 좀 더 협조적 태도를 취했다면 어쩌면 한국의 반도체 산업은 중국에게 더 빨리 따라 잡힐지도 모르기 때문이다. 팬데믹의 후유증으로 만들어진 과도한 반도체 재고와 금리 상승으로 인한 수요 둔화로 2023년 메모리 반도체 시장은 또 다시 역대급의 험난한 사이클을 지나고 있는 중이다. 특히, 올해는 예년의 다운턴과 달리 세계 1위 삼성전자마저 전대미문의 적자를 겪고 있다는 점이 문제다. 과거 다운턴은 삼성 입장에서는 오히려 경쟁 업체들과의 격차를 더욱 벌릴 수 있는 기회의 시간이었다. 그러나 이번 다운턴에서는 그와 같은 공식이 작동하지 않고 있다. 경쟁사를 압도했던 기술력도, 변화에 대응하는 속도도 과거 우리가 알고 있던 삼성의 모습과는 거리가 있어 보인다. 중국의 반도체 굴기, 미국과 일본의 반도체 부활 프로젝트, 인텔의 파운드리 진출 선언, DDR5와 HBM3에서의 초기 주도권 상실 등 삼성전자가 직면하고 있는 과제는 절대 가벼워 보이지 않는다. 삼성전자가 과연 지금의 위기를 돌파해 반전의 계기를 만들고 더욱 발전된 초신성으로 진화할 것인지, 아니면 결국 임계점을 넘지 못하고 활력을 잃어가는 백색왜성에 만족할 것인지 귀추가 주목되는 시점이다.*

---

* 유귀훈, '직원이 목숨 걸고 말린 반도체 투자, 호암이 밀어붙인 진짜 이유는?', DBR148호, 2014.3.

4부

전략자원을 둘러싼
헤게모니 경쟁

──────────────── 역사가 쓰여진 이래로 교역의 이
야기는 사회 발전의 스토리 그 자체라 해도 과언이 아니다. 고대부터
바닷길과 실크로드는 그리스, 로마, 인도, 중국의 무수한 전설적인 이
야기의 무대였다. 교역을 통해 인류는 그 이전에 갖지 못했던 새로운
문물을 접하고 더 많은 물품을 소비할 수 있게 되었으며 또 다른 미
지의 세상에 대한 꿈을 꿀 수 있었다. 그리고 이 과정에서 문화가 발
전하고 부가 축적되었으며, 경제 규모가 성장했다. 그러므로 교역이
바로 부와 경제의 원천이었다 해도 과언이 아닐 것이다.

인류는 교역을 확대하기 위해 보다 더 크고 튼튼한 배를 만들었
고 더 빠르고 더 강한 동력을 개발해 나갔다. 그리고 이를 위해 많
은 기술들을 축적하고, 기초 학문에 대한 연구도 이어갔다. 점점 더
다양한 제품과 상품을 이동하고 보관하기 위한 콜드체인 장치 등
새로운 추가적인 제품도 고안해낼 수 있었다. 이렇듯 교역의 발전은
테크놀로지의 발전으로 이어졌고 이는 다시 교역의 발전으로 연결
되었다.

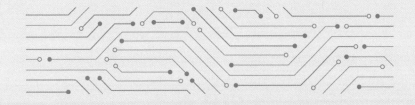

　이러한 무역의 대서사시가 쓰여지는 과정에서 부의 원천이 되는 고부가가치의 물품은 시대를 따라 변해왔다. 고대 로마 시대에는 중국의 비단이 사회적으로 센세이셔널한 히트 상품이었고, 중세시대에는 아시아의 도자기 하나가 웬만한 시민들의 고급 주택 가격일 정도로 중요한 물품이었다. 향신료와 설탕도 시대를 관통했던 고부가가치 제품이었던 때가 있었다. 20세기는 석유를 둘러싼 경쟁과 갈등이 고스란히 인류 역사의 한 페이지를 장식했으며, 21세기인 지금은 반도체라는 전략자원을 확보하기 위한 경쟁과 갈등이 진행 중이다.

44

역사 속
전략자원들

고대 로마의 비단

기원전 로마의 귀족들은 중국 비단의 아름다움과 부드러운 감촉에 푹 빠져 있었다. 비단은 로마 시대 귀족들의 부와 신분의 상징으로 누구나 다 품질 좋은 비단을 갖고 싶어 했다. 따라서 비단은 고가에 거래되는 물품이었고, 비단 교역은 상인들에게 막대한 부를 안겨다 주는 품목이었다. 이 커다란 부의 흐름을 위해 만들어진 것이 바로 실크로드 루트였다. 그러나 비단 수입을 위해서는 엄청난 시간과 교역 비용이 들 수밖에 없었다. 이에 동로마의 황제 유스티니아누스 1세(484~565)는 로마의 비밀요원들을 중국으로 급파해 반출 금지 품목이었던 누에고치를 빈 대나무 지팡이에 몰래 숨겨와 콘스탄티노

플로 들여오는 데 성공했다. 로마 시대의 고부가가치 제품인 비단을 제조할 수 있는 원료, 즉 핵심 전략자원을 확보하게 된 것이다.

세라믹 전쟁

중세 이후 나침반 기술의 발전으로 해상 교역로가 본격적으로 열리기 시작하면서는 예술성 있는 아시아의 도자기가 핵심 교역 물품으로 부상했다. 중국 자기는 물론 조선과 일본의 자기 역시 마찬가지였다. 1592년 도요토미 히데요시(1537~1598)가 일으킨 임진왜란을 유럽에서는 세라믹 전쟁이라고 부른다는 사실을 알고 있는가? 유럽의 역사가들에게 임진왜란은 경제 전쟁이자 테크놀로지 전쟁이었던 것이다. 전쟁 기간 일본으로 잡혀간 조선의 도공들이 420명에 이른다. 도공들이 바로 부를 창출할 수 있는 핵심 엔지니어들이었기 때문이다. 그런 면에서 도자기 기술자들은 오늘날 핵심 전략자원인 반도체 기술자들과 같은 위치에 있었다고 해도 과언이 아니다.

일본으로 건너간 도공 중에는 충남 공주의 도공 이삼평(? ~1665)이라는 인물이 있었다. 일본 규슈로 끌려간 그는 국내에서 순왜(順倭)*라는 논란이 있는 인물이다. 그러나 그는 일본에서는 아리타 자기를

---

* 임진왜란 당시 왜군에 협력한 조선인을 이르는 말로, 주로 조선 정부에 대한 원한과 불만을 가졌거나 일본군의 강압에 의해 부역 행위를 한 자들로 이루어져 있어 조선 입장에서는 매국노로 취급된다.

태동시킨 인물로 칭송되며 승승장구하여 말년에는 영주의 반열에까지 올랐고, 사후에는 도자기의 시조인 도조(陶祖)로 모셔지며 지금까지 존경의 대상이 되고 있다. 사농공상(士農工商)이라는 사회적 서열로 인해 조선에서는 제대로 대접 받지 못했던 도공들은 오히려 일본에서 존경받는 엔지니어로서 부와 명예를 얻게 된 경우가 많았다.

조선의 정치인들이 사대주의와 붕당정치에 몰두하던 때, 일본은 핵심 전략 기술의 가치를 알아채고 이를 적극적으로 흡수했다. 그리고 이렇게 고급 엔지니어들에 의해 만들어진 고부가가치 제품은 네덜란드 동인도회사를 통해 유럽 전역으로 퍼져 나가게 되었다. 특히, 당시 중국은 명·청 교체기로 인한 혼란을 겪고 있어, 중국산 자기의 공급이 제대로 이루어지지 못했다. 1650년 첫 수출이 이루어진 이후 70년간 약 700만 점의 일본산 도자기가 유럽에 팔려 나갔다. 당시 아시아의 고품질 도자기는 같은 무게의 금, 은과 동등한 가치로 평가될 정도여서, 도자기 하나가 웬만한 고급 시민 주택과 맞먹는 가격이었다고 한다. 일본이 이렇게 세계무대에서 고부가가치 제품 무역을 통해 부를 축적해나가고 있을 때, 조선의 성리학자들은 내부 권력 투쟁에만 골몰해 있었다. 그렇게 핵심기술과 무역의 중요성을 파악한 나라와 무능력한 정치인들이 장악한 나라 사이의 국력 격차는 점점 벌어지고 만 것이다.

유럽의 귀족과 왕족들은 아시아산 고급 도자기를 수집하는 데 열을 올렸다. 당대 최고의 고부가가치 제품인 도자기를 만들 수 있는 테크놀로지는 중세 유럽에서도 부를 거머쥘 수 있는 핵심 전략 기술로 부각되었다. 이에 유럽 최고의 과학자들과 장인들은 부와 명예를 안겨줄 수 있는 도자기의 제작 공정과 노하우를 알아내기 위해 많은 노력을 하게 된다.

그 선봉에는 과학자 치른하우스(Ehrenfried Walther von Tschirnhaus, 1651~1708)가 있었다. 당시 작센의 아우구스트 2세(August the Strong, 1670~1733)에게 명을 받아 도자기 제작 공정을 연구하던 그는 지역 광부들과 금속전문가들의 도움으로 백토와 고령토 이외에 화산재와 쿼츠라는 소재가 추가로 필요하다는 사실을 밝혀냈다. 그리고 마침내 그 배합비와 최적으로 구워 낼 수 있는 온도까지 찾아내게 된다. 1708년 10월 갑자기 그가 사망하게 되면서 프로젝트는 일시 중단되었다. 하지만 그의 연구 결과를 물려받은 뵈트거(Johann Friedrith Bottger, 1682~1719)가 1709년 고품질 도자기를 구워내는 데 성공하고 이를 대량 생산할 수 있는 방법까지 터득하면서 유럽도 도자기라는 하이 테크놀로지를 확보하게 되었다. 뵈트거가 구워 낸 마이센(Meissen) 자기는 로얄코펜하겐(Royal Copenhagen), 웨지우드(Wedgewood)와 함께 세계 3대 도자기로 평가되고 있다.

설탕과 플랜테이션

지금은 흔하디흔한 설탕도 한때는 전략자원이었다. 사탕수수의 재배와 소비는 인도, 중국, 동남아시아의 고대 시대로 거슬러 올라간다. 이때 당시 설탕은 사치품으로 여겨졌고 약용이나 감미료로 사용되던 귀한 자원이었다. 중세에 접어들자 아랍 상인들은 사탕수수 재배를 중동과 북아프리카에 도입했다. 전략자원의 생산 기지를 확대해 나간 것이다. 설탕의 생산은 지역적으로 확장되었고, 이 과정에서 설탕을 정제하는 기술이 개발되어 백설탕의 생산도 가능해졌다. 전략자원의 생산 기술이 업그레이드된 것이다.

단 맛을 내는 설탕에 대한 열망은 중세와 르네상스를 거치면서 유럽에서 폭발적으로 성장한다. 설탕이라는 전략자원을 확보하기 위해 포르투갈과 스페인 등 유럽의 열강들은 사탕수수 재배를 위한 따뜻한 영토를 찾아 새로운 해상 무역로를 개척해 나갔다. 마데이라, 상투메, 브라질, 그리고 카리브해의 섬들은 이들의 식민지가 되었고 여기에 광대한 설탕 농장이 설립되었다.

한편, 설탕 생산의 노동 집약적인 특성은 대규모 노동력 공급을 필요로 했다. 이를 위해 유럽의 식민지 강대국은 대서양을 횡단하는 노예무역에 나서게 된다. 수백만 명의 아프리카 노예가 설탕 농장, 특히 카리브해에서 일하기 위해 강제로 이송되는 슬픈 역사가 시작되었다. 그리고 플랜테이션이라는 새로운 비즈니스 모델이 등장하게 된다.

전략자원이었던 설탕의 높은 수익성, 그리고 설탕 정제 기술과 무역 산업의 출현은 유럽 경제의 발전에 중요한 역할을 했다. 설탕의 생산에서 무역에 이르는 서플라이 체인이 형성되었으며, 글로벌 무역을 통해 발생한 막대한 부는 도시를 성장시키기는 원동력이 되었다. 도시의 발달은 인구 유입과 산업의 다양성 확대로 이어져 상인들은 사업을 확대하기 위한 자금 조달에 나섰고 이는 자연스레 은행의 탄생과 근대 자본주의 체제의 성립으로 이어졌다.

설탕은 국제 무역에서 주요 상품이 되었고, 유럽의 강대국들은 설탕 생산 지역을 통제하기 위한 패권 경쟁에 나섰다. 이로 인해 많은 전쟁이 벌어졌으며, 여러 규칙과 조약들이 체결되었다. 설탕의 경제적 중요성은 세계 무역 네트워크의 발전과 중상주의의 성장에 지대한 영향을 미쳤다. 시간이 지나 기술이 발전함에 따라 설탕 산업에서 확립된 글로벌 비즈니스 모델은 플랜테이션을 넘어 더욱 확장되었다. 새로운 재배 기술의 도입, 향상된 기술, 그리고 사탕무 농업의 발전으로 세계 설탕 생산이 급격하게 증가했다. 이렇게 해서 오늘날 설탕 생산은 과거 플랜테이션 지역에만 한정되지 않고 전 세계 모든 나라들로 확대되었다. 때문에 설탕은 더 이상 예전과 같은 전략적 자원으로 간주되지 않게 된 것이다.

하지만 설탕이 지니고 있는 역사적이고 산업적인 의미는 현대를 살고 있는 우리들로서는 한 번 되짚어볼 만한 부분이다. 설탕은 결과적으로 식민주의의 착취라는 그늘을 만들었다. 하지만 세계 경제의 상호 연관성을 촉진하는 일종의 경제적 촉매로 작용했다는 점에서 인류 역사의 발전에 기여한 부분이 있다고 볼 수 있다.

검은 황금, 석유

20세기에 들어서자 석유가 가장 중요한 전략자원으로 떠올랐다. 인류 역사에 있어 석유의 사용은 수천 년 전으로 거슬러 올라간다. 메소포타미아와 페르시아의 고대 문명에서 석유를 건물 건설을 위한 밀봉제로 사용하거나 의술의 재료로 쓰는 등 다양한 방식으로 활용했다는 기록이 있다. 하지만 에너지원으로서의 중요성은 수천 년이 지난 후에야 알려지게 되었다.

석유 수요는 18세기와 19세기 산업혁명을 거치며 본격 증가했다. 석유는 처음에는 얕은 우물에서 추출되었지만, 시추장치가 발명되고 펜실베니아 타이터빌 드레이크 유정에서 대규모 석유 매장량이 발견되면서 본격적으로 현대 석유 산업이 시작되었다. 이어 스탠더드오일, 셸, 브리티시 페트롤리엄(BP)과 같은 주요 석유 회사들이 등장하게 된다.

19세기말부터 20세기 초에 발명된 내연기관은 석유 수요의 폭발적 증가로 이어졌다. 그리고 1, 2차 세계대전을 거치며 석유는 군사적 핵심 전략자원으로 부상하게 된다. 전함의 연료가 석탄에서 석유로 바뀌었고, 탱크와 항공기를 가동하는 데에도 석유는 필수가 되었다. 그 후 중동에서 막대한 석유 매장량이 발견되면서 중동을 둘러싼 지정학적 경쟁이 본격적으로 시작된다. 글로벌 동맹과 외교정책, 군사 배치 전략은 기본적으로 석유 공급을 확보하려는 데 그 핵심 목적이 있는 것이었다. 석유 자원, 파이프라인 경로 및 해상 초크 포인트에 대한 통제는 지역 분쟁과 국제 정치의 핵심 요소가 되었다.

그러나 화석 연료의 환경적 영향에 대한 우려로 기후변화 협약과 탈탄소 정책이 확대되었고, 거기에 더해 미국의 셰일오일 혁명으로 석유와 중동의 전략적 가치는 점차 약화되고 있다. 이러한 가운데 중국이 패권국에 도전하기 위한 발톱을 드러내면서 미국의 관심은 이제 중동에서 반도체의 중심지인 극동 아시아로 이동하고 있다.

이렇듯 전략자원은 시대를 달리하며 변화해왔다. 21세기에 들어 전자산업과 인공지능은 미래 성장과 안보의 핵심 분야로 부각되고 있다. 그리고 바로 그 중심에 반도체가 위치한다. 반도체가 석유에 이어 21세기 최고의 전략자원으로 부상하고 있는 것이다.

45

21세기 전략자원,
반도체

현대 인류의 필수품인 스마트폰의 성능과 가격은 주로 반도체에 의
해 좌우된다. 고급 자동차의 첨단 기능들도 대부분 반도체와 센서
가 그 역할을 책임지고 있다. 최첨단 무기의 타격 정확도를 좌지우지
하는 것도 결국은 반도체다. 이뿐만이 아니다. 오늘날 거의 모든 전
자 제품과 인공지능의 성능을 결정하는 핵심에는 어김없이 반도체
가 자리하고 있다.

즉, 반도체 기술이 없으면 더 경쟁력 있는 제품을 만들 수가 없다.
고부가가치 제품을 만들어 팔 수 없다면, 교역 경쟁력도 약화될 수
밖에 없고, 이는 결국 그 나라의 경쟁력 상실로 이어지게 된다. 특히,

반도체는 국방 시스템, 통신 인프라, 사이버 보안 등에서 국가 안보의 핵심 요소로 평가된다. 때문에 반도체 제조와 소부장, 소프트웨어는 21세기 국가 경쟁력을 좌지우지하는 핵심 전략기술일 수밖에 없는 것이다.

반도체 제품은 응용 분야에 따라 컴퓨팅, 통신, 가전, 전장, 산업용, 군사/의료용 등으로 구분되며, 제품별로 볼 때는 크게 범용 반도체(General Purpose IC)와 특수형 반도체(Application Specific IC)로 나눌 수 있다.

범용 반도체란 표준화된 트랜지스터, 아날로그, 로직, 그리고 PC용 CPU나 메모리 제품 등 설계부터 생산까지 반도체 전문 업체 주도로 만들어지는 반도체를 말한다. 이 경우 고객들은 만들고자 하는 제품에 맞는 스펙의 반도체를 골라 제품을 구성한다. 대표적인 것이 바로 컴퓨팅 분야라 할 수 있다. 반면 특수형 반도체는 특정 용도를 위해 별도로 설계된 칩들을 가리킨다. 대표적으로 모바일용 아날로그(RF, PMIC 등)와 AP, 차량용 MCU, 그리고 GPU와 FPGA와 같은 제품들이 이에 해당한다. 반도체의 응용처는 과거에는 주로 컴퓨터였다. 하지만 이후 모바일, 컨슈머(가전), 자동차, 산업용, 우주/항공 등으로 그 사용처가 확대되고 있다. 자연스레 전체 반도체에서 특수형 반도체의 비중이 점차 높아지고 있는 추세다. 2022년 기준 특수형으로 분류되는 반도체의 비중은 약 40% 수준에 이른다.

미국은 1980년대 일본의 반도체 침공을 효과적(?)으로 방어해내면서 여전히 세계 반도체 산업의 헤게모니를 유지하고 있다. 그렇지만, 반도체 설계는 점점 더 복잡해졌고, 제조 기술은 더욱 미세화되었다. 이에 따라 반도체 투자비는 눈덩이처럼 불어났고, 모든 과정을 한 업체 또는 한 나라가 모두 책임지는 것은 사실상 불가능해졌다. 이렇게 되면서 IDM(종합반도체업체) 일변도였던 반도체의 비즈니스 형태는 자연스레 'IP-팹리스-파운드리-OSAT'로 세분화되어갔다. 또한 장비와 소재, EDA, IP 등 관련 분야의 전문 기업들이 본격적으로 등장했다. 미국의 반도체 전략도 이에 따라 변화했다. 미국 기업들은 IP와 팹리스, 장비와 소재 분야에 집중하고, 대신 제조 분야인 파운드리와 OSAT는 아시아로 분산시켜 나갔다. 한국은 메모리 분야에서 일본의 빈자리를 빠르게 대체해갔고, 대만은 모리스 창의 진두지휘 하에 미국 팹리스 기업들의 생산기지로 급부상했다. 이 같은 산업계의 비즈니스 모델 변화로 반도체 제조 분야에서 미국이 차지하는 비중은 1990년 37%에서 2020년 12%까지 떨어졌다.

지난 30~40년간 반도체 산업은 이와 같은 글로벌 분업화 모델을 기반으로 작동해왔다. 그러나 중국 시진핑 체제가 패권 욕심을 숨기지 않으면서 상황은 다시 변해갔다. 21세기 핵심 전략자원인 반도체에 경제적 변수 이외에 체제라는 정치적 변수가 개입되기 시작한 것이다. 미국과 서방세계는 테크놀로지 산업의 글로벌 분업 체계를 지탱하던 GVC(Global Value Chain)를 TVC(Trusted Value Chain)로 재편

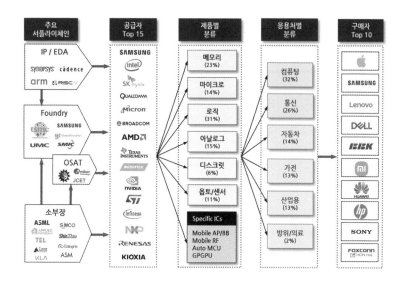

하는 작업을 진행 중이다.

반도체가 사용되는 응용처가 확대되면서 컴퓨팅 중심으로 형성된 IDM 모델의 비중은 감소하고 있는 반면 팹리스-파운드리 모델은 그 비중이 점점 높아지고 있다. 반도체 전체 매출에서 팹리스가 차지하는 비중은 2000년 약 8% 수준이었으나, 2022년에는 32% 수준까지 높아졌다. 여기서 주목해야 하는 점은 팹리스 역할을 하는 기업들의 범위가 확산되고 있다는 점이다. 파운드리의 절대 지존인 TSMC의 최대 고객이라 한다면 그 업체는 세계에서 가장 중요한 팹리스 업체일 것이다. 그런데 TSMC의 넘버원 고객은 다름 아닌 애플이다. 전통적 팹리스 기업으로는 퀄컴이나 브로드컴, 엔비디아, AMD, 마벨 등이 거론된다. 그러나 최근 들어서는 본업이 반도체가 아닌 애플, 마이크로소프트, 알파벳, 아마존, 테슬라 등이 파운드리에서 차지하는 비중이 점점 높아지고 있다. 그런데 이들 업체들이 파운드리에 주문해서 만든 반도체는 외부 판매가 거의 이루어지지 않는다. 따라서 WSTS(세계반도체시장통계기구) 등의 통상적인 반도체 매출 통계에 집계되지 않는 경우가 많다. 즉, 반도체 통계 자료를볼 때 이 같은 점들을 고려한 보다 섬세한 해석이 중요해진다는 얘기다.

46

일본 반도체의 부상과
미국의 불안감

1960년 이란, 이라크, 쿠웨이트, 사우디아라비아, 베네수엘라 다섯 개 산유국이 OPEC을 결성하고, 석유 가격과 생산을 통제하기 시작했다. 석유의 경제 무기화 시대가 시작된 것이다. 그 결과 1970년대에 두 번의 오일쇼크가 발생한다.

1차 오일쇼크는 1973년 10월 OPEC의 아랍 회원국들이 이끄는 아랍석유수출국기구(OAPEC)가 4차 중동전쟁인 욤키푸르 전쟁에서 이스라엘을 지원한 미국과 영국 등에 석유 금수 조치를 취하면서 발생했다. 이 기간 동안 석유 가격은 배럴당 2.9달러에서 한 달 만에 12달러로 4배 이상 뛰었고, 세계 경제 암흑의 시기가 찾아왔다. 중동의 석유 무기화 전략은 이 전쟁에서 유럽과 일본, 한국 등의 지지를 이끌어냈다.

2차 오일쇼크는 1979년 이란 혁명에서 비롯됐다. 혁명으로 팔레비 왕조가 무너지고 호메이니(Ayatollah Ruhollah Khomeini, 1900~1989)의 이슬람 시아파 신정 체제가 들어섰다. 이란은 일순간에 친미국가에서 반미국가로 돌아섰고, 중동 전역은 시아파의 준동으로 곳곳에서 갈등이 벌어졌다. 그러자 소련은 이슬람 확산을 막기 위해 아프가니스탄을 침공했고, 이듬해에는 사담 후세인(Saddam Hussein, 1937~2006)이 이란-이라크 전쟁을 일으킨다. 이 같은 중동 지역의 정세 불안이 중동의 석유 생산 감소와 유가 급등으로 이어졌다. 2차 오일쇼크 당시 유가는 5개월 사이에 15달러에서 39달러로 2.6배 상승했다.[*]

두 번에 걸친 오일쇼크는 세계 경제와 반도체 산업에도 큰 충격을 안겼다. 1975년 세계 반도체 시장은 사상 처음으로 역성장을 겪게 되었다. 에너지 비용 상승으로 수요가 줄자 미국의 반도체 기업들도 움츠러들 수밖에 없었다. 불황이 겹치자 미국 기업들은 투자를 할 여력도, 의지도 없어졌다. 반면, 일본은 1차 오일쇼크에서 중동 편에 서서 상대적으로 타격을 덜 입은 상태였다. 특히, 1970년대 일본은

---

[*] 박복영, 송원호, '최근 고유가와 1970년대 오일쇼크의 비교', 대외경제정책연구원, 2005.3.

세계 전자산업을 제패하고 있었고, 미국 기업들과 달리 일본의 전자 회사들은 과감한 투자에 나서며 영향력을 키워가고 있었다. 일본 정부의 적극적인 테크놀로지 지원 정책도 일본 반도체 산업의 성장에 큰 도움이 되었다.

일본 기업들은 1953년부터 게르마늄 트랜지스터의 생산을 시작했다. 웨스턴일렉트릭으로부터 특허를 취득한 소니는 1955년 세계 최초의 상업용 트랜지스터라디오인 TR-55를 출시한다. 그리고 1957년부터 TR-63으로 미국 시장에서 돌풍을 일으킨다. 이로 인해 1960년대 이미 트랜지스터 생산량에서 일본은 미국을 앞서가기 시작했다. 대신 미국은 게르마늄보다는 실리콘 IC에 보다 집중하는 쪽으로 방향을 틀었다.

페어차일드를 설립했던 8인의 반역자 중 로버트 노이스와 고든 무어는 1968년 페어차일드를 떠나 인텔을 창업하고 4년 뒤인 1972년 세계 최초로 1Kb DRAM을 개발해 큰 성공을 거두었다. 그러나 1970년대 반도체 산업은 아날로그 IC 중심이었다. 당시 세계 반도체 시장은 텍사스인스트루먼트, 모토로라, 페어차일드가 3강을 형성하고 있었다. 하지만, 일본은 미국에 앞서 자동차 오디오용 IC를 개발하는 등 반도체 분야에서 서서히 두각을 나타내기 시작했다.

1970년대 들어 세계 최초의 LCD 전자계산기인 샤프의 EL-805

와 세계 최초의 전자식 퀴츠 손목시계인 세이코의 아스트론(Astron) 이 세계 시장을 연달아 강타하며 일본의 전자 산업은 한껏 위용을 떨친다. 초기에는 여기에 필요한 반도체를 미국에서 조달 받았다. 그러나 이내 일본의 CMOS 반도체들로 이를 대체해 나갔다. 이로 인해 미국의 대일본 반도체 수출이 타격을 받게 되자 미국은 1974년 일본에게 IC 시장 자유화를 요구하며 시장을 강제로 개방시켰다. 그럼에도 일본 반도체의 기세는 꺾일 기미가 보이지 않았다. 1980년대는 그야말로 일본의 전성 시대였다. NEC, 도시바, 히타치, 후지쯔, 미쓰비시, 마쓰시타 등 일본 반도체 6인방은 세계 10대 반도체 리스트에 이름을 올렸고, 미국이 느끼는 위기감은 점점 높아져 갔다.

소비재용 반도체에서 일본에 밀리기 시작한 미국 반도체 업체들이 버틸 수 있는 분야는 미국 국방부와 NASA정도로 쪼그라들어 있었다. 1977년 설립된 미국반도체협회(SIA)는 이대로 두면 미국 반도체 기업은 다 망하게 될 것이라며 정부에 강력한 대책을 요구하고 나섰다. 미국의 일본 반도체에 대한 우려가 커졌지만, 일본이 적극적인 투자를 통해 높은 품질과 안정적 공급, 경쟁력 있는 가격을 달성하게 되자 미국 기업들은 오히려 일본 반도체 제품의 수입을 늘려가고 있었다. 특히, 가전제품 분야에서 일본의 VCR, CD, 비디오 게임기는 엄청난 인기를 얻게 되었고, 일본산 반도체의 명성은 더욱 높아졌다. 1980년대 들어 PC 시장이 성장하면서 미국 내 DRAM 수요가 급증했다. 하지만 DRAM에서도 미국은 일본의 상대가 되지 못했다. 많은 미국 컴퓨터 제조업체들은 품질이 우수한 일본산 DRAM의 채택을 늘려나갔다. 일본 DRAM은 디자인과 공정 기술 면에서 최첨단을 달리며 품질, 납품, 가격 면에서 압도적인 평가를 받았다. 64KD램의 일본 시장 점유율은 1981년부터 미국을 추월했으며, 1987년에는 점유율이 무려 80%를 넘어섰다.

47

스크류의 공기방울이 불러온
나비효과

리들리 스콧 감독의 1982년 작 〈블레이드 러너〉는 2019년 LA를 배경으로 하고 있다. 영화 초반에 등장하는 스모그와 산성비로 가득 찬 어둡고 암담한 도시의 모습, 그리고 건물 전체를 감싼 전광판에 등장하는 기모노를 입은 일본 여인의 모습은 관객에게 강렬한 시각적 충격을 던졌다. 1980년 일본의 경제는 마치 멈출 줄 모르는 증기 기관차 같았다. 세계 시가총액 상위 50위 순위에서도 일본 기업이 절반 이상을 차지했으며, 당시 도쿄의 땅을 다 팔면 미국 대륙 전체를 살 수 있다는 얘기까지 있었을 정도였다. 블레이드 러너에 비춰진 미국의 미래는 결국 일본에게 주요 도시가 점령당하고 마는 것인가 하는 공포심이 반영된 것처럼 보였다.

도시바-콩스베르그 스캔들

이렇게 일본 경제의 부상에 대한 미국의 두려움이 커지고 전략산업인 반도체 부문에서도 미일 간 무역수지 불균형이 심화되던 1980년대 초 '도시바-콩스베르그(Toshiba-Kongsberg) 스캔들'이 터진다.

핵잠수함은 바닷속의 전략 기지다. 특히 잠수함에 탑재된 SLBM (잠수함발사탄도미사일)은 공포의 대상이 아닐 수 없다. 제2차 세계대전 중에도 독일 잠수함은 미국 동해안에 침투해 미국에 엄청난 타격을 준 적이 있다. 때문에 소련의 핵잠수함을 조기에 탐지해내는 것은 미국의 존립이 걸린 중요한 일이다. 하지만 소련의 입장에선 그 반대였을 것이다. 만일 자신들의 잠수함이 미국에 탐지되지 않는다면 소련은 미국에 대해 전략적으로 우위에 설 가능성이 있었다. 하지만 소련 잠수함의 프로펠러 소리는 너무 시끄러웠고, 미국의 대잠 초계망에 쉽게 발견된다는 약점을 갖고 있었다. 1970년대 말 소련은 미국이 자신들의 잠수함을 거의 24시간 감시하고 있다는 사실을 확인하고, 잠수함의 소음을 줄일 대책을 마련하는 비밀 작전을 펼치게 된다.

잠수함의 소음은 스크류 블레이드가 물을 가를 때 나타나는 캐비테이션(Cavitation)효과*로 만들어지는 미세한 공기방울이 터지면서 발생한다. 캐비테이션을 줄이기 위해서는 블레이드의 표면을 CNC 다축머신으로 정밀하게 가공해야 했다. 하지만 첨단 무기 제조에 사용될 수 있는 CNC 다축머신은 COCOM**에서 통제하는 물품이었고, 소련은 그런 기계를 만들 기술이 없었다. 이에 소련의 KGB 요원들은 비밀리에 일본 와코사의 모스크바 주재원 쿠마가이와 접촉하고 CNC 다축머신의 밀수를 계획한다. 그 결과 1983년에서 1984년 사이 도시바는 CNC 다축 머신 8대를 소련에 몰래 인도하고, 노르웨이의 콩스베르그사는 제어용 컴퓨터 납품과 장비 인스톨 및 세팅을 담당했다. 이렇게 스파이 활동을 통해 첨단 기술을 확보한 소련은 저소음의 신형 잠수함을 건조하는 데 성공한다.

소나(SONAR: Sound Of Navigation And Ranging) 음파 탐지로 소련 잠수함의 일거수일투족을 추적하던 미국 해군은 어느 순간부터 갑자기 잠수함의 소음이 확 줄어들자 처음에는 소련이 잠수함 훈련의 빈도를 줄인 것으로 여겼다. 하지만 계속 이럴 수는 없다고 의심하고 있던 중 제보를 받고 1984년 말부터 조사에 착수한다. 하지만 일

---

* 압력이 낮아짐에 따라 액체나 가스 안에 공극이나 기포가 형성되는 현상. 이러한 공극이나 기포는 압력이 다시 높아질 때 붕괴되며, 이 과정에서 많은 에너지가 방출된다. 이는 문제를 일으킬 수 있는데, 붕괴되는 과정에서 발생하는 에너지는 소음을 발생시키거나 주변 장비나 시스템에도 손상을 줄 수 있다.

** Coordinating Committee for Multilateral Export Controls. 대공산권 수출통제 위원회.

본 정부는 해고에 앙심을 품은 자의 자작극이라며 미국의 조사에 비협조적인 태도로 일관했다.

삼성의 도쿄선언, 그리고 일본의 파상공세

1982년 미국 방문에서 실리콘밸리의 급변하는 상황을 눈으로 확인한 삼성의 이병철 회장은 반도체 산업의 가능성을 깨닫고, 1983년 2월 삼성의 DRAM 산업 진출을 공식화하는 '도쿄선언'을 공식화했다. 많은 우려에도 불구하고 삼성은 불과 1년도 채 되지 않은 1983년 12월, 미국과 일본에 이어 세계에서 세 번째로 64Kb DRAM을 개발하는 데 성공해 세상을 경악시켰다.

그러나 이때부터 일본의 파상공세가 본격화되었다. 한국 반도체의 싹을 자르고 시장의 압도적 지위를 유지하기 위해 일본 업체들은 자신들만 이익을 낼 수 있는 수준까지 가격을 떨어뜨려가며 생산량을 대폭 늘렸다. 감가상각이 끝난 일본 업체들의 제조 원가는 삼성의 30% 수준이었으므로 삼성으로서는 원가의 1/3 이하의 가격에 제품을 팔 수밖에 없는 어려운 상황을 겪게 되었다.

1984년 8월 삼성이 DRAM 양산 제품을 출시하자 일본 업체들뿐만 아니라 마이크론까지 삼성 견제를 위해 삼성의 주력 제품이었던 64Kb DRAM에 대한 대대적인 가격 인하를 단행한다. 3달러였던 64Kb DRAM 칩 가격은 불과 두세 달 만에 30센트까지 90% 하락했다. 대신 일본 업체들은 차세대 256Kb DRAM의 생산과 판매에 집중한다는 전략이었다. 하지만 DRAM 전체가 다운턴에 빠지면서 256Kb DRAM도 가격 하락에서 자유로울 수 없었다. 결과적으로 1985년 DRAM 시장은 전년 대비 58% 감소하는 충격적인 역성장에 빠지고 말았다.

미국은 일본에 대한 무역적자로 골머리를 썩고 있었는데, 때마침 이 같은 기록적인 DRAM 다운턴까지 겹치며 어려움이 가중됐다. 결국 DRAM을 발명했던 인텔은 1984년 DRAM 사업에서 철수를 선언했고, 마이크론은 1985년 6월 일본 DRAM 기업 7개 업체를 반덤핑 혐의로 제소한다. 일본에 DRAM 기술을 전수해줬던 RCA도 원가 경쟁에 밀려 결국 사업을 접을 수밖에 없었다.

일본의 반도체 시장 장악은 제2의 진주만 습격으로 비유됐다. 미국의 충격은 이만저만이 아니었다. 일본 반도체의 공격적 행보는 인텔뿐만 아니라 텍사스인스트루먼트, 내셔널세미컨덕터, 모토로라 등 미국 반도체 업체들의 경영 악화로 이어졌다. 1985년을 기점으로 세계 반도체의 중심은 미국에서 일본으로 넘어가기 시작했다. 1970년부터 1984년까지 15년간 반도체 랭킹 1위를 유지해왔던 텍사스인스트루먼트는 반도체 챔피언이라는 왕좌를 일본 NEC에게 힘없이 내주게 된다.

이제 일본에 대한 미국의 압박은 무역과 기술 측면에만 한정된 것은 아니었다. 레이건(Ronald Wilson Reagan, 1911~2004) 행정부는 미국의 막대한 대일 무역적자를 줄이고 경제적으로 급부상하는 일본을 견제하기 위해 환율이라는 카드를 만지작거리기 시작했다.

이런 상황에서 터진 도시바 스캔들은 미국인들의 일본에 대한 반감에 기름을 부은 격이 되었다. 미국 국민들의 대일 감정은 급격히 악화됐다. 하원 의원들은 망치로 도시바의 라디오를 때려 부수며 항의했고, 레이건은 일제 전자제품의 전면적 금수 조치 가능성을 언급했다. 사태가 이렇게 확대되자 도시바의 스캔들 조사에 비협조적이었던 일본은 나카소네(1918~2019) 수상의 지시로 수사에 열을 올렸고 관련 증거들을 미국에 자진해서 모두 제출한다. 1987년 말 미국은 도시바-콩스베르그 사건의 결과를 발표하고 앞으로 3년간 두 회사 제품의 수입을 금지하는 결정을 내렸다. 도시바의 경영진은 일제히 사임하고, 핵심 간부들은 모두 구속되었다. 콩스베르그는 방위산업 부문만 남기고 나머지는 노르웨이 정부에 의해 청산되는 신세가 되고 말았다.

48

플라자 합의와
미일 반도체 협정

1985년 9월 22일, 미국과 영국, 프랑스, 서독, 일본은 맨해튼 플라자 호텔에 모여 달러 평가절하를 위한 역사적인 합의에 서명한다. 이 '플라자 합의' 이후 엔화는 2년간에 걸쳐 두 배나 절상이 이루어졌다. 이 결과 일본 제품, 특히 반도체는 가격 경쟁력을 급격히 잃어갔다. 이어 1986년 8월에는 비대칭 조약인 '미일 반도체 협정'이 체결된다. 협정의 핵심 내용은 일본 내 미국산 반도체의 점유율을 20% 이상으로 유지하고, 미국의 지적재산권 침해에 대한 배상을 보증해야 하며, 분기별 반도체 수출 가격 자료를 미 상무부에 제공해야 한다는 일본으로서는 굴욕적인 내용이었다. 하지만 도시바 스캔들로 발목이 잡힌 일본은 거의 찍소리도 못하고 합의안에 도장을 찍을 수밖에 없었다. 더군다나 도시바는 NEC, 히타치와 함께 일본 반도체의 최선봉에 있었던 업체였기 때문에 더더욱 눈치를 보지 않을 수 없었다.

미국 정부는 여기에서 멈추지 않았다. 이듬해인 1987년 일본이 제3국에서 덤핑 문제를 일으키자 반도체 협정을 위반했다며 통상무역법 301조를 앞세워 추가 보복 조치를 시행한다. 미국은 손해 배상 규모를 3억 달러로 책정하고 일본 기업에 대한 보복 관세를 발표했다. 미국은 이를 기회로 삼아 1996년까지 이어지는 2차와 3차 미일 반도체 협정을 추가로 체결하며, 일본 반도체를 향한 최후의 일격을 가한다. 그 결과 1990년대 들어서며 미국은 반도체 시장에서 주도권을 회복하기 시작했고 일본 반도체는 몰락의 길로 접어들게 된다.

1987년까지 DRAM 시장은 공급과잉의 후폭풍에서 벗어나지 못했다. 그러나 엔화 강세와 미일반도체 협정으로 손발이 묶인 일본이 더 이상 공격적 증산에 나서지 못하면서 DRAM 시장에도 점차 개선의 빛이 드리우기 시작했다. 1987년 말부터 PC가 급격히 대중화되기 시작한 것도 큰 도움이 되었다. 반도체 사업을 시작하자마자 엄청난 적자에 허덕였던 삼성전자에게도 실낱같은 희망이 보이기 시작했다. 서울올림픽이 열린 1988년, DRAM 시장은 전년비 171%라는 전무후무한 성장을 기록한다. 그리고 삼성반도체는 전설의 서막을 열게 된다. 사업 시작 후 4년간 매년 적자를 내면서 1987년까지

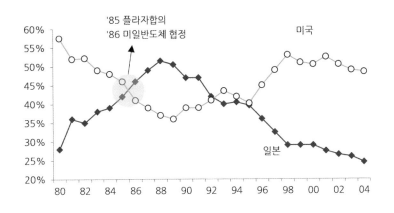

미국과 일본의 전체 반도체 시장 점유율 비교

자료: Semiconductor History Museum of Japan, 유진투자증권

누적 2,000억 원의 적자에서 허우적대던 삼성반도체는 1988년 한 해에만 9억 달러의 매출과 3,600억 원의 이익을 달성해 누적 적자를 메우며 단번에 세계 반도체의 다크호스로 부상했다.

삼성은 1992년 DRAM 부문에서 사상 처음 1위를 기록하며 전체 반도체 랭킹을 11위까지 끌어올렸고, 이듬해인 1993년에는 7위로 우뚝 서게 된다. 그리고 한일 월드컵이 열린 2002년에는 도시바를 제치고 2위 자리까지 치고 올라섰다. 반면 1985년부터 1991년까지 반도체 세계 랭킹 1위 자리를 지켰던 NEC는 1992년 인텔에게 왕관을 내준 데 이어 2000년에는 3위로 한 단계 내려앉았고, 2001년부

반도체 오디세이

터는 삼성에게 추월당하며 6위까지 떨어졌다. 1985년부터 1992년 까지 반도체 랭킹 톱 10 리스트에서 여섯 자리는 일본의 몫이었다. 하지만 30여년이 지난 지금 일본의 자리는 더 이상 한 자리도 남아 있지 않은 상황이다.

스크류의 공기방울에서 시작된 도시바-콩스베르그 스캔들과 플라자 합의, 그리고 미일 반도체 협정으로 결국 일본의 전자제품과 반도체의 몰락, 그리고 일본의 잃어버린 30년이라는 헬게이트가 열린 셈이다.

49

격동의 탱고
- 미·중의 관계 변화

미국과 중국의 복잡하고 역동적인 관계는 리처드 닉슨과 마오쩌둥
이라는 역사적 인물로부터 현재의 지도자인 조 바이든과 시진핑에
이르는 변증법적인 여행의 과정이다. 60년 동안 계속된 G2의 관계
변화는 소련과의 냉전, 미국과 일본의 경제 전쟁과 연관된 패권 경
쟁의 변화 속에 여러 형태로 전개되고 있다.

　1960년대가 막을 내릴 무렵 세계는 냉전의 고통에 휩싸인 자신
들의 모습을 발견하게 된다. 그리고, 리처드 닉슨은 서로에게 고통
만 안겨주는 냉전이라는 세계 질서를 바꿀 새로운 카드를 꺼내든다.
'괌 독트린(Guam Doctrine)'이었다. 이와 함께 미국은 소련의 영향력에

대한 평형추로서 중국을 재배치하기 위한 데탕트 정책을 설계하고 헨리 키신저를 비밀리에 북경에 보내 마오쩌둥에게 역사적인 화해의 손을 내밀었다. 얼마 후 마침내 소련이 붕괴하자 미국의 계산기는 더욱 바빠지기 시작했다.

그리고 천년의 전환과 함께 지정학의 풍경은 다시 한 번 변화한다. 경제 강국으로서의 중국의 부상은 1980년대 일본과의 갈등 같은 새로운 차원의 경쟁을 야기했다. 무역 불균형과 기술 경쟁의 복잡한 상호작용은 양국이 그들의 경제적 이익을 놓고 치열하게 경쟁하도록 이끌었다. 계속되는 패권 경쟁 속에서, 태평양 양측의 리더십 전환은 계속해서 새로운 시나리오로 이어졌다. 하지만 시진핑은 덩샤오핑의 유훈을 어기고 중국 공산당 특유의 민족해방(NL)사상이라는 발톱을 드러냈고, 트럼프는 어설픈 미국 제일주의로 우방국들을 실망시켜 자유진영의 균열을 키우면서 G2의 시나리오는 예측하기 어려운 방향으로 전개되었다.

역사의 페이지를 가로지르는 과정에서 나타난 미-중 관계의 복잡성과 패권 경쟁의 흐름을 살펴봐야 한다. 그리고 두 거대 국가가 두고 있는 지정학적 체스판에서 테크놀로지와 반도체라는 중요한 말의 쓰임새를 점검해보자.

닉슨 독트린과 천안문, 그리고 WTO와 911

1969년 닉슨(Richard Milhous Nixon, 1913~1994)은 꽘 독트린을 발표한다. 베트남전에서 발을 빼고 아시아 전략에서 미국의 개입을 적절한 수준으로 낮춘다는 내용이었다. 이 영향으로 1970년대는 이른바 데탕트(Détente: 긴장완화)의 시대가 열렸다. 이런 가운데, 당시 미국의 대외 정책을 총괄했던 백악관 안보보좌관 헨리 키신저(Henry Kissinger, 1923~)가 1971년 미국 최고위급 인사 중 최초로 베이징을 극비 방문한다. 그는 저우언라이(周恩來, 1898~1976) 공산당 총리를 만나 미-중 양국의 관계 개선을 논의하고, 이듬해 닉슨의 중국 방문을 성사시켰다. 2차 대전 이후 미국과 중국 정상의 공식적인 첫 조우였다.

1979년 제 2차 오일쇼크의 여파로 그해 말 소련의 아프가니스탄 침공이 발생했다. 당시 중국도 소련과 국경 분쟁 중이었고, 사회주의 맹주 자리를 놓고 경쟁적 관계를 형성하고 있었다. 미국 입장에서는 '적의 적'인 중국은 '친구'였다. 미국은 중국의 군현대화를 지원하고, 중국 내에 소련에 대한 첩보 기지를 설치하면서 전략적 협력 관계를 구축한다. 1984년 레이건의 중국 방문과 1985년 중국 국가주석 리센녠(李先念, 1909~1992)의 미국 답방이 차례로 성사되면서, 1980년대 미-중의 관계는 이른바 허니문 시대를 맞이한다.

하지만 1989년 천안문사태가 발생하고, 1991년 소련이 붕괴하면서 미국 입장에서는 중국의 전략적 가치가 크게 하락한다. 자연스럽게 미-중의 전략적 밀월 관계도 막을 내린다. 이후 두 나라 사이의 관계는 미국의 대외정책보다는 국내정치의 이해관계에 따라 악화와 회복이 반복되었다. 하지만 경제 분야에서의 교류와 협력은 비약적으로 발전해나갔다. 2001년 집권한 부시(George W. Bush, 1946~) 행정부의 강경파들은 중국을 전략적 경쟁자로 규정하고 대만 천수이볜(陳水扁, 1951~) 총통의 미국 방문을 허용하는 등 중국과 각을 세웠지만, 2001년 9.11 테러로 미-중 관계는 또 다른 중요한 전환점을 맞는다. 중국이 미국의 대 테러 정책을 전폭 지원하기로 하면서 미국은 중국을 공동번영의 파트너로 재설정한다. 2001년 12월 WTO 가입과 2008년 베이징 올림픽 개최로 중국의 경제는 고속 에스컬레이터에 올라타게 된다. WTO 가입 이전 5년간 중국의 GDP 성장률은 평균 8.3%였으나, WTO 가입 이후에는 10.7%로 더 높아졌다. 미국 내에선 중국 위협론이 재차 부상했으나, 중국의 성장 속도를 제어하는 데는 실패하게 된다.

결국, 2012년 중국의 GDP는 미국의 50%를 넘어서기 시작했다. 테크놀로지 분야에서도 중국의 급부상이 눈에 띄었다. 중국의 슈퍼컴퓨터 톈허2가 미국의 타이탄과 세콰이어를 누르고 세계 최강의 슈퍼컴퓨터라는 타이틀을 차지했다. 경제적으로도 기술적으로도 중국은 이제 미국의 아주 위험한 상대가 된 것이다. 그러나 이 같은 위협적인 중국의 급부상에도 불구하고 미국은 과거 소련과 일본에 행했던 것과 같은 강력한 견제 전략을 구사하지 못하고, 중국의 추격을 눈 뜨고 허용할 수밖에 없었다. 경제적 측면에서 미·중 양국은 상품의 최종 소비자와 최대 생산자라는 관계로 긴밀하게 연결되어 있었고, 동시에 최대 채무자와 최대 채권자라는 구조로 복잡하게 얽혀 있었다. 이 같은 미·중 관계의 복잡성과 상호의존성은 미국의 효과적인 대중전략 수립을 어렵게 만든 원인이 되었다.

네오콘과 금융위기

2009년 터진 미국의 금융위기는 중국에 날개를 달아주었다. 사상 초유의 금융위기로 미국은 2009년부터 2015년 말까지 7년간 0% 대의 초저금리 정책을 시행할 수밖에 없었다. 미국은 중국을 견제하기 보다는 일단 자신들의 경제 체력 회복에 초점을 둘 수밖에 없었다. 되돌아보면, 미국의 금융위기는 이미 2000년대 초반부터 이미 싹트고 있었다. 9.11 테러 이후 미국은 곧바로 아프가니스탄 전쟁을 일으켜 테러의 배후로 지목된 알카에다와 오사마 빈 라덴(Osama bin Laden, 1957~2011) 축출 작전을 개시하고 전쟁 초기 탈레반 정권을 붕괴시켰다.

여기까지는 그런대로 괜찮았다. 명분도 있었고, 나름 성과도 있었다. 그러나 주범인 빈 라덴을 체포하지 못하면서, 상황은 점점 꼬여갔다. 이런 가운데 딕 체니(Richard Bruce Dick Cheney, 1941~)와 도널드 럼스펠드(Donald Henry Rumsfeld, 1932~2021), 콘돌리자 라이스(Condoleezza Rice, 1954~), 존 볼턴(John Bolton, 1948~) 등으로 대표되는 네오콘 강경파들은 미국 내의 애국적 분위기에 편승해 2003년 명분 없는 이라크 전쟁(2003.3~2011.12)까지 일으켰다. 무리한 전쟁으로 미국의 국력은 소진되고 경기는 더욱 악화되면서 미국은 결국 인위적 경기 회복을 위한 초저금리 카드를 꺼낼 수밖에 없었다. 그 결과 부동산 가격이 급등하게 되자, 이를 막기 위해 미국은 2004년부터 금리 정상화를 시작할 수밖에 없었다. 이로 인해 부동산 버블이 터지고 결과적으로 3년 뒤 서브프라임 모기지 사태에 이은 금융위기가 발생했던 것이다. 결국, 네오콘의 명분없는 강경책이 결과적으로 미국 최대의 잠재적 경쟁자인 중국의 성장을 가속화시킨 원인이 된 것이다.

빈 라덴은 2011년 5월 네이비 실(미 해군 특수부대)에 의해 사살되었다. 하지만 미국은 아프가니스탄 전쟁의 늪에서 쉽사리 헤어 나오지 못했다. 테러와의 전쟁으로 명명한 아프가니스탄 전쟁은 공식적으로 2001년 10월 7일에 시작해 2021년 8월 30일에 작전을 종료했다. 19년 10개월하고도 3주가 걸린 기나긴 전쟁이었다. 그렇게 하고도 미국은 결국 탈레반의 재집권을 막지 못한 채 철수를 결정하게 되었다.

시진핑과 트럼프, 비정상적 정상들의 충돌

2012년 11월 시진핑이 후진타오(胡錦濤, 1942~)의 뒤를 이어 중국의 최고 지도자가 되고 2016년 트럼프(Donald Trump, 1946~)가 미국 대통령에 당선되면서 미-중 관계는 또 다른 변곡점을 맞는다. 시진핑

미국과 중국의 관계 변화

연도	미국 대통령	중국 지도자	미국의 대중국 전략	주요 사건
1961	존 F. 케네디	마오쩌둥	반공	1962년 쿠바 미사일 위기 1964년 베트남 전쟁 미국 개입
1964	린든 B. 존슨			
1969	리차드 닉슨		데탕트 (Détente) 관계 개선	1969년 괌 독트린 1972년 닉슨 중국 방문
1975	제럴드 포드			
1977	지미 카터	화궈펑		
1981	로널드 레이건	덩샤오핑	적의 적 = 친구 전략적 협력	1979년 소련, 아프간 침공
1989	조지 H.W. 부시	장쩌민	공공의 적 소멸 전략적 관계 약화	1989년 천안문 사태 1991년 소련 붕괴
1993	빌 클린턴		갈등 확대	1999년 유고 중국 대사관 오폭 사건
2001	조지 W. 부시	후진타오	반테러 협력기	2001년 9.11 테러
			냉각기	네오콘, '중국위협론' 제기
2009	버락 오바마	시진핑	경제 협력 모색	2009년 미국 금융위기 제로금리 시대 ('09~'15)
2017	도널드 트럼프		무역/기술 전쟁	관세전쟁 화웨이 제재
2021	조 바이든		기술/패권 전쟁	코로나, 반도체 전쟁 인플레이션, 금리 인상

자료: 유진투자증권

(習近平, 1953~)은 중국의 전임자들과는 스타일이 확연히 달랐다. 후진타오나 장쩌민(江澤民, 1926~2022)이 덩샤오핑(鄧小平, 1904~1997)이 그토록 강조했던 도광양회(韜光養晦)* 노선을 충실히 따랐다면, 시진핑은 경제력에 대한 자신감을 바탕으로 유소작위(有所作爲)**에 무게 중심을 두고 중국의 힘을 과시하는 정책을 펴나갔다. 시진핑은 중국몽(中國夢)을 감추지 않았다. 일대일로(一帶一路)와 반도체 굴기, 페트로위안과 AIIB(아시아인프라투자은행) 등 패권에 대한 야심과 중화사상을 노골적으로 드러냈다. 그리고 마침내 2018년 국가주석의 임기 철폐 개헌으로 사실상 종신 집권을 선언하더니, 마오쩌둥 이후 자제해왔던 1인 독재와 개인 우상화를 부활시켰다. 나아가 IT와 인공지능 기술을 기반으로 주민 검열과 통제를 강화하면서 중국의 사회적 자유화 수준을 급격히 떨어뜨렸다.

정치 아웃사이더였던 트럼프도 전임 대통령들과 다른 것은 마찬가지다. 그는 스캔들 투성이었고, 예측불허였으며, 무례하기까지 했다. 국경에 장벽을 설치하고 자유무역보다는 보호무역을 선택했고, 우방에 대한 배려와 전략적 외교를 강조하기보다는 근시안적인 미국 우선주의만을 내세워 우방들을 실망시켰다. 심지어 김정은이나 두테르테(Rodrigo Roa Duterte, 1945~), 에르도완(Recep Tayyip Erdogan, 1954~)

---

* 자신을 드러내지 않고 때를 기다리며 실력을 기른다

** 해야 할 일은 적극적으로 나서서 이뤄낸다

같은 독재자들을 은근히 부러워했다. 결정적으로 그는 기존 워싱턴의 정치인들과는 다른 문법의 언어를 사용했으며, 언론과도 대립하는 독특한 스타일이었다. 한 명은 말이 많고, 한 명은 말이 적다는 점만 다르고 트럼프와 시진핑은 꽤나 닮았다. 같은 극끼리는 서로 밀어내기 때문일까. 트럼프와 시진핑, 미국과 중국은 점점 멀어져만 갔다.

코로나 팬데믹과 우크라이나 전쟁

한편, 금융위기 이후 미국은 서서히 체력을 회복해 갔다. 특히, 오바마 집권 후반 셰일 오일의 개발로 미국은 에너지 자립국 반열에 오르게 되었고, 빅테크 기업들의 급성장으로 경제적 자신감이 크게 높아졌다. 미국의 대중 압박의 근원은 결국 경제적 자신감에서 비롯된 것이다. 이런 가운데 터진 코로나 팬데믹은 미중 관계는 물론 세계 경제에 파문을 몰고 왔다. 40년 만에 불어 닥친 인플레이션의 공포는 미국도 무턱대고 중국과의 공급망 단절을 밀어붙일 수만은 없게 만들었다. 실제로 코로나 발발 이후 미국과 중국의 상호 무역 비중은 일시적으로 높아지기도 했다. 그러나 미국과 중국은 근본적으로 서로 다른 곳을 바라보고 있었다. 상황이 어느 정도 안정화 되면서 다시 두 거대 국가의 디커플링이 본격 진행됐다. 이런 와중에 미국은 20년간 끌어온 아프가니스탄 전쟁을 끝내고 관심을 대만 해협으로 집중했다. 미군의 전격적인 아프가니스탄 철수는 미국에게 있어 중동의 석유보다는 대만의 반도체 생산시설이 더 전략적으로 중요한 위치에 올라섰다는 것을 의미하는 중요한 이정표였다.

2022년 러시아의 우크라이나 침공은 불확실성에 불확실성을 더해 버리고 말았다. 바이든 시대의 미중 관계는 그 이전보다도 더 복잡한 양상으로 전개되고 있다. 트럼프와 달리 외교 분야에서 잔뼈가 굵은 바이든은 적어도 양국 관계를 훨씬 안정적으로 관리하리라는 기대가 있었다. 하지만 양국 간 긴장은 전혀 나아지지 않고 있다. 미국은 인공지능, 5G, 반도체 제조 및 기타 신흥 기술 분야에서 중국의 기술 발전 야망에 대해 크게 우려하며, 더욱 강하게 중국의 숨통을 조이고 있다. 한 가지 명확해 보이는 것은 미국의 기본 정책 방향이 미국 내 제조업을 부흥시켜 일자리를 계속 늘리고 서플라이 체인에서 중국을 배제하겠다는 것이다. 그리고 미국 내의 높은 제조 비용으로 인한 원가 및 물가 상승을 막기 위해 미국은 파격적인 IRA(Inflation Reduction Act) 카드를 꺼내 들었다.

스플린터넷

2018년 9월 에릭 슈미트(Eric Emerson Schmidt, 1955~) 전 구글 CEO는 벤처 투자 업체인 빌리지 글로벌 벤처캐피털(VGVC)이 주최한 한 세미나에서 "2028년이면 인터넷이 미국 중심 인터넷과 중국 중심 인터넷으로 쪼개질 것"이라는 전망을 내놨다. 그는 "인터넷이라는 네트워크 시스템 자체가 쪼개지지는 않겠지만 향후 10년 이내에 미국과 중국 각각의 국경으로 양분될 가능성은 크다"고 말했다. 그리고 인터넷이 쪼개진다는 그의 말은 그의 예상보다 더 빨리 현실이 되었다.

　서버 분산과 군사 정보 공유 목적으로 만들어졌던 알파넷(ARPAnet)이 전 세계인들이 참여하는 인터넷으로 자리 잡을 수 있었던 이유는 중앙통제 없이 자발적 참여와 공유의 가치를 존중했던 인터넷 설계자들의 철학 때문이었다. 정보를 얻기만 하고, 얻은 정보를 독점하려 했다면 인터넷이라는 정보의 바다는 형성되지 못했을 것이다. 수많은 사람들의 참여와 공유 덕분에 인터넷이 정보의 보고이자 인공지능의 기반이 될 수 있었다. 인터넷은 참여와 공유의 철학으로 이룩된 인류의 집단지성 네트워크이다. 그렇지만, 이 같은 인터넷의 참여와 공유의 정신이 훼손되고 있다.

　스플린터넷(Splinternet)은 파편이란 뜻의 스플린터(Splinter)와 인터넷의 합성어로 글자 그대로 파편화(Fragmentation)된 인터넷 세상을 의미하는 단어이다. 하나의 거대한 사이버 네트워크로 인식되고 있는 인터넷도 결국 현실 세계에선 지정학적 국경이 존재하는 형태로 변질되고, 국가 단위의 네트워크로 분화되어가고 있는 것이다. 종교 국가는 전 세계로부터 유입되는 모독적 언어와 음란물이 전파되는 것을 원하지 않을 것이다. 아프리카나 저개발 국가의 독재자들은 반대 세력들이 인터넷을 통해 여론의 지지를 얻게 되는 것을 허용하지 않는다. 러시아나 튀르키예, 벨라루스 같은 독재자들의 나라에서도 자유로운 인터넷을 달갑지 않게 생각할 것이다. 중국은 일당 독재를 비판하고, 티벳과 위구르의 독립을 부추기는 뉴스들을 차단하고 있다. 문제는 여기서 그치는 것이 아니라는 것이다. 중국은 거대한 인터넷 댓글 부대를 통해 주변국의 정치에 개입하고, 여론을 조작하는 행위를 서슴지 않고 있다. 우려했던 일들은 이미 곳곳에서 현실로 나타나고 있다.

디지털 실크로드

중국의 디지털 실크로드는 2013년 발표된 일대일로(一帶一路) 정책의 일환으로, 아프리카·아시아·유럽·중동 등 총 38개국에 중국의 통신 장비를 수출해 인터넷 인프라를 구축하는 프로젝트다. 중세의 '실크로드'는 중국의 비단을 로마 제국에 수출하는 교역의 통로로 인류 문명의 발전에 기여했다. 중세시대의 비단이 돈을 벌어다 주는 좋은 수단이었다면, 21세기의 비단은 데이터일지도 모른다. 중국의 '디지털 실크로드'는 중국의 통신 장비와 인터넷 기술을 아시아, 중동, 아프리카, 유럽 지역으로 수출해 육(통신 기지국 장비)-해(해저 케이블)-공(위성시스템)을 아우르는 통신 인프라를 구축하는 것을 목적으로 한다. 이는 전 세계 인구의 63%인 45억 명을 대상으로 하고 있으며, 그 규모가 수백조 원에 이르는 거대한 사업이다.

육상에서의 디지털 실크로드는 매립 광케이블과 무선 기지국을 통해 국가들을 연결하는 것이다. 중국의 3대 국영 통신사인 차이나 텔레콤, 차이나유니콤, 차이나모바일은 중국과 국경이 맞닿아 있는 미얀마, 네팔 등의 나라들을 연결하는 광섬유 인프라를 구축 중이다. 화웨이와 ZTE는 멕시코, 방글라데시를 포함한 38개국에서 무선 통신 인프라 사업을 진행하고 있다. 화웨이의 자회사인 HMN테크놀로지*는 해저에 존재하는 약 400개의 해저 케이블 프로젝트 중 100개 이상에 관여하고 있다.

중국 인터넷 산업의 성공은 후발 개발도상국들에게 적지 않은 영향을 미치고 있다. 점점 더 많은 나라들이 자유롭고 개방된 인터넷의 원칙에 반기를 들고 중국식의 통제된 인터넷을 추구한다. 초고속 5G 네트워크는 세상을 더욱 가깝게 만들어 줄 것으로 기대됐다. 그러나 5G 네트워크 망을 이용한 중국의 검열 시스템과 이에 대한 미국의 견제로 어쩌면 5G가 세상을 통합하기보다는 오히려 갈라놓을지 모른다는 걱정이 커진다. 이는 단순히 중국이나 화웨이가 선이냐 악이냐의 문제를 넘어선 보다 본질적인 것이다. 지금까지 전 세계 모든 나라들의 비즈니스와 투자 결정의 판단 기준이 과거와 달리 정치적 결정에 의해 좌우될 수도 있다는 것을 의미하기 때문이다. 정치적 기준에 따라 상호 배타적인 영역이 형성된다는 것은 아무래도 바람직하지 않다.

---

* 사명을 Huawei Marine Networks(화웨이 해저 케이블)에서 HMN테크놀로지로 변경했다.

50

중국 반도체 굴기
- 풀리지 않는 연립 방정식

중국은 소비 측면에서 세계 최대의 반도체 시장이다. 세계 반도체의 55%가 중국에서 소비된다. 주요 전자기기 생산시설 대부분이 중국에 위치하고 있기 때문이다. 하지만 중국에서 소비되는 반도체의 대부분은 해외 기업들로부터 수입된다. 2022년 중국의 반도체 수입액은 4,172억 달러로 중국 총 수입액의 15.4%를 차지했다. 반도체는 석유(3,606억 달러)와 철광석(1,258억 달러)을 제치고 8년 연속으로 중국 수입 1위 품목을 차지하고 있다.

문화대혁명이 망친 중국의 반도체 1차 굴기

중국의 반도체 산업은 1957년 중국과학원에서 트랜지스터를 생산함으로써 시작되었다. 이어 1965년에는 IC 개발에도 성공하며, 중국 전역에 수백 개의 반도체 공장이 세워졌다. 하지만 1966년부터 1976년까지 중국 전역을 휘몰아친 대약진운동과 문화대혁명으로 인해 과학자 및 전문가들은 미제의 앞잡이라며 자국에서 무시와 탄압을 당했다.

마오쩌둥(毛澤東, 1893~1976)과 공산당은 전문가들 대신 일반 인민 노동자들, 심지어 동네 할머니들이 나서서 반도체를 만들면 된다는 말도 안 되는 선전선동에 나섰다. 공산독재정권을 유지하는 데에 지식인과 전문가는 걸림돌이 된다. 그래서 전문지식이 없는 우호 대중을 선동하는 전략으로 기득권의 반대편에 있는 학생과 젊은이들로 구성된 홍위병에게 완장을 채워줬다. 이들은 교사와 지식인은 물론 심지어 부모까지 부정했고, 문화적 유물, 유적지, 개인 재산을 파괴했다. 학교는 문을 닫았고, 지식인과 전문가는 굴욕을 당하고 박해받았다. 많은 숙련된 전문가와 지식인들이 '재교육', '사상교육'이란 이름으로 강제 노동을 위해 시골로 보내졌다. 이렇게 중국의 암흑기가 시작되었다.

당연히 제대로 될 리가 없었다. 문화대혁명은 중국의 경제를 혼란스럽게 만들었으며 결과적으로 공장과 기업들의 생산 활동이 중단되었다. 국가의 정책은 왜곡되고 농업과 산업 생산량의 감소가 나타나 식량 부족, 인플레이션, 그리고 경제적 불안정으로 이어졌다. 여러 산업들과 마찬가지로 중국의 반도체 산업도 이렇게 첫 단추부터 잘못 끼워졌다. 마오쩌둥 같은 선동가에게는 자신의 권력 유지가 그 무엇보다도 더 중요했다. 문화대혁명은 지식인과 경쟁자를 제거하고 그의 권위를 공고히 하기 위한 공산당 내부의 권력 투쟁이었던 것이다. 문화대혁명은 1976년 마오쩌둥의 죽음과 급진적인 마오 주의자 4인방의 몰락과 함께 끝이 났다. 마오쩌둥에 이어 정권을 잡게 된 덩샤오핑은 중국의 닫힌 문을 활짝 열어젖히는 개혁개방에 나섰다. 반도체 등 주력 산업에서 해외 합작 정책을 펴나갔다. 그 결과 필립스와 NEC 등이 중국에 합작 공장을 설립했다. 하지만 가시적인 성과는 나타나지 못했다. 제품이야 어떻게든 만들어지긴 했지만, 문화대혁명의 후유증으로 자본의 효율성은 심각하게 떨어졌고, 경제성은 확보되지 못했기 때문이다. 마오의 교조주의적 공산주의에 찌들어 있던 기존 관료들은 아직 시장에 걸맞은 마인드가 없었고, 문화대혁명에 의한 전문가 말살 정책 덕택에 첨단 기술을 습득하고 실행할 인재도 턱없이 부족할 수밖에 없었다.

반도체 2차 굴기와 미국의 방해

가시적 변화가 시작된 것은 결국 2000년 이후였다. 2001년 WTO 가입으로 중국 경제는 비약적 성장의 기회를 얻었다. 반도체 분야에서도 변화가 일기 시작해 2000년 SMIC가 설립되었다. 파운드리로 설립된 SMIC는 한때 엘피다와 키몬다의 DRAM까지 위탁생산을 하며 호시탐탐 메모리 사업 진출을 노렸다. 2004년에는 TSMC의 상하이 공장이 들어섰고, 이후 대만 업체들의 대 중국 투자가 크게 늘었다. 2010년대에 들어서면서 화홍 반도체, 칭화유니 등 중국 자국 업체들이 300mm 팹 투자를 확대해 나갔다. 2006년에는 하이닉스가 상하이에서 서쪽으로 128km 떨어진 우시에 기념비적인 DRAM 팹을 건설했다. 당시 애널리스트로서 초대를 받은 필자도 기공식에 참석했었다. 이 허허벌판 같은 곳에 과연 첨단 DRAM 팹이 제대로 자리를 잡게 될지 기대 반 걱정 반으로 행사를 봤던 기억이 난다. 이어 2010년에는 인텔이 청두에 300mm 팹인 Fab 68을 세웠고, 삼성전자도 2012년 산시성의 성도인 시안에 NAND 팹을 건설하면서, 여러 해외 반도체 업체들의 생산시설이 중국 내에 들어섰다.

마오쩌둥 때와 달리 중국은 반도체에 진심으로 전력을 다했다. 적극적으로 해외 기업의 투자를 유치했고, 전문가들도 영입했다. 급기야 중국은 2015년 반도체 굴기를 천명하고 반도체 자급률을 2025년까지 70%까지 끌어올린다는 야심찬 목표를 공표했다. 이와 동시에 마이크론과 웨스턴디지털 등 미국의 핵심 반도체 기업들에 대한 M&A 욕심도 숨기지 않았다. 하지만 2025년까지 2년 밖에 남지 않은 현재에도 중국의 반도체 자급률은 거의 개선되지 못했다. 전체 서플라이 체인에 걸쳐 미국의 꼼꼼하고 타이트한 제재가 이루어지면서, 반도체 자급을 꿈꿔온 계획이 차질을 빚고 있는 것이다.

중국의 반도체 기업들

우리나라 입장에서는 중국의 메모리 업체인 YMTC나 CXMT의 동향에 관심이 많지만 현 시점에서 중국이 두각을 보이고 있는 분야는 오히려 팹리스이다. 중국의 팹리스 기업은 2,800여 개로 한국의 20배가 넘는다. 화웨이의 하이실리콘이나 칭화유니의 유니 SOC, 락칩, 올위너 등이 프로세서 팹리스 기업으로 주목을 받았었지만, 미국의 규제로 중국의 반도체 전략은 일단 첨단 분야에서 레거시 쪽으로 옮겨가고 있다. 중국 최고의 반도체 기업으로 주목받았던 하이실리콘이 미국 제재를 받게 되면서 많은 인력들이 회사를 나와 팹리스 기업을 창업하고 있다.

옴니비전을 인수한 윌세미컨덕터가 이미지센서에서 소니와 삼성전자에 이은 세계 3위 업체로 이름을 올렸다. 갤럭시코어도 5위에 자리하고 있다. MCU에서는 기가디바이스가 대표적이다. 아날로그 분야에는 더 많은 기업들이 있는데, RF/PMIC 분에서는 CR마이크로, 맥스샌드 마이크로, 푸단마이크로, 스타파워 등이 대표적이다. OSAT 분야에서는 JCET(3위), TFME(5위), 화텐테크(7위) 등 여러 곳이 세계 10위권 OSAT 업체에 포함된다. 파운드리에서는 SMIC와 화홍 반도체가 글로벌 랭킹 5위, 7위에 랭크되어 있다. 하지만 미국의 첨단반도체 제조 장비 수출 제한으로 중국 파운드리의 질적 성장은 한계에 직면해있는 상황이다. 상황이 이렇게 변하면서 중국의 반도체 전략에는 변화가 나타났다. 해외 장비를 수입해 생산능력을 빠르게 끌어 올리는 전략에서 시간이 걸리더라도 자체 반도체 장비 기술을 육성하는 쪽으로 바뀐 것이다. 중국의 대표적인 장비 업체 중에서는 나우라 테크놀로지(증착, 식각), AMEC(식각), JSG(잉곳장비), ACM리서치(세정), 킹세미(현상), 그리고 비상장 업체인 SMEE(리소그래피) 등이 눈여겨볼 만한 업체이다.

나우라테크놀로지(북방화차)는 시가총액 기준 세계 반도체 장비 업체중 빅5(ASML, 어플라이드머티리얼즈, 램리서치, 도쿄일렉트론, KLA) 바로 다음인 6위를 기록하고 있다. 반도체용 플라즈마 식각 장비, 싱글 웨이퍼 어닐링 시스템, LPCVD, 28nm 하드마스크 PVD 장비 등을 제조/공급한다. 이외 에도 디스플레이/태양전지 제조 장비와 CIS 패키징 및 TSV 식각 장비, 범핑 공정 파티클 제거 장비인 디스쿰(Descum) 등 다양한 장비 라인업을 갖추고 있다. 그러나 실제로 의미 있는 매출이 일어나는 부분은 LED용 MO-CVD 정도인 것으로 파악된다.

중국에서도 가장 각광을 받는 분야는 단연 AI 및 프로세서 분야이다. 중국에서 이 분야에서는 하이곤 정보기술, 캠브리콘, 룽손 테크놀로지가 잘 알려져있다. 하이곤은 해광(海光)이라는 이름의 x86

계열 CPU 및 GPGPU 및 클라우드 서버를 납품하고 있다. 캠브리콘은 자체 아키텍쳐 기반의 쓰위안이라는 GPU와 AI 가속기 카드를 만든다. GPU 제작 공정은 7나노 기반으로 알려져 있다. 두 회사는 2022년 기준 각각 7.6억 달러, 1.08억 달러의 매출을 기록했다. 룽손 테크놀로지는 CPU 팹리스 업체로 알려져 있다. 이 회사는 MIPS 기반의 프로세서인 갓손(Godson)을 제품화했고, 장기적으로는 중국의 마이크로소프트 의존도를 낮추기 위해 선웨이(Sunway)와 손잡고 데비안(Debian)* 기반의 OS 개발에도 관여하고 있다. 미 상무부는 룽손이 인민해방군을 지원한다고 보고 엔티티 리스트에 이 회사를 포함시켰다. EDA 업체인 임피리언 테크놀로지와 IP 업체인 베리 실리콘도 중국 당국이 심혈을 기울여 육성하고 있는 기업이다.

중국의 반도체 소재 국산화율은 10% 초중반 수준이다. 후공정 소재 국산화율은 30%까지 올라왔지만, 전공정 소재의 국산화율은 아직 한 자리수에 그치고 있다. 반도체 소재를 생산하는 기업은 꽤 많지만 아직 고순도 소재 기술력이 부족해 주로 태양광, 디스플레이 소재 비중이 높은 기업들이 대부분이다. 특히 포토레지스트, 포토마스크 분야의 국산화율은 한자리 수에 그치고 있다. 웨이퍼 업체들은 TCL중환, 내셔널실리콘(NSIG)과 라이온 등이 있는데, 아직은 솔

---

* 커뮤니티인 데비안 프로젝트에서 개발하고 있는 리눅스 배포판으로 1993년 퍼듀대의 학부생이었던 이안 머독에 의해 시작되었다. 국내에서 독자 OS라고 알려졌던 TmaxOS도 사실은 데비안 기반의 OS였다.

라셀 용도의 비중이 높은 것이 현실이다. 하지만 소재의 경우 중국이 상당히 빠른 속도로 기술 격차를 좁힐 것으로 예상된다. 중국 정부의 반도체 육성 의지를 감안할 때 투자자들이라면 중국 반도체 섹터에 대한 관심을 갖는 것은 당연하다. 하지만 향후 성장성을 반영한다 하더라도 중국 반도체 기업들의 시가총액은 펀더멘털 대비 이미 너무 크다. 예상 실적 기준 PER이 100배를 넘는 기업들이 수두룩할 정도로 상대적 밸류에이션이 너무 높은 편이다.

51

각자도생의
세계

쌍순환의 아이러니

중국이 반도체를 자급하게 되는 일이 벌어진다면 전 세계는 일대 혼
란에 빠질 것이다. 왜냐하면 현재 세계 경제는 '자원 공급 국가 →
한국·일본의 중간재 → 중국의 최종재 → 미국의 소비'로 이어지는
GVC(Global Value Chain)라는 큰 틀의 협력적 생태계에서 작동하고
있기 때문이다. 그런데, 중국이 쌍순환을 내세워 중간재인 반도체를
자급하고, 나아가 이를 수출하게 된다면 세계 경제를 지탱해온 협력
시스템은 끊어질 수밖에 없고, 이로부터 시작된 나비효과가 나중에
어떤 후폭풍을 몰고 올지 예측하기 어려워진다.

결국 중국이 반도체 굴기라는 야심을 드러내자 미국이 대응에 나섰다. 화웨이, ZTE 등 중국 통신장비 업체들의 미국 내 비즈니스를 사실상 금지했고, 중국 스마트폰과 드론 업체들에도 제한을 가했다. 여기에 그치지 않았다. 그리고 통신 기기와 통신 장비의 핵심인 반도체에 대한 정밀한 제재가 뒤따랐다. 엔비디아와 AMD의 고성능 칩의 중국내 판매를 제한했으며, 미국 반도체의 최대 파트너인 TSMC에게 화웨이에 대한 서비스를 중단하도록 요구했다. 나아가 반도체 장비 업체들과 EDA 업체들의 중국 사업에도 현미경을 들이대고 위협의 가능성이 있는 부분에 대해서는 여지없이 제재를 가했다. 서플라이 체인 전체에 걸친 미국의 꼼꼼하고 타이트한 제재로 반도체 자급을 꿈꿔온 중국몽은 좌초될 위기에 몰렸다.

중국은 일단 대규모 투자와 한국, 대만, 일본의 산업 비밀과 인력 빼오기 등으로 대응했다. 하지만 미국의 제재 효과를 넘기에는 역부족이었다. 스마트폰 세계 1위 등극을 눈앞에 뒀던 화웨이는 기린칩의 생산이 막히면서 결국 스마트폰 시장에서 변방으로 밀려났고, 수조 원을 투자해 DRAM 생산을 꿈꿨던 푸젠진화는 마이크론의 기술을 불법적으로 탈취하려던 계획이 초반에 발각되면서 제대로 시작도 못해보고 셔터를 내린 상황이다. 반도체 굴기의 상징이었던 칭화유니그룹도 예외가 아니었다. 반도체 굴기 초기 호기롭게 마이크론, 웨스턴디지털, 미디어테크 등에 인수 및 합작 제안을 냈지만 상대방들은 눈도 깜짝하지 않았다.

우한 홍신 반도체는 시작도 못해보고 무너져버렸다. 이 회사는 처음부터 7나노 DRAM이라는 말도 안 되는 드립을 시전하며 호들갑을 떨더니 결국 20조 원 이상의 돈을 퍼붓고도 공장 하나 세우지 못한 채 증발하고 말았다. 중국 당국의 반도체 굴기에 편승해 중국에서 반도체 사업을 하겠다며 등록한 기업들의 숫자는 2020년과 2021년에만도 7만 개*를 넘는 것으로 나타났다. 그런데 그 중에 진짜로 반도체 기술과 인력을 확보한 업체들이 얼마나 될지는 미지수다. 이쯤 되면 이들 뒤에 어떤 세력이 있는 것은 아닌지, 이렇게 사라진 국가예산이 과연 얼마쯤이나 될지 궁금해지지 않을 수 없다.

국유화의 망령, 그리고 부동산 붕괴

이렇게 되자 공산당은 직접 나서 민간 기업들을 국유화하는 작업을 진행 중이다. 하지만 과감한 투자와 신속한 의사결정이 핵심인 반도체 산업에서 국유화가 성공할 가능성은 매우 낮다. 중국의 반도체 기업 국유화 계획은 어쩌면 과거 마오쩌둥이 저질렀던 대약진운동의 재현이 될지도 모른다.

거기에다 중국 부동산의 거품이 꺼지기 시작하고 있어 그동안 중국 경제의 성장 공식이 더 이상 작동하지 않는 것 아니냐는 우려가

---

* '중국 반도체 기업 폐업건수 역대 최고', KITA 통상뉴스, 2022.9.

커지고 있다. 인프라 투자는 중국 경제 발전의 보증수표였다. 하지만 과도한 투자로 이제 추가 인프라 건설 여지도 얼마 남아있지 않은 상황이다. 중국 서남대학의 자료에 따르면 중국 아파트의 1/5인 1.3억 채의 빈집이 있다고 한다. 이는 미국 인구 전체를 수용하고도 남는 규모에 달한다. 헝다에 이어 완다, 그리고 비구이위안까지 중국을 대표하는 부동산 개발 업체들이 디폴트 위기에 몰릴 정도로 상황은 어려워 보인다. 그동안 토지를 팔아 첨단산업에 투자해온 중국 지방 정부들의 계획은 이제 큰 벽에 부딪히고 말았다.

시진핑의 중국은 마오쩌둥의 중국과 오버랩되는 부분이 점점 많아지고 있다. 통제된 독재가 초기 국면에서는 상당한 성과를 내는 경우는 심심치 않게 있었다. 그러나 장기적으로 가면 결국 자유롭고 개방적인 시스템을 결국 넘어서지 못하는 경우를 우리는 여러 차례 목격해왔다.

각자도생의 시대

2022년 3월 미국 바이든 행정부는 한국·대만·일본 등에 '칩4 동맹'을 요청했다. 반도체 빅 플레이어와 핵심 기술을 보유한 국가들끼리의 동맹을 맺어 중국의 반도체 굴기 야심을 완전히 꺾어 놓겠다는 목적이 다분하다. 미국이 독자적으로는 중국 압박에 한계가 있을 수밖에 없다는 판단에 따라 자유주의 체제 국가들과 함께 반도체 시장에서 중국을 완전히 고립시킬 전략을 짜겠다는 것이 칩4 동맹의 핵심이다.

미국은 이와 함께 또 하나의 카드를 꺼냈다. 반도체 제조의 주도권을 아예 본토로 이전하겠다는 계획이다. 이를 위해 미국은 자국 내 반도체 생산 라인을 지으면 25%의 세액을 감면해 주는 칩스법(Chips Act)을 통과시켰다. 이후 미국 마이크론은 최대 1,000억 달러를 투자해 미국 뉴욕 주에 공장을 신설하겠다고 밝혔고, 삼성전자와 SK그룹도 각각 2,000억 달러, 220억 달러 등의 신규 투자 계획을 발표했다.

유럽 주요국도 마찬가지다. 반도체 독자 생산을 위한 대규모 투자 계획을 잇달아 발표했다. 결국 각자도생의 시대로 접어들고 있다. 이렇게 되면 그동안 세계 경제와 기술 시스템을 유지해왔던 글로벌밸류체인의 근간이 흔들리게 될 것이다. 문제는 우리나라가 세계 자유무역 시스템의 최대 수혜를 본 국가였다는 점이다. 따라서, 국제 분업화의 핵심인 GVC(글로벌밸류체인)가 더 이상 예전처럼 작동하지 않을 경우 한국 경제는 상당한 리스크에 직면하게 될 가능성이 커진다. 반도체 패권전쟁은 세계화의 균열과 맞물려 더 치열해지고 있다. 또 다른 50년 전쟁이 시작됐다.

5부

인공지능 오디세이

━━━━━━━━━━━━━━━━━ 기술과 인간의 독창성이 융합되는
영역에서 반도체의 이야기는 혁신과 진보의 매혹적인 스토리로 전
개된다. 그리고 이 같은 진보의 터널을 통과할 때, 우리는 인간의 지
능과 인공적인 창조물이 융합되는 AI의 세계를 마주하게 된다.

실리콘 웨이퍼에 생명의 회로가 그려지고, 트랜지스터가 서로 연
결되기 훨씬 전부터 인공지능의 씨앗은 인류의 상상의 텃밭에 뿌려
졌다. 고대 그리스 신화에서부터 우리는 신의 손에 의해 창조된 인
공지능과 인공생명체의 흐릿한 그림자를 발견하게 된다. 이 같은 놀
라운 상상력은 가짜임에도 환상과 마법에 둘러싸여 마치 현실처럼
보이는 놀라운 오토마타 인형과 기계 투르크인을 낳았다.

계속된 기술의 진보는 마침내 에이다 러브레이스와 앨런 튜링이
상상했던 진짜 인공지능의 개발로 연결된다. 딥블루와 왓슨, 알파고
를 통해 우리는 인지능력이 있는 컴퓨터의 초기 모습을 만나게 된
다. 심층 인공신경망과 GPU, 그리고 라벨링된 빅데이터의 지원으로
컴퓨터와 반도체의 이야기는 새로운 막을 열게 된다. 그리고 새로운

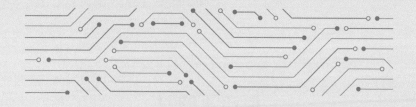

무대 위에 올라서는 새로운 주인공들과 새로운 반도체의 이야기를
접하게 될 것이다. 인간의 상상력과 반도체 기술의 융합은 인공지능
과 인간지능 사이의 경계를 점점 모호하게 만들며 우리에게 기술을
넘어선 철학적인 고민을 던진다.

52

탈로스에서
미케니컬 투르크까지

그리스 신화의 인공지능 로봇, 탈로스

탈로스(Talos)는 대장장이의 신인 헤파이스토스(Hephaistos)가 만든 키 30m의 거대한 청동 재질의 휴머노이드였다. 제우스와 헤라의 아들인 헤파이스토스는 기술·대장장이·장인·공예·조작·금속·야금·불의 신이었다. 지금으로 치면 헤파이스토스는 엔지니어였다. 탈로스의 역할은 크레타 섬 해안가를 감시하고 방어하는 것이었다. 탈로스는 자신의 눈으로 사물을 분간하고 만일 외부의 적이 침입하게 되면 스스로의 판단에 따라 상대에게 바위를 던지거나 자신의 청동 본체를 달구어 침입자들을 물리쳤다.

1963년에 개봉한 판타지 영화 〈제이슨과 아르고너트〉에 등장하는 탈로스

자료: Time

그리스 신화에 나오는 탈로스에 관한 일련의 묘사를 현대의 관점에서 본다면 탈로스는 인공지능 로봇의 조건을 충족한다. 탈로스는 머리에서 발끝까지 연결된 하나의 관을 가지고 있었는데, 이는 오늘날 인공지능을 가능케 하는 하나의 신경망과 비슷하다. 무시무시한 거대한 인공지능 로봇의 약점도 바로 하나로 연결된 관, 즉 신경망이었다. 마법사의 여신 메데이아가 탈로스가 잠든 사이 발뒤꿈치에 고정된 못을 뽑아내자 탈로스의 기능은 정지하고 말았기 때문이다. 2500년 전 고대 그리스 로마 시대에 이미 인공지능에 의해 작동하는 로봇을 상상하고 있었다고 생각하니 그리스 로마의 수많은 천재들과 그들의 상상력에 경의를 표하지 않을 수 없다.

진짜 같은 가짜, 미캐니컬 투르크

1769년에 볼프강 폰 켐펠렌(Wolfgang von Kempelen, 1734~1804)은 마리아 테레사(Maria Theresa, 1717~1780) 황후의 비엔나 궁정에서 공연 예정인 마술 쇼에 초대되었다. 켐펠렌은 당시 고급 공무원으로 7개 국어를 구사할 수 있었고 철학과 물리학, 수학 실력이 뛰어난 인물이었다. 테레사 황후는 그를 불러 마술 공연에 대한 그의 평가와 더 좋은 공연이 가능할지에 대한 의견을 듣고 싶었던 것이다. 마술 공연이 끝난 후에 그는 황후에게 "이 마술쇼를 분석해보니, 제가 이보다 더 뛰어난 쇼를 만들 수 있을 것 같습니다."라고 자신 있게 이야기한다.

그리고 1년 뒤인 1770년 켐펠렌은 직접 만든 이상한 모양의 오토마톤(자동기계) 장치를 가지고 돌아와 모두를 깜짝 놀라게 하는 색다른 공연을 선보였다. 18세기 중후반은 자동화 기계가 크게 유행하던 때였다. 자크 드 보캉송(Jacques de Vaucanson, 1709~1782)*, 피에르 자케드로(Pierre Jaquet-Droz, 1721~1790)**, 앙리 마일라데(Henri

---

* 프랑스 발명가이자 예술가로 혁신적인 자동 기계 인형을 만들었다. 만든 인형으로 '플루트 연주자', '북을 치는 소년', '똥 싸는 오리' 등이 있다. 보캉송 이전에도 자동 기계 인형은 있었지만, 그의 인형만큼 생명체의 구조와 원리를 적용한 것은 없었다. 보캉송이 만든 가장 유명한 오토마타인 '똥 싸는 오리'는 음식을 먹기도 하고 그것을 소화해 배설까지 하는 기계였다.

** 스위스의 시계 장인으로, 시계와 정교한 자동 인형을 만들어 판매했다. 피아노 치는 인형, 그림 그리는 인형, 글씨 쓰는 인형 등을 만들어 유럽·중국·일본의 왕들을 매료시켰다. 현재 스와치 그룹의 '자케 드로'라는 하이엔드 브랜드로 그의 이름이 남아 있다.

Maillardet, 1745~1830)*와 같은 당대의 유명 발명가나 장인들은 악기를 연주하거나 글을 쓰고 그림을 그리는 독창적인 기계로 사람들을 매료시키고 있었다.

하지만 켐펠렌이 만든 자동기계는 이 예측 가능한 기기들을 능가하거나 적어도 그렇게 보이게끔 할 수 있는 레벨이었다. 그가 만든 기계 투르크인(Mechanical Turk)은 커다란 캐비닛과 그 위에 놓여 있는 체스판, 그리고 오스만투르크 풍의 복장을 한 나무 인형이 뒤에 앉아 있는 모습을 하고 있었다. 켐펠렌은 관객들에게 내부의 장치를 보여주기 위해 캐비닛의 문을 열어 그 안에 아무 것도 없다는 것을 확인시키고 공연을 시작했다. 그리고는 문을 닫고 캐비닛을 열쇠로 잠갔다. 오늘날 마술사들이 신체 절단 마술을 할 때처럼 말이다. 그리고 청중들 중 체스에 자신이 있는 사람 한 명을 불러내 이 인형과 마주 앉아 체스를 두게 했다. 그러면 기계 투르크인은 체스판을 보며 스스로 말을 옮기며 체스 게임을 진행한다. 그리고 대부분의 체스 게임에서 기계 투르크인은 승리를 거둔다. 스스로 생각하며 인간과 게임을 해나가는 자동 기계의 신기한 모습에 관중들은 경악했다. 일부는 뭔가 속임수가 있을 것이라 생각했지만 다수의 사람들은 기계로 만들어진 투르크인 모양의 인형이 지능을 갖고 체스를 두는 것이라고 믿었다.

---

* 스위스의 시계 장인으로, 자케 드로의 제자였다. 글씨 쓰는 인형을 만들어 명성을 얻었다.

▲ 피에르 자케 드로의 그림 그리는 인형　　▲ 볼프강 켐펠렌의 체스 두는 기계 투르크인

자료: Jaquet-droz.com 갤러리, 브리태니커 백과사전

체스 두는 기계에 관한 이야기는 입소문을 타고 퍼져나가 곳곳에서 공연이 이루어졌다. 인간의 지능과 겨룰 수 있는 생각하는 기계는 사람들을 매료시키기에 충분했다. 전국적 유명세를 탄 체스 오토마톤은 1780년대 초부터 1800년 초까지 유럽과 미국 등을 순회하며 여러 유명 인사와 게임을 했다. 그 중에는 나폴레옹(Napoleon Bonapart, 1769~1821)과 벤자민 프랭클린(Benjamin Franklin, 1706~1790) 같은 인물도 포함되어 있었다.

물론, 사실은 체스 플레이어가 캐비닛 안에 잘 숨어 있다가 캐비닛의 문이 닫히면 자리를 잡고 앉아 소형 체스 보드로 게임 상황을

　　　　　　　　　　　　　　　　　　　　　반도체 오디세이

쫓아가며 레버와 도르래로 인형의 움직임을 제어했던 것이다. 체스를 두는 기계 투르크인은 결과적으로 다른 마술들과 마찬가지로 눈속임을 하는 쇼였다. 하지만 이는 기계와 지능의 본질에 대한 사람들의 호기심을 절묘히 자극했다. 그리고 언젠가는 스스로 체스를 두는 기계가 만들어질지도 모른다는 기대와 우려를 서구 사회에 던졌다. 이후 인공지능의 가능성에 대한 여러 연구들이 구체화되어 나타났다. 한 가지 재미있는 사실은 딥러닝 기술을 끌어올리는 데에 결정적인 기여를 한 이미지넷(ImageNet) 프로젝트에서도 미케니컬 투르크의 이름을 딴 아마존의 'M-Turk'라는 크라우드 소싱* 서비스가 활용됐다는 것이다.

---

* 대중(crowd)과 아웃소싱(outsourcing)의 합성어로, 기업 활동을 대중에 개방하여 대중의 참여를 제품 개발과정에서 활용하는 방법.

53

딥블루에서
알파고까지

현대적 미캐니컬 투르크, IBM 딥블루

1963년 불의 도시인 아제르바이잔 바쿠에서 태어난 개리 카스파로프(Garry Kasparov, 1963~)는 1985년부터 2000년까지 무려 16년간 체스 세계 챔피언의 자리를 지킨 전무후무한 체스계의 전설이다. 한편, IBM은 체스를 둘 수 있는 인공지능을 만들기로 하고 카스파로프에게 도전장을 내민다. 우선 기본 테스트를 위해 1989년 '깊은 생각(Deep Thought)'이라는 컴퓨터로 시험 도전에 나섰다. 하지만 결과는 4전 전패였다. 당시 '깊은 생각'의 체스 기력은 Elo 레이팅으로 2,500점으로 2,851점의 카스파로프에게는 애초부터 상대가 되지 않았다.

1996년 IBM은 딥블루로 재도전에 나섰다. 딥블루는 IBM의 메인 프레임으로 체스에 특화된 프로그램과 체스 전용칩 16개로 이루어진 일종의 슈퍼컴퓨터였다. 결과는 6경기 중 1승에 그쳤다. 그러나, 첫 승점을 따냈다는 사실에 IBM은 자신감을 갖고 1년 뒤 재도전에 나섰다. 체스 전용칩을 480개로 대폭 늘리고 알고리즘을 더욱 개선해 결과적으로 6경기에서 2승 3무 1패로 우세를 기록하게 된다. 켐펠렌이 만든 눈속임하는 마술 기계가 200여 년 만에 IBM에 의해 눈속임이 아닌 실제로 만들어진 것이다.

자연어를 이해하기 시작한 IBM 왓슨

2011년 2월 14일 미국의 유명 퀴즈쇼 제퍼디(Jeopardy!)에서 이색 경기가 펼쳐졌다. 제퍼디에서 74연승이라는 불멸의 기록을 새운 켄 제닝스(Ken Jennings, 1974~)와 510만 달러라는 역대 최다 상금 기록을 갖고 있는 브래드 러터(Brad Rutter, 1978~), 그리고 사람의 말을 알아듣고 퀴즈를 풀 수 있는 IBM의 왓슨(Watson)이라는 컴퓨터의 퀴즈 대결이 성사된 것이다. 제퍼디는 사회자가 문제를 모두 소리 내어 읽은 다음에야 버저를 누를 수 있는데, 왓슨은 문제의 키워드 조각을 분석해 자체 스토리지에서 정답을 탐색해 버저를 누르게 되어 있었다. 참고로 왓슨의 스토리지는 인터넷에 연결되어 있지 않은 상태였다. 이때 버저를 누르는 인간과 기계의 속도 차이까지 고려해 왓슨에는 시간 지연이라는 페널티까지 부과되었다.

3일간 진행된 퀴즈 대결에서 왓슨은 3일 내내 우위를 이어갔다. 그리고 마침내 제퍼디의 그랜드 챔피언 두 명을 누르고 우승 상금 100만 달러를 차지하게 된다. 마지막 문제에서 켄 제닝스는 답 대신 "우리의 컴퓨터 절대군주를 환영한다(I, for one, welcome our new computer overlords)."는 역사적인 코멘트를 남겼다. 왓슨의 개발은 6년 전인 2005년부터 시작되었다. 인간의 언어를 실시간으로 분석해야 하는 작업은 체스를 두는 것보다 훨씬 어려운 작업이었다. 하지만 마침내 인간의 말을 알아듣는 영화 속 인공지능이 TV쇼를 통해 전파되었다. 왓슨이 이룬 성과는 AI 시스템이 텍스트 문서, 기사, 책, 심지어 온라인 소스와 같은 방대한 양의 비정형 데이터를 처리하고 이해할 수 있다는 것을 입증한 것이다. 이로 인해 의료·금융·조사 및 고객 서비스와 같은 분야에서 인공지능의 사용 가능성이 현실로 다가오게 되었다.

알파고

바둑은 컴퓨터가 인간을 이기기 어려운 대표적인 게임이었다. 바둑의 경우의 수는 361 팩토리얼(!)인데, 이는 자릿수가 무려 769자리에 달한다. 이는 관측 가능한 우주에 존재하는 원자의 총 수(10^{79}~10^{81}개)의 100억 배에 해당할 정도의 큰 수다. 이 때문에 기존 컴퓨터의 계산 방법으로 바둑을 풀기란 거의 불가능할 것으로 여겨졌다.

2016년 3월 9일 서울 포시즌스 호텔에서 알파고와 이세돌(1983~)의 바둑 챌린지가 개최됐다. 당시 이 이벤트를 위해 에릭 슈미트 회장과 세르게이 브린까지 방한했을 정도니, 구글이 이 대결이 갖는 역사적 의미를 얼마나 중요하게 생각하는지 알 수 있는 대목이다. 결과는 이미 알려져 있듯 5번기의 대국에서 4승을 기록한 알파고의 승리로 막을 내렸다. 이세돌 9단은 경기 후 "오늘의 패배는 이세돌의 패배이지, 인류의 패배는 아니다."라는 멋진 멘트를 남겼다. 인공지능도 결국 인간이 창조해낸 것이기 때문에 어찌 보면 이는 인류의 또 다른 승리였던 것이다. 알파고의 등장은 바둑과 같은 복잡한 그리고 창의성까지 필요한 분야에서도 인공지능이 인간 이상의 능력을 발휘할 수 있다는 가능성을 열었다는 의미를 갖는다.

알파고는 게임을 분석하고 잠재적인 움직임을 평가하기 위한 심층 신경망, 특히 컨볼루션 신경망(CNN)을 적용한 기계 학습 모델이다. 하지만 이를 위해서는 고성능의 가속기 칩으로 구성된 하드웨어가 뒷받침되어야 한다. 머신 러닝 알고리즘에 몬테카를로 트리 탐색(MCTS)이 접목되어 트리 탐색과 무작위 시뮬레이션을 결합해 의사결정 능력을 강화시켰다. 알파고는 처음에는 기존 기보로 이루어진 대규모 데이터베이스를 통해 학습을 했지만 나중에는 셀프 플레이를 통한 강화 학습으로 플레이를 최적화하는 방법을 스스로 배워나갔다. 이러한 반복적인 과정으로 알파고는 인간을 월등히 넘어서는 의사결정 능력을 갖추게 되었다.

54

머신러닝,
그리고 딥러닝

과거의 인공지능 개념과 요즘 주목 받고 있는 머신러닝(기계학습)의 주요 차이점은 무엇일까? 규칙 기반 시스템 또는 전문가 시스템과 같은 과거 버전의 AI에서는 지능이 인간에 의해 프로그래밍되었다. 결정을 내리거나 문제를 해결하기 위해 인간이 구축해 놓은 규칙이나 논리적 진술을 따르도록 설계된다. 이러한 방식은 이해하기 쉽고 특히 특정 영역에서는 상당히 효과적이기도 하다. 하지만 유연성과 적응성이 부족하다는 단점이 있었다. 새로운 응용처에 대해서는 다시 처음부터 모든 것이 새롭게 디자인되어야만 했다. 따라서 설계 및 유지 관리를 위해 많은 인력이 필요할 수밖에 없는 비효율적인 시스템이었다.

머신러닝이 아닌 대표적인 AI모델은 게임 이론에서 주로 사용되는 미니맥스(Minimax)이다. 미니맥스는 의사결정 알고리즘(Decision-making Algorithm)으로 주로 체스 또는 틱택톡 등의 2인용 게임에서 유용하게 쓰인다. 이는 모든 가능한 움직임과 결과의 트리를 생성하고, 플레이어에게 유리한 정도에 따라 점수를 할당한 뒤 끝에서부터 앞으로 거꾸로 가면서 정해진 규칙과 논리적 진술에 맞춰 최적의 동작을 선택하도록 설계된 방식이다. 반면에 머신러닝은 데이터를 학습하고 시간이 지남에 따라 더욱 향상될 수 있다는 점에서 차이가 있다. 머신러닝 모델은 미리 프로그래밍되지 않고 데이터의 패턴과 관계를 학습한 결과에 기반해 예측 및 결정을 내린다. 이를 통해 사람의 개입 없이 변화하는 조건에 적응하고 새로운 데이터를 통해 학습을 이어나갈 수 있으며, 이전에는 불가능했던 매우 크고 복잡한 데이터 세트를 처리할 수 있다. 데이터가 폭발적으로 증가함에 따라 머신러닝은 점점 더 강력하고 중요한 도구가 되었다. 이때 이와 같은 거대한 연산량을 지원하기 위해서는 고성능의 프로세서가 필요한데, 결국 반도체 기술이 머신러닝을 가능하게끔 하는 핵심인 것이다.

머신러닝과 딥러닝은 혼용되어 쓰이는 경우가 많다. 하지만 엄밀히 말하면 머신러닝은 더 넓은 의미로, 딥러닝에만 국한되지 않는다. 딥러닝이 아닌 머신러닝 방법에는 선형회귀, 로지스틱회귀, 의사결정

트리, SVM*, KNN**, 나이브 베이즈*** 등이 있다. 이들은 딥러닝 모델보다 간단하지만 나름대로 효과적으로 사용될 수 있다. 딥러닝은 복잡한 패턴과 데이터의 관계를 학습하기 위해 많은 레이어가 있는 신경망을 사용하는 머신러닝의 하위 집합이다. 머신러닝과 딥러닝의 가장 큰 차별적 특징은 바로 훈련에 필요한 데이터의 양이라고 할 수 있다. 딥러닝 모델은 일반 기계학습보다 훨씬 더 큰 데이터 세트가 요구된다.

신경망은 사건이 일어났을 때 그에 대한 반응으로 행동을 하는데 만약 그 행동이 안 좋은 결과로 이어지면, 그 행동을 일으킨 모든 신경세포를 비활성화시키고, 반대로 그 행동이 좋은 결과로 이어졌을 경우 그 행동을 일으킨 모든 신경세포를 더 활성화시키는 방식이다. 강아지를 훈련시킬 때 명령을 잘 따라했을 경우 보상을 해주면 이를 학습하게 되는 것과 같은 방식이다. 인공신경망을 구현하기 위해서는 모델의 부피를 키워 많은 데이터를 학습시키는 것이 모델의 정확도를 높이는 비결이다. 합성곱신경망(CNN)과 순환신경망(RNN)

---

* Support Vector Machine: 두 클래스 사이의 최적 경계인 하이퍼플레인을 찾는 분류 및 회귀 분석 방법

** K-Nearest Neighbors: 교육 세트에서 가장 가까운 데이터 포인트를 기준으로 새 데이터 포인트를 분류하는 분류 및 회귀 분석을 위한 비모수 방법

*** Naïve Bayes: 데이터 포인트의 특징 확률을 기반으로 특정 클래스에 속하는 새로운 데이터 포인트의 확률을 예측하는 확률론적 방법

반도체 오디세이

이 대표적이며, 트랜스포머와 GAN(생성적 대립 신경망)*이 새롭게 부각
되고 있다.

CNN은 주로 이미지와 비디오 처리에 사용되는 신경망이며, RNN
은 순차 데이터 처리에 주로 사용되어 시간에 따른 정보를 전달하고
기억하는 방식이다. 트랜스포머(Transformers)는 문장 속 단어의 관계
를 추적해 맥락과 의미를 학습하는 신경망으로 서로 떨어져 있는 데
이터 요소들의 의미가 관계에 따라 미묘하게 달라지는 부분까지 감
지해 낸다. 챗GPT가 대표적이다. GAN은 2014년 구글의 이안 굿펠
로우(Ian Goodfellow, 1987~)가 발표한 논문에 처음 소개되었다. GAN
은 생성모델과 판별모델이라는 서로 다른 2개의 네트워크로 이루어
져 있으며 이 두 네트워크를 적대적으로 학습시키며 목적을 달성해
나가는 방식이다. 이를 이용하면 사람이 보기에 진짜와 구분하기 힘
들 정도로 정교한 가짜 이미지를 만들어 낼 수 있어 이미지 편집 소
프트웨어 등에 활용된다.

---

* Generative Adversarial Network. 실제와 가까운 이미지, 동영상, 음성 등을 자동으로 만
  들어내는 머신러닝 방식의 하나다.

AI 무대의
새로운 주인공들

가녀린 여인의 거대한 도전

CNN, RNN과 같은 인공신경망 모델은 이미 1980년대부터 연구되어 왔다. 하지만 당시 반도체의 성능으로는 인공신경망을 실제로 하드웨어로 구현하는 것은 불가능에 가까웠다. 때문에 컴퓨터 분야에서도 인공신경망 연구는 메인스트림으로 자리를 잡지 못하고 있었다. 하지만 2000년대 들어 반도체의 성능이 높아지며 인공신경망 분야에서도 터닝포인트가 찾아왔다. 2006년 당시 프린스턴대의 조교수였던 페이페이 리(Fei-Fei Li, 1976~)가 이미지넷 프로젝트를 시작한 것이다. 이는 컴퓨터 비전 기술을 끌어올리기 위해 대규모로 라벨링된 데이터 세트를 만들고 비상업적 용도에 한해 이를 무료로 제공하는 것을 목표로 설계되었다. 대부분의 AI 연구가 모델링과 알고리즘에 초점을 맞추고 있었지만, 리 교수는 AI 알고리즘을 훈련하는 데 사용할 수 있는 라지 스케일 데이터에 방점을 찍고 있었다.

호랑이와 고양이를 구별하는 것은 사람에게는 너무나 간단한 일이다. 하지만 모라벡이 예견했던 대로* 이는 당시 최고 성능의 컴퓨터에게도 상당히 벅찬 일이었다. 아이들은 보는 법이나 알게 되는 법을 별도로 배우지는 않지만, 눈을 통해 학습되고 축적된 방대한 데이터가 자연스럽게 인지 작용으로 이어진다. 그렇다면 이와 비슷한 방식으로 대량의 데이터를 이용해 컴퓨터에게 보는 법과 인지하는 법을 가르칠 수 있지 않을까라는 질문에서 이미지넷 프로젝트가 시작되었다. 리 교수는 먼저 워드넷의 창시자인 프린스턴대의 펠바움 (Christiane Fellbaum, 1950~) 교수를 만나 구축할 이미지 데이터베이스의 구조에 대해 논의하고 구상에 들어갔다. 리 교수 연구팀은 아마존의 크라우드 소싱 사이트인 M-TURK(Amazon Mechanical Turk)**를 통해 대규모의 '크라우드 워커'를 고용하고, 이들을 통해 5천만 장의

---

* 1970년대 미국의 로봇 공학자인 한스 모라벡(Hans Moravec)이 "어려운 일은 쉽고, 쉬운 일은 어렵다(Hard problems are easy and easy problems are hard)."라는 역설적 표현을 사용했다. 이를 모라벡의 역설(Moravec's Paradox)이라 한다.

** 아마존의 미케니컬 투르크(Mechanical Turk)는 인간의 지능을 필요로 하는 일들(HIT: Human Intelligence Tasks)에 대해 AI 서비스를 제공한다. 예를 들어 강아지가 있는 사진 분류를 요청하면, 고용된 크라우드 워커들이 컴퓨터 앞에 앉아 강아지가 있는 사진을 분류해내는 작업을 하는 식이다. 이 모든 과정이 시스템화되어 있어서, 수요자와 공급자 간 자연스러운 협업을 가능케 한다.

이미지 데이터를 8만 개의 신셋(Synset)이라는 동의어 카테고리로 라벨링해 나갔다.

지금은 이 같은 빅데이터가 인공지능 개발에 얼마나 중요한지 잘 알려져 있다. 하지만 2007년의 분위기는 그렇지 않았다. 동료 교수들은 쓸데없는 일 하지 말고, 웬만하면 다른 연구를 해보라고 조언했다. 무엇보다 연구 자금이 턱없이 부족했다. 하지만 리 교수는 다양한 객체를 구분해주는 포괄적인 데이터 세트가 갖는 내재적 의미와 그 폭발력을 정확히 인식하고 있었다. 이렇게 포기하지 않고 작업을 계속 이어나간 끝에 마침내 2009년 2만여 개의 카테고리로 분류된 1,400만 장이 넘는 거대한 이미지 DB를 구축할 수 있었다. 그리고 이를 통해 제프리 힌튼, 앤드류 응 등이 GPU를 AI 학습에 활용할 수 있는 있는 돌파구가 열린 것이다.

페이페이 리가 원했던 것은 컴퓨터 비전 기술의 혁신적인 도약이었다. 비전 기술이 발전하지 못한다면 보안 카메라도, 엑스레이의 자동 판독도, 자율주행도 모두 불가능한 일이 된다. 영어에서 'See'는 '보다'라는 뜻이다. 하지만 동시에 '알다'라는 뜻도 갖고 있다. 즉, 보는 것은 아는 것과 같은 것이다. 기존의 카메라는 사진을 찍을 수는 있지만, 사진을 볼 수는 없었다. 컴퓨터에게 그림을 볼 수 있는 능력을 만들어 준 페이페이 리의 도전은 인공지능 시대를 여는 거대한 첫걸음이었다.

AI 빅 5

2009년 스탠포드로 이직한 페이페이 리는 컴퓨터 비전 기술의 발전을 위해 2010년부터 이미지넷의 데이터를 인식해 분류하는 이미지넷 챌린지(ILSVRC)*를 개최했다. 그리고 2012년 대회에서 토론토 대학의 제프리 힌튼(Geoffrey Everest Hinton, 1947~) 교수와 그의 제자인 일리야 수츠케버, 알렉스 크리체프스키 팀이 압도적인 실력차를 보이며 우승을 차지한다. 이들은 심층신경망(CNN)인 알렉스넷(AlexNet)이라는 AI모델로 경쟁에 참여했는데, 오답률 15.3%로 2위 그룹보다 무려 10.8% 포인트나 낮은 수치를 기록했다. 알렉스넷은 8개의 레이어로 구성되어 있는 모델로 상당한 계산량이 필요했는데, 병렬로 연결된 엔비디아의 지포스 GTX 580 GPU를 사용해 요구 연산량을 달성할 수 있었다.

GPU를 머신러닝에 적용한 것이 이들이 처음은 아니었다. 그러나 인상적인 모델 설계로 압도적인 성과를 내자 학계에서는 큰 화제가 되었다. 2012년 이미지넷 챌린지에서 제프리 힌튼 교수 팀이 이룩한 성과는 딥러닝 분야의 새로운 분기점이 되었다. 이때부터 GPU를 활용한 딥러닝이 인공지능 방법론의 새로운 대세로 굳어진 것이다.

제프리 힌튼은 AI에 대한 연구 공로로 얀 르쿤(Yann LeCun, 1960~),

---

* 공식 명칭은 ILSVRC(ImageNet Large Scale Visual Recognition Challenge)이다.

요슈아 벤지오(Yoshua Bengio, 1964~)와 함께 공동으로 2018년 튜링상을 수상했다. 얀 르쿤은 현재 메타의 AI 사업을 총괄하고 있고, 요슈아 벤지오는 이재용 삼성 회장의 AI 분야 카운셀러 역할을 하고 있다고 한다. 이들 세 명에 더해 구글 스콜라 기준 논문 인용 수가 20만 회가 넘는 현 스탠포드 대 앤드류 응(Andrew Ng, 嗚恩達, 1976~) 교수와 페이페이 리까지 총 5명이 현대 인공지능의 발전을 이끌고 있는 5인방으로 손꼽힌다.

AI 기업을 점령한 80년대생 천재들

현재 AI 산업에서는 이들 5인방으로부터 사사한 1980년대생 천재들이 탁월한 성과를 보이고 있다. 대표적인 인물들은 오픈AI의 설립자인 샘 알트만(Sam Altman, 1985~), 일리야 슈츠케버(Ilya Sutskever, 1986~), 안드레 카파시(Andrej Karpathy, 1986~), 이안 굿펠로우(Ian Goodfellow, 1987~), 그리고 팀닛 게브루(Timnit Gebru, 1983~) 등이다.

현재 오픈AI의 CTO를 맡고 있는 슈츠케버는 제프리 힌튼과 요슈아 벤지오, 그리고 앤드류 응 교수의 지도를 받았다. 슬로바키아 출신의 안드레 카파시는 오픈AI의 설립 멤버로 한 때 짐 켈러의 후임으로 테슬라의 자율주행 총괄을 맡았으며, 현재는 다시 오픈AI에 합류해 있다. 그도 힌튼과 페이페이 리의 지도를 받았다. GAN(Generative Adversarial Network: 생성적 대립 신경망)의 발명자로 유명한 이안 굿펠로우는 요슈아 벤지오와 앤드류 응 교수의 제자였다. 그는 구글 브레인, 애플, 딥마인드를 거쳐 현재 오픈AI에서 연구를 이어가고 있다.

에티오피아 태생 에리트리아(Eritrea) 국적의 팀닛 게브루는 스탠포드에서 페이페이 리로부터 지도를 받았다. 그녀는 AI분야에서 일하는 흑인 연구자들의 커뮤니티인 'Black in AI'를 공동 설립한 인물로 명성을 얻은 바 있다. 그녀는 구글에서 인공지능 윤리 부문 팀의 공동 리더를 맡고 있었다. 그러나 스탠포드 박사 과정 당시 작성했던 AI의 미래에 관한 우려 섞인 시선이 담긴 미발간 논문과 관련해 구글 경영진과 충돌을 벌인 끝에 구글을 퇴사했다. 이 사건은 당시 AI 업계에서는 상당한 이슈가 됐었는데, 그녀의 사수였던 새미 벤지오(Sammy Bengio, 1965~, 요슈아의 동생)도 이에 항의해 결국 구글을 떠나 애플로 자리를 옮기는 계기가 되었다.

AI 대부의 걱정

2023년 5월 힌튼 교수도 구글을 떠났다. 10년 전 힌튼이 창업한 DNN리서치가 구글에 인수되면서 그는 구글의 일원이 되어 이후 10년 동안 구글의 AI 개발 작업에 조언을 담당해왔다. 구글을 떠나기로 한 가장 큰 이유에 대해 그는 "AI의 위험성 때문이다. 구글의 일원으로서는 이 문제를 자유롭게 얘기하기 힘들다. 그렇기 때문에

현재 세계 AI 산업을 주도하는 핵심 인물들과 관계도

자료: 브로드컴, 유진투자증권

회사를 떠나기로 했다"고 밝혔다. 그는 "AI가 사람보다 더 똑똑해지기까지는 아직 상당한 시간이 필요할 것이라고 생각했었다. 하지만 GPT-4를 접하고는 이젠 그렇게 생각하지 않게 됐다"고 덧붙였다.

힌튼은 GPT-4같은 뛰어난 기술이 사람을 죽이거나, 허위정보를 조작하는 등의 나쁜 행동에 동원될 가능성이 낮지 않다는 점을 우려했다. 그는 "무엇보다 독재자들이 이런 도구를 사용하게 된다면 이를 활용해 정보를 조작하고 유권자들을 조종하려고 할 것"이라며 우려를 표명했다. MIT 테크놀로지 리뷰와의 인터뷰에서 그

는 인공지능의 위험으로 '퓨 샷 러닝(Few-shot learning)**', '작화증
(confabulations)****', '하위목표(subgoal) 설정******' 등의 문제를 제기했다.

---

* 학습된 대형 언어 모델은 몇 가지 사례만으로도 새로운 것을 굉장히 빨리 배울 수 있고,
  학습한 것들을 조합해 전혀 배운 적 없는 주장을 내세우게 된다는 개념.

** 공상을 실제 일처럼 말하면서 자신은 그것이 허위라는 것을 인식하지 못하는 증상. 인간
   에게 작화증은 자주 나타나는 현상으로 AI가 이미 인간처럼 사고하고 있다는 증거로 해석
   가능하다.

*** 여러 발생 상황이나 변수를 고려해 AI가 하위 목표를 자체적으로 설정하는 행위. 이게 가
    능해지면 SF물에서 봤던 것과 같이 AI가 인간의 통제 영역 바깥으로 나갈 수 있다.

인공지능을 담는 그릇, AI 반도체

CPU vs. GPU

중앙 처리 장치(CPU)의 역사는 컴퓨터가 크고, 비싸고, 진공 튜브와 다른 초기 전자 부품을 사용하여 작동되었던 컴퓨팅 초기로 거슬러 올라갈 수 있다. 최초의 전자식 컴퓨터는 1937년부터 1942년까지 존 아타나소프(John Vincent Atanasoff, 1903~1995)와 클리포드 베리(Clifford Berry, 1918~1963)에 의해 만들어졌다. 이 기계는 계산을 수행하기 위해 '릴레이'라고 불리는 이진 산술 및 전자 스위치를 사용했다. 이후 1947년 트랜지스터에 이어 1950년대 집적회로가 개발되면서 컴퓨팅 기술은 빠르게 발전했다. 1954년 생산되기 시작한 IBM 650은 누적 2,000대가 판매된 최초의 대량 생산 모델이었지만, 아직 진공관과 자기드럼을 사용하고 있어 분명한 한계가 있었다. 그러나 1970년대 초 생산되기 시작한 마이크로프로세서는 컴퓨터의 대중화를 가속화하는 데 결정적 기여를 한다.

CPU는 광범위한 작업을 순차적으로 처리하도록 설계되었다. 물론 최근의 CPU는 파이프라이닝을 통한 병렬 처리가 가능하지만 일반적으로는 한 번에 하나의 명령어를 실행할 수 있는 몇 개의 프로세싱 코어(2~16개)로 구성된다. 또한 여러 가지 산술 및 논리 연산을 수행할 수 있는 복잡한 구조의 ALU(Arithmetic Logic Unit)를 가지고 있다. CPU는 여러 종류의 명령어를 처리해야 하기 때문에 자주 사용하는 데이터와 명령어를 저장하는 캐시 메모리가 클수록 성능이 우수하다.

반면 GPU는 렌더링, 이미지 및 비디오 처리와 같은 그래픽 관련 작업과 병렬 계산을 처리하도록 설계된 프로세서다. CPU에 비해 훨씬 적은 수의 명령어만을 처리할 수 있다. 하지만 그렇기 때문에 명령어의 길이를 같게 만들어 명령어 실행을 동기화해 반복적인 작업을 하는 병렬 프로세싱에 유리하다. 다수의 반복적 명령어를 병렬로 실행할 수 있는 수천 개의 프로세싱 코어로 구성되어 있고, 간단한 산술 및 논리 연산을 빠르게 수행할 수 있는 단순한 구조의 ALU를 다수 가지고 있다. 취급하는 명령어가 많지 않기 때문에 캐시 메모리를 키우기보다는 대역폭을 높여 반복 작업을 빠르게 처리하는 데 집중한다.

AI 칩 개발 동향

AI 역량이 국가와 기업의 생존을 좌우하는 시대를 우리는 살고 있다. AI는 경제와 국가 안보, 미래 기술의 핵심으로, 반도체는 AI의 성능 향상을 견인하는 전략 자산으로 부각되고 있다. 오늘날 AI 시스템은 수많은 데이터를 학습하고 이를 통해 추론한 결과를 도출하는 머신러닝으로 이루어져 있다. 따라서 대량의 학습 데이터를 빠르게 받아들이고 이를 기반으로 추론하기 위해서는 고속의 병렬 연산을 저전력으로 수행할 수 있는 반도체가 핵심이 된다. 2012년 이미지넷 챌린지에서 우승한 알렉스넷은 GPU를 활용한 훈련을 통해 이미지 인식 분야에서 압도적인 성능을 증명했다. 이를 계기로 GPU는 대표적인 AI용 가속기 칩으로 확실히 자리를 잡게 되었다. GPU 이외에 FPGA도 AI 가속기로 주목받고 있다. FPGA는 특정 작업을 수행하도록 하드웨어적으로 프로그래밍이 가능해 전력대비 효율이 매우 뛰어나다는 것이 최대의 장점이다. AI 가속기는 행렬 곱셈이나 추론 연산과 같은 특정 연산에 집중하여 AI 작업량을 가속화하도록 설계된 특수 칩이다.

GPU, FPGA 이외에 TPU, NPU, DPU, HPU, IPU 등 여러 가지 ASIC칩과 뉴로모픽 칩도 AI 성능을 끌어올릴 수 있는 가속기 칩으로 사용된다. TPU(Tensor Processing Unit)는 구글이 개발한 AI 가속기로 딥러닝 작업은 물론 사전 훈련된 모델의 추론에서 상당히 효율적이다. NPU(Neural Processing Unit)는 주로 스마트폰이나 에지 컴퓨팅에 사용되는 신경망 기반의 가속기 프로세서로 ASIC의 한 형태라 할 수 있다. 대표적인 NPU로는 애플의 뉴럴엔진(Neural Engine), 화웨이의 기린 NPU, 퀄컴의 헥사곤 DSP, 미디어텍의 APU 등이 있다. DPU(Data Processing Unit)는 네트워킹과 시큐리티, 스토리지와 관련된 연산을 가속시키는 프로세서로 엔비디아의 블루필드(BlueField)가 대표적이다. HPU(Holographic Processing Unit)는 마이크로소프트의 홀로렌즈(HoloLens)에 사용되는 칩으로 무브먼트 트래킹, 주변 매핑 등 복잡한 계산에 특화되어 있다. IPU(Intelligence Processing Unit)는 AI 스타트업인 그래프코어의 가속칩으로 특히 병렬 프로세싱과 신경망의 효율적인 처리가 가능한 칩으로 알려져 있다.

시장조사업체 가트너는 AI 반도체 시장은 2023년 343억 달러 규모로 예상되며 2026년에는 861억 달러까지 성장하고, 2030년에는 전체 시스템 IC 시장에서 31.3%를 점유하게 될 것으로 전망했다. 하지만 2023년 6월 AMD의 신제품 발표회에서 CEO인 리사 수는 데이터센터용 AI 가속기 시장은 올해 300억 달러에서 향후 CAGR(연평균복합성장률) 50% 이상을 기록해 2027년 1,500억 달러 이상이 될 것이라는 훨씬 더 공격적인 전망을 내놓았다. 누가 맞을지는 그 때 가봐야 알게될 것이다. 하지만, 중요한 것은 AI 가속기 시장은 반도체의 다양한 카테고리 중에서 가장 높은 성장률을 기록할 것이라는 점이다.

인공지능의 대명사, GPU

GPU는 그래픽 카드의 프로세서로 개발된 칩으로 과거에는 그래픽 가속기, 그래픽 칩, 3D 가속기, 비디오 가속기, 그래픽 프로세서 등 여러 가지의 이름으로 불렸다. 초기에는 비디오 램의 데이터를 베이스로 화면을 출력하고 렌더링해주는 정도의 기능을 담당했으나, 1994년 12월 소니의 플레이스테이션이 출시된 이후 PC에서도 3D 그래픽 처리를 위한 부동 소수점 연산 기능이 상당히 중요해졌다.

1999년 엔비디아는 3D 지오메트리 연산과 조명 연산을 그래픽 프로세서에서 하드웨어적으로 처리하는 지포스 256을 GPU라는 이름으로 발표해 그래픽 카드 시장에서 돌풍을 일으켰다. 이후 GPU라는 말이 업계의 표준어로 자리 잡게 되었다. 엔비디아, AMD 이외에 GPU를 만드는 업체들로는 퀄컴, 애플, 인텔, S3 Graphics, 챙랩스(Tseng Labs)와 영국의 ARM, 이미지네이션 테크놀로지, 대만의 VIA 등이 있다. 하지만 요즘 주로 얘기되고 있는 AI 용도의 GPU는 사실상 엔비디아와 AMD 두 업체로 한정해서 볼 수 있다.

2007년에 도입된 엔비디아의 CUDA(Compute Unified Device Architecture) 플랫폼을 통해 개발자들은 과학 및 계산 작업에 GPU의 병렬 처리 능력을 쉽게 활용할 수 있게 됐다. 이를 통해 GPU가 FP32(단정밀도의 부동 소수점 실수) 연산과 매트릭스 연산에서 CPU를 압도하는 성능을 보인다는 사실이 확인되었다. 이를 계기로 GPU가

3D 그래픽 처리를 넘어 AI 워크로드 등 심층 신경망 훈련에서 주류 칩으로 부상하기 시작했다.

CUDA는 엔비디아의 GPU에 맞게 설계되어 엔비디아의 하드웨어가 필수적으로 필요하다. 이를 통해 엔비디아는 자신들의 생태계를 강화해나갔다. 마치 애플이 아이폰과 iOS로 하드웨어와 소프트웨어를 통합해가며 폐쇄적이지만 강력한 생태계를 구축한 것처럼 말이다. 엔비디아의 경쟁사인 AMD는 후에 CUDA에 대응되는 ROCM(Radeon Open Compute platforM)을 들고 나왔다. 하지만 후발 주자라는 점에서 ROCM은 더 다양한 GPU와 CPU에서 사용할 수 있도록 테크 기업들의 컨소시엄인 크로노스 그룹에 의해 개방형으로 설계되었다.

토론토 대학의 제프리 힌튼 교수와 그의 제자들인 일리야 수츠케버, 알렉스 크리체프스키 팀이 이미지넷 챌린지에서 압도적 성과를 낸 이후 주요 테크 기업, 학술기관 및 연구소가 모두 훈련 및 추론을 위해 GPU를 본격적으로 사용하기 시작했고, GPU는 머신러닝의 대세 프로세서로 입지를 굳혔다. 물론 GPU를 AI 칩으로 사용하기 위해서는 AI 워크로드의 특정 요구 사항에 맞게 최적화하기 위한 업그레이드가 필요하다. 무엇보다 메모리 대역폭을 높여야 한다. AI 애플리케이션은 메모리와 처리 장치 간에 많은 양의 데이터를 전송해야 하기 때문에 데이터 전송 병목 현상을 줄이는 것이 무엇보다 중요하다. 결국 AI의 발전은 HBM과 같은 고속 메모리의 발전으로 이어질 수밖에 없다.

효율적인 인공지능의 촉매, FPGA

FPGA(Field Programmable Gate Array)는 프로그래밍이 가능한 집적회로 반도체로 모든 신호가 하드웨어 레벨에서 처리된다. VHDL과 Verilog라는 하드웨어 기술 언어(HDL: Hardware Description Language)를 통해 프로그램이 업로드되어 하드웨어 내부의 논리 연산과 배선이 재조정되는 방식이다. 어플리케이션의 용도에 맞게 프로세스 및 내부 연산처리 로직을 직접 설계하고 처음 구동 시에 그 로직을 로딩하여 사용한다. 따라서 물리적인 교체 없이 CPU 또는 연산장치의 수정이 가능하다는 유연성이 최대의 장점이다.

1970년대에 GAL(Generic Array Logic) 또는 PAL(Programmable Array Logic)이라는 여러 개의 로직 소자를 엮어 입출력 구성을 바꿀 수 있는 소자가 있었다. 다만, 유용한 정도의 프로그래밍이 가능한 수준은 아니었고 소자수도 수십 개 정도에 불과했다. 이후 PAL을 더 많이 사용해서 기능을 높인 PLD(Programmable Logic Device)가 탄생했고, 이 PLD의 규모가 더 커진 CPLD(Complex PLD)와 FPGA로 발전되었다. 기존 PLD, CPLD는 ROM처럼 퓨즈 방식으로 되어 있어 제조사가 아니면 프로그램 수정이 불가능했지만, FPGA는 메모리를 통한 소자 수정이 가능해져 필드에서도 프로그래밍이 가능하게 되었다.

FPGA 시장에서는 자일링스가 1위, 알테라가 2위였고, 이 둘의 합산 점유율은 90%에 달했다. 이 중 알테라를 인텔이 2015년에 167억 달러로 인수했고, 2022년 자일링스도 AMD에 490억 달러에 팔렸다. 이 둘 외에는 마이크로세미(Microsemi), 래티스(Lattice Semiconductor)등이 소량으로 FPGA를 제작하고 있다. 하지만 사실상 FPGA 시장도 인텔과 AMD의 양강 대결 구도로 전개되고 있다.

FPGA는 ASIC 칩, DSP 설계용 테스트 칩 또는 MCU 용도로 과거에는 주로 우주선·인공위성·미사일 등 방위산업 분야 및 반도체 자동화 장비 등에 사용되었다. 그러나 최근 AI 및 암호화폐 채굴 등 막대한 연산력을 필요로 하는 분야에서 가속기칩으로서 그 용도가 입증되며 데이터센터 또는 엣지 디바이스의 가속기로서 각광을 받고 있다. 실제로 마이크로소프트와 아마존은 데이터 센터 서버에 FPGA를 도입해 성능 및 전력 소모를 개선했다. FPGA를 사용하면 하드웨어 레벨에서 애플리케이션의 병렬 처리를 최적화할 수 있기 때문에 GPGPU보다 성능 및 전력 소모 등에서 우위를 보인다. 그러나 GPGPU가 소프트웨어로 컨트롤되는 반면 FPGA는 하드웨어를 컨트롤해야 한다는 점에서 프로그래밍 난이도가 훨씬 높다. VHDL 등 하드웨어 기술 언어로 코딩을 한다고는 하지만 제대로 된 설계를 하려면 하드웨어의 특성을 모두 꿰고 있어야 한다. 따라서 FPGA를 다룰 수 있는 엔지니어나 프로그래머의 수는 GPU에 비해 훨씬 적을 수밖에 없다.

HBM-PIM

AI 성능향상을 위해서는 고성능의 가속기의 역할이 매우 중요하다. 하지만 그렇다고 모든 문제가 해결되는 것은 아니다. 폰 노이만이 80년 전 예견했던 프로세서와 메모리 간 병목현상을 해결하지 못한다면, 데이터센터에 더 많은 AI 가속기를 투입한다 하더라도 성능 향상에는 한계가 있을 수밖에 없다. 인공지능은 대규모의 데이터를 분석하는 것에서 출발한다. 따라서 프로세서와 메모리 사이의 데이터 교환도 엄청나게 증가하게 되고, 그만큼 병목 이슈가 전체 컴퓨팅 성능을 저하시키는 요인이 될 수 있다. 따라서 메모리의 성능을 더 끌어올리고, 동시에 프로세서로 보내는 데이터양을 줄이기 위한 두 가지 방향으로 메모리 기술이 개발되고 있다. 이러한 AI에 최적화된 메모리로 HBM-PIM, CXL-PNM, SmartSSD 기술이 주로 거론된다.

HBM-PIM은 고대역폭메모리(HBM)와 프로세싱-인-메모리(PIM)를 결합한 반도체다. 내부에서 연산 기능을 일부 직접 처리할 수 있어 프로세서로 보내는 쓸데없는 데이터의 양을 줄이고 동시에 대역폭은 크게 늘려 메모리 병목을 해결한다는 솔루션이다. 특히, 메모리와 프로세서가 데이터를 읽고 저장하는 데에 많은 에너지가 소모되기 때문에 PIM은 에너지 소모도 크게 절감할 수 있다는 장점이 있다.

HBM(High Bandwidth Memory)은 기본적으로 DRAM의 3D 입체 구조를 갖고 내부에 1,024개의 TSV(Through Silicon Via: 실리콘관통전극)를 만들어 버스 폭을 대폭 늘리는 방식이다. 클럭 스피드 자체는 GDDR6보다 낮지만, 버스 폭이 32배 늘어나 GPU와 메모리 사이의 대역폭이 크게 증가한다. 이슈는 이 관통전극이 어느 정도까지 늘어날 수 있느냐인데, 이에 대해서는 학계와 산업계가 다소 다른 시각을 갖고 있다. 필자가 만나본 학계의 주요 인사는 TSV를 더 많이 뚫는 기술을 통해 메모리-드리븐 AI칩이 가능해질 것으로 보는 반면, 산업계에서는 기술적으로 여러 한계가 있어 버스 폭을 무작정 늘리기는 어렵다고 보고 있다. 실제 HBM1 이후 HBM2, HBM2E, HBM3까지 모두 1,024개의 TSV를 사용하고 있다.

HMC

HBM이전에 프로세서 바로 위에 메모리 큐브를 적층하고 이를 원칩으로 구현하는 마이크론의 HMC(Hybrid Memory Cube)가 발표된 적이 있었다. HBM이 GPU의 사이드 쪽에 배치되어 패키징되지만, HMC는 프로세서 위쪽에 배치되어 더 많은 I/O를 구성하는 것이 가능해진다. 하지만 프로세서 내부까지 TSV를 형성해야 하기 때문에 기술적으로 그만큼 더 어려워진다. 또한 HBM에 비해 HMC는 전력소모가 많고 방열 문제를 해결하기 쉽지 않다는 치명적 약점을 갖고 있다.

특히, 설계 단계에서 프로세서 업체와 메모리 업체가 내부 구조에 대해 면밀히 협력해야 한다. 반면, HBM은 프로세서는 생각하지 않고 DRAM 다이를 그저 인터포저 위에 올리기만 하면 되기 때문에 구현이 훨씬 용이했다. GPU와 메모리를 연결하는 것은 TSMC가 도맡아 하고 있는 상황이다. GPU 설계 업체들도 자신들의 제품 개발에만 집중하면 됐기 때문에 거부감이 없다. 무엇보다 전체 기술 플로우에 대해 GPU 설계 업체가 주도권을 쥐고 각 협력 업체들을 컨트롤 할 수 있게 된다. 이런 이슈들로 인해 현재 고대역폭 메모리 경쟁에서 HMC는 구석으로 밀려나 있는 상태이다. 당분간은 HBM이 고대역 메모리의 주도권을 계속 리드해갈 것으로 예상된다.

현재 삼성전자와 SK하이닉스가 HBM을 대량 생산하고 있으며, 엔비디아와 AMD의 GPU에 실제로 채택되고 있다. 시장조사기관들은 HBM 시장의 규모가 향후 10년 간 CAGR 기준 최소 20~30%의 고성장을 누릴 것으로 전망하고 있다.

CXL-PNM

CXL-PNM은 컴퓨팅 익스프레스 링크(CXL)와 프로세싱-니어-메모리(PNM)를 결합한 반도체다. CXL(Compute eXpress Link)은 컴퓨팅 시스템에서 사용되는 차세대 인터페이스로 기존의 여러 인터페이스를 하나로 통합해 각 장치를 직접 연결하고, 메모리를 공유하는 기술로 용량 확장성과 효율적 데이터 처리 능력, 그리고 지연 최소화를 갖추고 있어 차세대 메모리 솔루션으로 주목받고 있다.

PNM(Processing Near Memory)도 PIM처럼 메모리에 데이터 연산기능을 추가해 CPU와 메모리 간 데이터 이동을 줄여주는 기술이다. 그러나 PNM은 메모리 칩 내부에 연산기능이 포함된 것이 아니라 메모리 제작 이후 패키징 공정에서 별도의 로직을 포함시킨 것이다. DRAM 다이 내부에 로직을 추가한다면 칩사이즈가 커져 원가가 올라가게 된다. 또한 각 어플리케이션마다 연산의 형태가 달라지는 것도 문제가 된다. 그러나 별도의 로직 칩을 각각의 응용에 맞추어 DRAM 모듈 PCB에 추가한다면 이러한 부담을 줄일 수 있다. 기존 DIMM에서도 신뢰성 강화를 위한 ECC 회로나 제어를 위한 별도의 로직 칩이 탑재된 제품이 있다.

SmartSSD는 AI 시스템에 활용되는 스토리지 솔루션이다. SmartSSD 내부에서 데이터 연산처리를 일부 진행한 후 중간 결과물을 CPU에 전달하기 때문에 데이터 전송 과정에서 지연 시간을 대폭 줄이고, 방대한 양의 데이터도 동시에 처리할 수 있다는 개념이다.

뉴로모픽 AI 칩, 마음을 모방하다

뉴로모픽 컴퓨팅(Neuromorphic Computing)은 뉴런의 형태를 모방한 회로를 만들어 인간의 뇌 기능을 모사하려는 개념의 컴퓨팅이다. 인간의 뇌를 모델로 하여 회로 보드를 구성하고 각각의 칩은 뉴런과 유사한 처리 방식과 연결 구조를 가진다. 인공 신경망이 인간의 신경계를 소프트웨어적으로 모사한 것이라면, 뉴로모픽 칩은 이를 하드웨어적으로 모사한 것이다. 따라서 이론적으로는 CPU와 GPU를 이용해 연산을 하는 것보다 전력, 면적, 속도 측면에서 압도적인 성능 향상을 기대할 수 있다. 뉴로모픽 칩들은 일반적으로 개개의 뉴런이 독립적으로 구현되고, 더 높은 데이터 로컬리티와 이에 기반한 학습 알고리즘을 갖는다. 기존의 컴퓨터와 비교해 전력 소모가 대폭 줄어든다는 점이 바로 뉴로모픽이 미래의 AI 반도체가 될 것이라는 주장의 근거다.

기존 컴퓨터는 CPU와 메모리 간 데이터를 처리하는 과정에서 많은 전기를 소모하는데, PIM과 마찬가지로 뉴로모픽 칩의 주요 장점으로도 에너지 효율을 높일 수 있다는 점이 꼽힌다. 뉴로모픽 AI 칩은 계산 영역(뉴런)과 저장 영역(시냅스)이 별도로 구분되어 있지 않고

구분	기업	GPU	FPGA	ASIC	뉴로모픽
반도체	인텔	Arc	Agilex	Nervana NNP	Loihi
	AMD	MI 300X	Alveo		
	엔비디아	A100, H100		Xavier	
	브레인칩				Akida
	ARM	Mali		Cortex	
	퀄컴			Snapdragonn	Zeroth
	삼성전자			Exynos	
클라우드	구글			TPU	
	아마존			Inferentia	
	마이크로소프트		Catapult	HPU	
	IBM			Power	TrueNorth
디바이스	애플			Ax Bionic	
	테슬라			D1	
	화웨이			Kirin	
스타트업	세레브라스(Cerebras)			WSE	
	그로크(Groq)			TSP	
	라이트매터(Lightmatter)			X1	
	그래프코어(Graphcore)			IPU	
	삼바노바(SambaNova)			DPU	
	텐스토렌트(Tenstorrent)			Grayskull	
	퓨리오사			Warboy	
	리벨리온			Atom	
	사페온			Sapeon X330	

유기적으로 연합되어 인지·추론·저장을 한 번에 할 수 있다. 따라서 전력 소모를 크게 줄일 수 있다. 특히, 일을 하지 않는 시냅스는 끊어져 에너지를 절약할 수 있게 된다. 이에 따라 뉴로모픽 AI 칩은 로봇, 자율주행, IOT 센서, 패턴인식 등 실시간 응답이 필요한 애플리케이션에 적합하다. 하지만 아직은 확장성, 프로그래밍 모델 및 기존 소프트웨어 프레임워크와의 호환성 측면에서 극복해야할 과제들을 많이 남겨 놓고 있다.

뉴로모픽 AI 칩의 예로는 IBM의 트루노스(TrueNorth), 인텔의 로이히(Loihi), 퀄컴의 제로스(Zeroth), 호주 브레인칩의 아키다(Akida)가 대표적이다. 2015년 출시된 트루노스 칩은 백만 개의 인공 뉴런과 약 2억 5,600만 개의 시냅스로 구성되었으며, 2017년 인텔이 출시한 로이히 칩은 13만 개 이상의 뉴런과 1.3억 개의 시냅스로 연결되어 있었다. 참고로 인간의 뇌는 1,000억 개의 뉴런과 100조 개 이상의 시냅스로 연결되어 있다. 아직은 갈 길이 멀어 보인다.

6부

4차원 미로 속의
반도체 산업

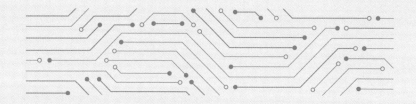

———————————— 창의성과 혁신성, 그리고 복잡성과
정밀성으로 이루어진 반도체 산업 탐구의 마지막 여정에 다다랐다.
이번 장에서는 표면 아래 숨어 있는 반도체의 특징과 한국 반도체
산업과 관련된 불편한 진실들을 마주할 시간이다.

반도체 산업은 세계를 변화시킨 수많은 혁신에 불을 지폈다. 하지
만 기본적으로 반도체는 전자부품의 한 부분일 뿐이다. 겉으로 보
이는 반도체 산업은 자동차나 에너지 등의 산업에 비해 시장 규모
가 현저하게 작다. 그런데 이 사실을 의외로 잘 모르는 사람들이 많
다. 한국이 반도체 강국이라는 사실은 자타가 공인하는 사실이다.
하지만 글로벌 반도체 산업을 조망하는 관점에서 한국 반도체 산업
을 바라보면 여기저기 구멍 난 곳이 한두 군데가 아니다. 한국 반도
체 산업의 경쟁력은 알려진 것보다 훨씬 더 취약하다. 한국의 반도
체 산업은 어쩌면 모래 위에 지어진 성일지도 모른다.

반도체 산업은 밀물과 썰물처럼 주기적인 리듬을 타고 움직인다.
이 리듬을 잘 파악하면 반도체 기업의 실적과 주가 예측에 상당한

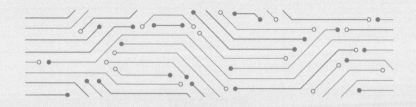

도움이 될 것이다. 하지만 현실에서 반도체 기업의 실적과 주가를 예측하는 것은 4차원의 미로와 같은 수수께끼를 푸는 듯 어렵기만 하다. 통상적인 산업 사이클뿐만 아니라 지정학적 역학구도에서부터 시장의 심리, 그리고 파생상품과 컴퓨터에 의해 생성되는 변수들까지 모두 제각기 다른 비트에 맞춰 춤을 추고 있기 때문이다. 더군다나 하드웨어와 소프트웨어의 경계가 모호해지면서 반도체 기업들이 풀어야 할 퍼즐은 더욱 복잡해지고 있다. 보다 입체적인 시각에서 산업 변화를 이해하고 기업이 가야 할 로드맵을 그릴 수 있는 종합적인 안목을 갖추는 것이 점점 더 중요해지고 있다.

반도체의
불편한 진실

반도체 시장 규모는 생각만큼 크지 않다

반도체는 21세기 가장 중요한 전략자원이다. 하지만 규모라는 측면에서 보면 반도체는 생각만큼 그렇게 큰 산업은 아니다. WSTS(세계반도체무역협회)가 발표한 2022년 반도체 시장의 규모는 5,735억 달러였다. 한편, IMF의 연례 경제전망 자료에 의하면 2022년 세계경제규모(GWP: Gross World Product)는 100.2조 달러 수준이었다. 세계경제규모와 비교한 반도체 시장의 규모는 0.57% 수준이라는 얘기다. 물론 매출과 GWP는 근본적으로 다른 기준이지만 산업별 상대적인 규모를 비교할 수 있는 참고 지표는 될 수 있다. 1980년 GWP 대비 반도체의 매출 비율은 약 0.1%였고, 2000년에는 0.6%로 6배나 높아

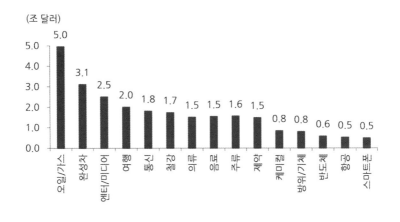

(조 달러)

자료: 유진투자증권

졌다. 세계 경제 성장에 비해 반도체의 성장성이 훨씬 높았다는 것이다. 그러나 2000년 기록했던 0.6%의 비율이 아직까지 깨지지 않고 있다.

흥미로운 것은 2022년 석유/가스 산업은 매출 규모가 약 5조 달러, 완성차 산업은 3조 달러를 넘었다는 것이다. 이런 산업들과 비교하면 반도체 산업의 규모는 확실히 작아 보인다. 심지어 음료 산업이나 의류 산업, 여행 산업과 비교해봐도 반도체 산업의 시장 규모는 더 작은 편이다. 일반인들이 1년 동안 전자제품의 반도체 부품을 구매하는 데 과연 얼마나 소비하는지 생각해보자. 컴퓨터나 핸드폰의 반도체 원가를 고려하면서, 그 비용을 음료나 옷, 여행 등에 쓰는 비용과 비교해 보면 반도체 산업의 상대적 크기를 짐작할 수 있을 것이다.

하지만 한국으로 시선을 돌리면 얘기가 달라진다. IMF의 2022년 한국 GDP는 1.67조 달러였다. 반면, 지난해 한국의 반도체 수출액은 1,292억 달러를 기록했다. 반도체 수출이 한국 GDP에서 차지하는 비율은 무려 7.7%에 달하는 것이다. 세계 평균과 비교할 때 한국 경제에서 반도체가 갖는 중요도가 어느 정도인지 잘 이해할 수 있을 것이다. 객관적으로 반도체 산업의 시장 규모 자체는 그다지 크지 않을 수 있다. 하지만 한편으로 한국 경제에서 이 산업이 차지하는 중요성을 고려할 때, 반도체 산업은 아무리 강조해도 지나치지 않다고 할 수 있다.

한국 반도체 산업의 불편한 진실

미국 반도체협회 SIA의 데이터에 따르면, 한국은 2022년 반도체 시장에서 19%의 점유율로 49%를 차지하고 있는 미국에 이어 2위를 차지하고 있다. 그러나 이런 통계자료에는 사각이 존재한다. TSMC나 ASE와 같은 기업들의 매출은 이 자료에 반영되지 않는다. 대부분의 반도체 통계는 주로 최종 제품을 중심으로 데이터를 집계하기 때문이다. TSMC는 제품을 직접 생산하지 않고, 엔비디아나 퀄컴,

브로드컴과 같은 기업들을 대신하여 생산하는 서비스를 제공하는 기업이고, ASE도 비슷한 방식으로 고객사 제품의 후공정 서비스를 담당한다. 이러한 세부 내용 및 데이터 수집 방식을 이해하지 못한 채 겉으로 보이는 자료만으로 상황을 판단한다면, 반도체 산업의 실제 모습을 정확히 파악하기 어려울 것이다. 따라서 각 국가의 반도체 서플라이 체인 전체 매출이나 주식시장에서의 시가총액과 같은 다양한 기준에 의한 입체적인 분석이 필요하다.

최종 제품 기준으로 한국은 세계 2위의 반도체 국가이다. 그러나 상장사 매출을 기준으로 본다면, 한국 반도체의 점유율은 13%로 미국(38%)은 물론 대만(20%)에도 크게 뒤처진다. 특히 주식시장에서 반도체 시가총액은 미국(53%), 대만(13%), 중국(11%), 유럽(9%), 한국(9%), 일본(5%) 순으로 순위가 밀린다. 우리나라는 반도체 강국이지만 서플라이 체인의 전체를 고려해보면, 대만과 비교할 때 열세를 보이고 있다. 시가총액 기준으로는 중국과 유럽에도 밀리는 상황이다. 아쉽지만 한국 반도체는 겉으로 알려진 것만큼 그렇게 강하지 않은 것이다. 그렇다면 이 같은 인식 차의 원인은 무엇일까?

한국 반도체 산업은 주로 IDM(종합반도체업체) 모델을 채택하고 있다. 한편, 대만은 팹리스 기업과 파운드리, OSAT 등의 협력적 구조로 이루어져 있다. 한국은 대규모 반도체 업체를 중심으로 구성되어 있지만, 대만은 이처럼 분업화된 협력적 생태계를 갖는다. TSMC와

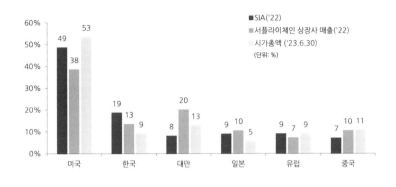

ASE는 전공정과 후공정 분야에서 세계 최대 기업이지만, 자신들의 제품을 만드는 것이 아니라 고객사를 위한 서비스만을 제공한다. 이러한 '팹리스-파운드리-OSAT' 구조는 현대 반도체 산업에서 점점 더 역할이 커지고 있다. 반면 IDM 모델이 반도체 산업 전체에서 차지하는 비중은 계속해서 줄어들고 있다. 이러한 변화를 고려해, 한국 반도체 산업의 장기 전략도 팹리스-파운드리 생태계를 강화하는 방향으로 설계될 필요가 있는 것이다.

58

DRAM 사이클의
역사 및 특징

반도체 산업, 특히 DRAM 산업의 가장 큰 특징 중 하나는 바로 시크리컬(cyclical)한 특성을 갖는다는 것이다. DRAM은 반도체 중에서도 유독 고정비 투자 부담이 크다. 또한 제조 리드타임은 상당히 길다. 이로 인해 DRAM 생산라인은 원칙적으로는 1년 365일, 24시간, 100% 풀가동을 기본으로 한다. 물론 아주 드물게 예외가 있긴 하지만 말이다.

이 같이 고정비가 높고 제조시간이 오래 걸린다는 특성 때문에 DRAM은 수요-공급의 불균형이 쉽게 해소되지 않는다. 예를 들어 수요에 비해 공급이 많다고 해도 웬만해선 가동률을 줄이지 않기 때문에 시장에 공급되는 물량은 계속 늘어나게 되어, DRAM 가격은 끊임없이 하락한다. 수요가 증가하면 상황이 해결되겠지만, 그렇지 않으면 추세는 쉽사리 바뀌지 않는다. 반대로 수요에 비해 공급이 부족하다고 해도 이를 단기간 내에 해결할 방법이 없다. 왜냐하면 공장은 이미 24시간 100% 풀가동으로 돌아가고 있기 때문이다. 공급을 늘리기 위해서는 추가적인 시설투자, 장비 입고, 웨이퍼 투입의 과정을 거쳐야 하며, 이는 아주 많은 시간을 필요로 한다.

결과적으로 DRAM 산업은 수요와 공급이 균형을 이루는 경우가 극히 드물다. DRAM의 수요곡선과 공급곡선은 근본적으로 그 형태가 다르기 때문이다. 오랜 기간 애널리스트 생활을 하면서 DRAM의 수요와 공급이 균형을 이루어 안정적인 가격 흐름이 유지되는 경우는 거의 본 적이 없다. DRAM은 항상 이 같은 불균형으로 야기되는 사이클과의 싸움이 된다.

1차 슈퍼 사이클과 후폭풍

1990년대 초 IBM AT에 이어 386 PC가 공전의 히트를 기록했다. 이에 따라 PC 산업이 붐을 일으켰고 DRAM 산업도 1차 슈퍼사이클을 맞이하게 된다. DRAM 가격은 천정부지로 치솟았다. 국내 TV 뉴스에서는 회사 사무실 내 절도사건 보도가 자주 등장했다. 도둑들이 사무실에 몰래 침투해 PC를 해체하고 DARM 모듈을 훔치는 사례가 너무 많으니 보안에 각별히 신경 써야 한다는 경고성 뉴스가 자주 보도를 탔다. 당시 DRAM 가격은 금값이 부럽지 않을 정도라는 말이 있었을 정도였다.

하지만 호황도 결국 시크리컬한 특성을 피할 수 없었다. 시장이 좋았던 만큼 대규모 투자가 이루어졌고 이는 결국 부메랑이 되어 돌아왔다. DRAM 가격은 1996년부터 언제 그랬냐는 듯 하염없이 빠지기 시작했다. 다운턴은 2년 4개월간 지속되었다. 1995년 12월 41.9억 달러였던 월간 DRAM 매출은 1998년 5월 8.7억 달러까지 80% 감소하고 나서야 바닥을 치게 된다. 하락 사이클의 가장 큰 원인은 슈퍼사이클에 따른 과잉투자였다.

Y2K와 버블 붕괴

1996~1998년 3년간의 다운턴 이후 DRAM 사이클은 서서히 바닥에서 벗어나기 시작했다. 여기에 Y2K라는 새로운 문제가 더해졌다. 모두 알다시피 과거 컴퓨터 BIOS(Basic Input Output System)는 여섯 자리 날짜를 사용하여 2000년과 1900년을 구분하지 못하는 치명적 약점을 갖고 있었다. 이로 인해 세계적인 혼란이 발생하고, 특히 금융 시스템이 마비될 우려가 커졌다. 세기말의 특수한 현상인 이 문제는 세계를 공포로 휘감았다. 1999년 12월 마지막 주, 여의도의 증권사들은 전 직원을 대기시키고 Y2K 문제에 대비할 정도였다. 미

리 준비한 덕분인지는 모르겠으나 다행스럽게도 심각한 혼란이나 문제는 거의 발생하지 않았다. 반면 이 과정에서 업무용 및 가정용 PC의 수요가 급증하게 되었다.

문제는 그 이후였다. 전산 투자와 PC 소비가 정점을 찍으면서 2000년 하반기부터 PC 시장이 침체기로 접어들었다. 결국 2001년은 역사상 처음으로 PC가 역성장을 보인 해로 기록되었다. 더구나 2001년 9.11 테러 사건까지 겹쳤다. 결국 DRAM 시장의 매출은 2000년 8월 33.1억 달러를 고점으로 2001년 10월 5.8억 달러까지 14개월간 82% 급감하게 된다. 하락 사이클의 주 원인은 PC 수요의 급감이었다.

황의 법칙과 나방의 꿈

하지만 2002년부터 DRAM 시장은 다시 상승세로 돌아섰다. 상승 사이클의 원인은 공급의 제한적인 증가였다. DRAM과 SRAM 중심이었던 메모리 산업에 NAND가 그 존재감을 보이기 시작한 것이다. MP3와 디지털카메라의 성장은 이른바 비휘발성 메모리의 수요 증가를 불러왔다. 당시 삼성의 메모리 총괄 황창규 사장은 '무어의 법칙'을 뛰어넘는 '황의 법칙'을 발표해 NAND 용량이 매년에 2배씩 성장할 것이라고 예언했다. 삼성의 엔지니어들은 총력을 다해 법칙을 유지하기 위해 애를 썼다. 그러다 보니 자연스레 DRAM 투자는 주춤해졌고, 결과적으로 DRAM 시장은 2006년까지 이어지는 장기 상승 사이클에 진입했다.

하지만 2006년 하반기부터 다시 이상 조짐이 나타났다. 삼성이 황의 법칙에 총력을 기울인 사이 대만 DRAM 업체들이 12인치 팹을 무기로 치고 나오기 시작한 것이다. 급기야 2006년 하반기부터 대만의 파워칩, 프로모스 등의 영업이익률이 삼성전자를 넘어서는 초유의 사태가 발생했다. 대만 DRAM 업체들은 12인치 팹을 통해 8인치 비중이 높은 한국을 이길 수 있다는 자신감으로 흥분했고, 대만 정부와 은행들도 적극적인 금융 지원에 나섰다. 불빛을 향해 모여드는 나방처럼 대만 업체들의 공격적인 12인치 팹 건설 계획들이 연달아 발표되었다.

결국, 도전에 직면한 삼성은 다시 칼을 빼들었다. 새롭게 메모리 사업을 맡은 김기남 사장은 DRAM 점유율 회복을 핵심 목표로 내걸고 다시 적극적인 DRAM 투자를 천명했다. 2006년 가을 싱가폴에서 개최된 삼성 인베스터 포럼에서 삼성전자는 2007년 타겟 비트 성장률을 90%로 제시해 컨퍼런스에 참석했던 사람들을 경악시켰다. 노골적인 선전포고였다. 당시 포럼에 참석했던 증권사 애널리스트들이 그 발표를 듣고 세일즈맨과 투자자들에게 전화를 걸어 메모리 섹터에 대한 비중 축소 의견을 전달하던 모습이 생생하다.

금융위기와 일본 대지진

그렇게 2007년부터 DRAM 다운턴이 다시 시작되었다. 그리고 유럽 재정위기와 미국의 금융위기까지 연달아 터지고 말았다. 대만 업체들의 12인치 투자와 삼성의 작심, 거기에 수요 부진까지 겹쳐 DRAM 매출은 2년간 72%나 줄어들었다. 이 다운턴의 여파는 상당히 컸다. DRAM 시장 점유율 2위였던 키몬다가 무너질 정도였다. 보통 이 정도 규모의 업체가 무너지고 나면 곧바로 회복세가 오는 것이 일반적이었다. 하지만, 미국의 금융위기가 기다리고 있었다. DRAM 수요는 살아날 기미가 안 보였고, 대규모 시설 투자를 계획했던 대만 업체들은 땅파기 공사만 겨우 진행한 채 팹 골조 공사는 시작도 못하는 상황에 처하고 말았다.

이후 금융위기가 수습되면서 일정 수준 반등이 나타나긴 했지만, 계속된 수요 부진으로 2010년 7월부터 다시 1년 6개월간의 DRAM 다운턴이 이어졌다. 그리고 추가적인 충격이 하나 더 발생한다. 2011년 3월 발생한 진도 9의 동일본 대지진이었다. 이 과정에서 DRAM 시장 3위였던 엘피다가 무너지고, 대만 DRAM 업체들도 초토화되었다. 하지만 이번 다운턴은 금융위기에서 회복하는 과정에서 나온 후속 다운턴이었기에 하락폭이 -49%로 상대적으로 크지는 않았다. 무엇보다 PC를 대체할 새로운 성장 드라이버가 싹트고 있었다. 애플과 삼성이 주도한 스마트폰이 그 주인공이었다.

과점 효과와 서버로 인한 2차 슈퍼 사이클

스마트폰에 힘입은 DRAM 상승 사이클은 스마트폰의 성장률이 둔화하자 2015년부터 다시 꺾이기 시작했다. 하지만 이번 DRAM 다운턴은 예년과는 확실히 달라져 있었다. DRAM 매출 하락폭은 44%에 그쳐 역대 가장 완만한 다운턴으로 기록됐다. 시장과 애널리스트들이 기대했던 모습이었다. 키몬다와 엘피다가 빠지고 대만 업체들도 사실상 사라지자 플레이어 수 축소에 의한 사이클 안정화가 현실로 나타난 것이다. 이것이 바로 삼성이 의도했던 치킨게임의 마지막인 과점(Oligopoly) 단계인가 하는 생각이 들 정도였다. 이제부터 DRAM 시장은 과거에 비해 확연히 변동성이 줄어들게 될 것이고, 그렇게 되면 어쩌면 장기적으로 메모리 업체들의 밸류에이션은 더 높아질 수 있을 것 같았다.

2016년 하반기부터는 데이터센터라는 새로운 DRAM 수요처가 부각되기 시작했다. 당시 필자는 'Bigger-Than-Ever Is Coming'이라는 제목의 보고서를 통해 서버 수요가 중심이 된 DRAM 상승 사이클이 심상치 않은 수준이 될 것임을 전망했다. 어쩌면 2016년 3월 있었던 알파고와 이세돌 9단의 바둑 대결이 새로운 불씨가 되었을지 모른다. 딥러닝의 위력을 실감한 글로벌 빅테크들이 앞다퉈 서버 증설에 나선 것이다. 그리고 그렇게 DRAM의 2차 슈퍼사이클이 시작되었다.

팬데믹의 역풍과 인위적 감산

하지만 산이 높으면 골도 깊은 법이다. 없어서 못 팔던 서버 DRAM 수요가 2018년 3분기를 피크로 감쪽같이 사라졌다. 무엇보다 투자가 단기에 너무 급격히 늘어난 경향이 있었고, 거기에 더해 미국과 중국의 무역 갈등이 고조되면서 기업들이 투자를 급격히 줄였기 때문이다. 2018년 9월 100억 달러를 넘었던 DRAM 매출은 단지 4개월 만에 48억 달러로 50% 넘게 급감하고 말았다.

그리고 이때부터 상당히 큰 변수가 된 것이 DRAM 고객사들의 재고 레벨이다. 미국과 중국의 갈등이 심해지면서 그 이전 평화의 시기와 달리 글로벌 공급망이 흔들리기 시작했다. 이때부터 GVC(글로벌밸류체인)에 대한 불안이 커졌고, 그러다 보니 반도체를 포함한 핵심 부품 및 소재에 대한 안전재고 레벨이 높아지는 경향이 나타났다. 재고를 쌓는 기간에는 실제 수요보다 훨씬 더 많은 주문이 들어왔고, 반대로 수요 둔화로 재고를 줄이는 기간에는 실제 수요 둔화보다 더 큰 폭으로 주문이 감소하는 현상이 심화됐다. 실제 수요 변화에 더해진 재고 레벨의 변화는 결과적으로 과거에 비해 사이클의 저점과 고점을 흐릿하게 만드는 작용을 했다. 과거에는 흔히 얘기하는 V자 형태의 바닥이나 이를 뒤집은 'Λ' 모양의 피크가 뚜렷했지만 재고라는 버퍼가 두터워지면서 정확히 어디가 바닥이고 어디가 고점인지 알기 어려운 형태로 바뀐 것이다.

2018년 10월부터 시작된 다운턴의 바닥이 정확히 언제인지 애매한 측면이 있지만 어쨌든 업황은 다시 회복하기 시작했다. 2020년에서 2021년으로 이어지는 상승 사이클을 만들어 낸 것은 다름 아닌 팬데믹 버블이었다. 중국 우한에서 시작된 바이러스의 광풍은 전 세계를 충격과 공포로 몰아넣었다. 사회가 사실상 단절되면서 고립된 인간들은 결국 인터넷 공간에서 더 많은 시간을 보낼 수밖에 없었다. 그리고 이는 폭발적인 PC와 태블릿의 수요 증가로 이어졌다. 기저효과 영향도 있었지만, 2021년 1분기 PC 수요는 전년 대비 무려 56%나 증가했다. 팬데믹 이전 4년간(2016~2019년)의 평균 PC 출하량은 2.57억대였지만 2021년 PC 출하량은 3.41억대로 8,400만대나 증가했다. 하지만 팬데믹이 엔데믹으로 전환되자 사람들은 다시 원래의 생활 패턴으로 빠르게 되돌아갔다. 그동안 움츠려 있던 여행과 레저로 소비가 몰리면서 팬데믹 기간동안 급증했던 PC 수요는 다시 급격히 감소하게 된다.

결국 2022년 2분기를 피크로 DRAM은 다운턴에 진입했다. DRAM 매출은 2022년 5월의 98억 달러를 고점으로 2023년 4월의 26억 달러까지 74%가 빠졌다. 이번 하락 사이클의 원인은 결국 팬데믹 버블이 만들어낸 수요의 착시효과였다. 업계의 수요 전망은 완전히 빗나갔고, 투자는 과도하게 집행됐다. 결과적으로 수요는 줄었지만, 생산은 늘어났고, 재고는 과도할 정도로 쌓일 수밖에 없었다. 과거와 같은 치킨게임도 불가능한 상황이다. 따라서 업황 반전을 위한 첫 단계는 재고 감소뿐이다. 재고가 줄기 위해서는 수요가 늘어

DRAM 다운턴의 역사					
다운턴 기간	월별 DRAM 시장규모	DRAM 가격 하락폭	하락 요인	직전 상승 원인	참고 사항
'96.1 ~ '98.5	29개월간 80% 하락 41.9억 달러→ 8.7억 달러	14개월간 87% 하락 16Mb EDO $52→ $9	과잉투자 후폭풍 (공급요인)	'91 ~ '95년 PC 수요 붐	'95년 10월부터 상황 급락
'00.9 ~ '01.10	14개월간 82% 하락 33.1억 달러→ 5.8억 달러	16개월간 94% 하락 64Mb SDRAM $8.5→ $0.5	Y2K 버블 붕괴 (수요요인)	'99 ~ '00년 Y2K 버블	'00년 8월 SSB의 반도체 매도 보고서
'07.1 ~ '09.1	25개월간 72% 하락 37.7억 달러→ 10.8억 달러	27개월간 95% 하락 512Mb DDR2 $6.8→ $0.3	12인치 가동 및 글로벌 금융위기 (수요 + 공급요인)	'04 ~ '05년 제한된 투자	삼성, 황의 법칙에서 DRAM에 다시 집중
'10.7 ~ '12.1	19개월간 49% 하락 35.7억 달러→ 18.3억 달러	16개월간 78% 하락 1Gb DDR3 $2.5→ $0.55	PC 수요 부진 (수요요인)	'09년 금융위기 후 일시 반등	'11년 3월 일본 대지진으로 혼란
'14.12 ~ '16.4	17개월간 44% 하락 46억 달러→ 25.9억 달러	22개월간 67% 하락 4Gb DDR4 $4.4→ $1.43	스마트폰 성장 둔화 (수요요인)	'11 ~ '13년 스마트폰 붐	DRAM 과점체제로 사이클 하락폭 미미
'18.10 ~ '20.1	16개월간 63% 하락 102억 달러→ 40.2억 달러	23개월 66% 하락 4Gb DDR4 $4.91→ $1.64	미중 갈등 + 재고조정 (수요요인)	'16 ~ '18년 데이터센터 수요 붐	'18년 10월부터 수요 급감 (재고조정)
'22.04 ~	11개월간 74% 하락 98억 달러→ 26억 달러	27개월 72% 하락 8Gb DDR4 $5.3→$1.5	팬데믹 버블 붕괴 수요감소 + 과다 재고 (수요 + 공급요인)	'20 ~'21년 팬데믹 버블	'22년 2월24일 러-우 전쟁 발발

자료: 유진투자증권

나면 되겠지만, 단기간에 이를 기대할 수 없는 상황이라면 결국 인 위적인 감산으로 공급을 줄일 수밖에 없는 상황에 내몰린 것이다.

59

주가와 실적의
상관관계

6~12개월 이후의 실적을 반영하는 삼성전자 주가

주식 시장은 기업의 실적을 반영하는 하나의 거울이다. 그러나 주가
는 기대와 기업 실적의 상호작용으로 이루어져 있어, 종종 주가가 실
적을 앞서는 경향을 보이곤 한다. 특히 최근들어 이러한 경향이 더
욱 심해지고 있으며, 변덕스러운 반도체 분야에서 이런 추세는 더욱
두드러진다.

2010년 이전까지만 해도, 삼성전자의 주가는 실적과 대체로 함께
움직이거나 조금 뒤처지는 경향이 있었다. 비록 미세한 차이는 있었
지만 주가와 실적의 큰 격차는 드러나지 않았던 것이다. 그로 인해

단기간의 실적 전망이 주가 예측에 있어서 핵심적인 변수가 되었다. 그러나 2010년 이후로 주가는 실적을 상당히 앞서는 경향을 보이기 시작했고, 주가와 실적의 상관관계는 현저하게 감소했다.

과거 필자는 삼성전자의 주가와 실적의 관계를 철저히 분석한 보고서를 발간한 적이 있는데, 결과적으로 주가는 실적보다 적어도 세 분기 이상을 앞서는 경향을 보인다는 결론을 얻었다. 현재 분기나 다음 분기의 실적을 예측하는 것도 어려움이 많은데, 세 분기나 네 분기 이후의 실적을 어떻게 정확히 예측할 수 있겠는가? 정보의 양이 증가함에도 불구하고 주가 예측은 점점 더 어려워지고 있는 것이 현실이다.

TSMC 주가도 실적과 다른 흐름

이러한 추세는 팬데믹 이후 TSMC 주가에도 그대로 적용된다. 2021년부터 2022년까지의 두 해 동안 TSMC의 실적은 꾸준히 상승을 지속했다. 그럼에도 불구하고 주가는 전혀 다른 모습을 띠고 있다. 예를 들어, 2021년 초반에 TSMC 주가는 이미 최고점을 찍었으며, 그 이후에는 약세 또는 횡보의 흐름이 이어지다 2022년 상반기에 들어서면서 주가는 예상치 못한 큰 하락을 겪었다. 2022년에는 TSMC의 영업이익이 전년 대비 62%나 증가했다. 이러한 놀라운 실적 개선에도 불구하고, 주가는 2022년에 오히려 37%나 하락했다.

심지어 주가의 최저점은 아이러니하게도 실적이 가장 빛나던 순간이었다. 이처럼 주식 시장은 언제나 예측하기 어려운 미스터리한 모습을 보여주며, 주가와 실적 사이의 관계는 복잡하게 얽힌다. 이는 특정 국가나 기업에 국한되지 않으며, 그 패턴은 전 세계적으로 관찰되는 현상이다.

부인할 수 없는 주가의 선행성

반도체 섹터의 주가는 과거와는 달리 더 많은 정보와 실적에 선행하고 있다. 물론 이런 추세는 한두 가지 요인으로 설명하기에는 무리가 있다. 그럼에도 몇 가지 주요 요인을 살펴보면 다음과 같을 것이다.

첫째, 정보의 가용성 및 시장의 효율성이 훨씬 높아졌다. 기술의 발전과 정보 접근성의 증가로 투자자들은 회사의 펀더멘털에 영향을 미치는 여러 데이터를 점점 더 신속하게 수집하고 분석할 뿐만 아니라 거기에 더해 예측 정보 등 기대감들까지 즉각적으로 반영되는 경향이 나타나고 있다.

둘째, 글로벌 경제 변수가 국가와 산업 간의 상호작용에 큰 영향을 미치고 있다. 앞서 언급한 이유와 겹치는 부분이 있지만, 세계가 글로벌화되고 기업들이 글로벌 시장에 진출하면서 국가 간 상호 의존도가 훨씬 커졌다. TSMC는 대만의 기업이지만, 주요 고객은 대부

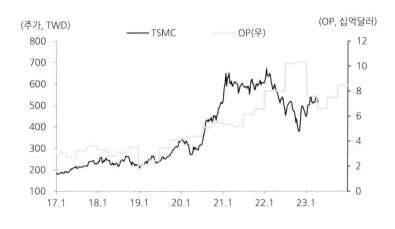

분 미국의 팹리스 업체들이다. 그러다 보니 대만 주식 시장에서도 미국의 영향이 커질 수밖에 없다. 특히, 전 지구적 팬데믹 위기를 벗어나는 과정에서 많은 투자자들은 연준과 주요국 정부의 발 빠른 대응과 그 영향을 직접 목격했다. 그러다 보니 3개월에 한 번씩 그것도 한 달 뒤에나 발표되는 기업 실적보다 매크로 데이터에 따른 투자 전략을 세우는 투자자가 많이 늘어나고 있는 것이다.

셋째, 딥러닝 및 로보어드바이저와 같은 수학적, 과학적 분석 방법이 확산된 것도 요인이다. 딥러닝 알고리즘은 방대한 양의 데이터를 인간보다 훨씬 빠르고 효율적으로 처리 및 분석할 수 있다. 심지어 선행 변수에 선행하는 변수를 찾는 시도도 진행되고 있다. 그리고 이렇게 분석되고 학습된 데이터를 바탕으로 미래의 결과를 예측하는 추론 모델도 시시각각 발전하고 있다. 문제는 이러한 분석과 모델링도 경쟁이 더 치열해지면서, 경쟁 모델을 선행하는 예측모델도 만들어지고 있다는 것이다. 딥러닝과 로보어드바이저가 주가 움직임에 미치는 영향은 여전히 진화의 영역이다. 이러한 기술은 시장에 영향을 미칠 수 있는 잠재력을 가지고 있다. 그러나 데이터 편향과 시장 변동성을 증폭시킬 수 있다는 문제점도 안고 있다. 이러한 기술과 시장 행동 간의 상호 작용은 금융 시장에서 더욱 보편화됨에 따라 계속 진화해 나갈 전망이다.

60

반도체 투자자가
루이비통 실적을 봐야 하는 이유

소비자 역학과 반도체 수요: 산업의 상호작용

글로벌 상거래의 복잡하고 역동적인 생태계의 실타래 속에는 서로 연관이 없어 보이는 산업들조차 예상치 못한 방식으로 서로 연결된다. 오늘날 현대인들의 소비의 중심에는 럭셔리 브랜드에 대한 소비와 여행과 레저, 고급 레스토랑, 엔터테인먼트 등 인간의 욕구를 만족시키는 서비스에 대한 소비, 통신요금 등 서브스크립션 소비, 그리고 PC와 스마트폰, 가전제품, 자동차 등의 내구재 소비 등이 자리하고 있다. 따라서, 루이비통과 페라리, SK텔레콤과 넷플릭스, 그리고 인텔, 퀄컴, 삼성전자가 한정된 소비자의 지출을 놓고 경쟁하는 연결고리가 만들어진다. 이들 사이의 미묘한 관계를 분석해 명품, 화장품, 와인과 위스키 및 여행에 대한 소비자 지출이 어떻게 반도체 수요에 파동을 만들어내는지를 이해할 필요가 있다.

코로나 팬데믹은 세계 경제, 사회 및 소비자 행동에 엄청난 격변을 야기했다. 여행 계획이 보류되고, 공항이 침묵에 빠지게 되자 면세점과 명품의 매력은 흐릿해졌다. 하지만 대조적인 변화도 있었다. IT 내구재, 특히 PC와 스마트폰, 그리고 반도체 수요는 전례 없는 속도로 증가했다. 일반적으로 세계경제성장률과 반도체 산업의 성장률에는 뚜렷한 정의 관계가 존재했었다. 그러나 팬데믹 기간 세계 경제가 역성장하는 구간에서도 반도체는 과거와 달리 견조한 성장을 기록한 것이다. 이러한 지각변동은 전 지구적 위기가 어떻게 소비 습관을 재구성하고 다양해 보이는 산업 간에 노이즈와 파장을 일으키는지를 명확히 보여 주었다.

팬데믹 이전에 명품은 사회적 지위와 부의 상징이었다. 파리의 오트 쿠튀르 런웨이부터 북적이는 공항의 면세점 진열대까지, 소비자들은 명품의 매력을 즐겼다. 그러나, 팬데믹은 이러한 화려하고 거대한 진열대에 그림자를 드리웠다. 여행 제한과 건강에 대한 염려가 면세품과 명품에 대한 수요를 줄인 것이다.

전 세계가 전례 없는 도전과 씨름하는 동안 기술 부문에서는 새로운 이야기가 전개됐다. 생산성의 도구로 여겨졌던 바로 그 IT 제품들이 새로운 역할을 부여받은 것이다. 원격 작업, 온라인 학습 및 가상 통신이 일반화되면서 PC와 스마트폰에 대한 수요는 2000년 닷컴 버블 기간에도 볼 수 없었던 수준으로 급증했다. 노트북과 태블릿, 스마트폰과 같은 장치가 물리적 거리를 좁히고 사람들을 연결하는 라이프라인으로 진화한 것이다.

언뜻 보기에 루이비통, 샤넬, 구찌와 노트북 사이의 관계는 멀어 보였다. 그러나 팬데믹은 그것들의 상호 연관성이 상당히 크다는 것을 적나라하게 보여 주었다. 여행 계획이 줄어들면서 소비자들이 명품 구매에 할당했을지도 모르는 현금은 IT 기기 쪽으로 급격히 방향을 틀었다. 외부 활동이 줄어들고 집 안에서 보내는 시간이 늘어나자 외식 및 레저 활동에 쓰이던 소비 여력은 가전제품의 교체 및 구매로 몰렸다. 루이비통 스피디백과 알마백은 고성능 노트북과 태블릿에 그 자리를 내어주고 돔페리뇽은 화상 회의 앱으로 대체되었다.

한때 소비자 행동의 별개 영역으로 밀려났던 명품과 IT 내구재 간의 관계는 팬데믹이라는 시련을 거치면서 그 연관관계가 재조명되고 있다. 팬데믹 기간 소비자 지출은 사치와 풍요의 이야기에서 적응과 회복력의 이야기로 진화했다. 팬데믹 기간 동안 IT 내구재에 대한 수요 증가의 이면에는 결국 여행 수요의 감소와 면세점 소비의 위축, 그리고 루이비통과 샤넬의 매출 감소와 연관되어 있었던 것이다. 그러나, 2022년부터 팬데믹이 엔데믹으로 전환되자 팬데믹 기간 벌어졌던 일과 정반대의 프로세스가 진행되고 있다. 이른바 보복소비에 의해 여행 수요가 폭증하고 있다. 국제 항공권은 동이 났고, 미국의 크루즈 여행사들은 즐거운 비명을 지르고 있다. 루이비통과 에르메스의 실적은 고공행진을 이어갔지만, PC와 스마트폰 수요는 큰 폭의 마이너스를 기록하고 있다.

IT 수요를 예측하고 반도체 생산을 위한 설비 투자의 규모와 투자 시기를 결정하는 것은 반도체 업체 경영진들에게 있어 가장 중요한 의사결정이다. 이를 위해서는 반도체에 직접 연관된 고객사들의 상황을 파악하는 것만으로는 부족하다. 이전과 달리 훨씬 더 복잡하고 정교하게 짜인 글로벌 수요의 태피스트리(Tapestry)를 이해하기 위해 글로벌 매크로 상황과 전후방 산업은 물론이고, 그동안 IT와 전혀 연관성이 없을 것 같았던 변수들까지 다차원적으로 해석하고 대비해야 한다.

이런 의미에서 통신기술과 통신업체들의 요금 전략, 그리고 반도체 수요 사이의 관계에 대해서도 고민해봐야 한다. 5G 통신기술의 발전과 보급 확대로 현대인들의 스마트폰이나 PC의 인터넷 활용 방식에는 큰 변화가 찾아왔다. 몇 년 전과 비교해볼 때, MP3 파일이나 동영상을 다운로드하는 일은 크게 줄었다는 것을 알게 될 것이다. 대신 훨씬 더 많은 사람이 스트리밍 서비스에 의존한다. 그러다보니 스마트폰이나 태블릿, 심지어 노트북용 SSD 용량의 수요 증가율은 둔화하고 있다. 과거에 비해 스마트폰 스토리지의 부족함을 느끼는 경우가 줄어들었다. 소비자용 IT 기기에 사용되는 NAND의 수요증가율이 분명히 둔화하고 있다. 물론 서버용 스토리지에 대한 수요 상황은 이와 다를 수 있겠지만 말이다. NAND 업체 입장에서 보면 통신 서비스 업체가 그들의 경쟁자일지도 모르는 상황이 된 것이다. 반도체 기업의 최고 경영자들은 이러한 부분까지 고려한 정밀하고 정교한 투자 계획을 세울 필요가 있다.

61

반도체 M&A
- 별을 모아 별자리를 만드는 방법

별들이 모인 별자리는 밤하늘의 낭만적 이야기를 만들어낸다. 기업의 M&A는 기술 혁신과 발전의 서사를 형성하는 종합적인 계획이자 전략이라 할 수 있다.

AI의 발전과 응용 범위의 확대는 현대 기술의 가장 중요한 특징이다. 특히 딥러닝의 등장으로 데이터의 양과 AI 모델의 성능 사이에는 긴밀한 연관성이 형성되었다. 더 많은 데이터는 동시에 더 강력한 AI를 가능하게 한다. 그런데 이런 놀라운 발전을 위해서는 결국 더 강력한 반도체가 빠져서는 안 된다. AI 산업을 주도하는 빅테크 기업들의 반도체에 대한 요구 사항도 점점 더 다양하고 복잡해지고 있다.

이에 대응하기 위해서는 반도체 기업들도 결국 대형화 및 종합적 전략을 고려해야 한다. 단순히 내부 능력만으로는 변화하는 시장과 다양한 고객 요구에 빠르게 대응하기란 점점 어려워지고 있다. 따라서 M&A를 통한 대형화, 포트폴리오의 확대, 핵심 기술의 확보 등이 중요한 전략적 선택지로 부각되고 있다.

AI의 핵심은 고성능 컴퓨팅 능력과 소프트웨어 능력에 기반한다. 그래서 반도체 기업들도 AI 하드웨어, 알고리즘, 소프트웨어 분야에서의 지식, 기술, 지적 재산권을 강화하려 노력한다. 이에 따라, 소프트웨어 역량을 강화하는 전략이 점점 더 중요해진다. 예를 들어 브로드컴은 시스템 소프트웨어 기업인 CA테크놀로지와 보안 소프트웨어 업체인 시만텍을 인수함으로써 AI 강화 전략을 추진하고 있다. 나아가 그들은 현재 클라우드 컴퓨팅 분야의 종합 솔루션 업체인 VM웨어 인수도 추진 중이다. 인수 규모는 610억 달러로 역대 IT 분야 인수 금액 2위에 해당하는 규모이다.

AI 칩의 성능 향상을 위해서는 여러 기술을 통합할 수 있는 능력이 중요하다. 현재 CPU나 GPU만으로는 AI 프로세싱의 성능 향상에 한계가 있다. 그렇기 때문에 프로세서 업체들은 다양한 AI 워크로드를 처리할 수 있는 가속기 칩 기술을 강화하고 있는 것이다. 이러한 관점에서 AMD와 인텔의 FPGA 업체 자일링스와 알테라 인수가 중요한 전략적 선택이었다. 또한 AI의 응용 분야는 이미지 및 음

반도체 오디세이

성 인식을 넘어 자율주행, 로봇 공학, 헬스케어, 스마트 홈 등으로 확장되고 있다. 반도체 기업들도 AI 서비스 소프트웨어 기술에 대한 이해도를 높이는 것이 필수적이다.

반도체의 수직적/수평적 통합을 강화하는 M&A 시도는 계속되고 있다. 엔비디아가 반도체를 넘어 데이터센터 네트워킹 기술을 강화하기 위해 멜라녹스를 인수한 것은 지금 와서 보니 신의 한 수가 되어 있었다. 이 외에 비슷한 분야의 경쟁 업체를 인수함으로써 시장 영향력을 확대해나가는 M&A도 진행되고 있다. 수평적 확장의 예로는 마이크로칩의 아트멜과 마이크로세미 인수, 아날로그 디바이스의 리니어테크놀로지와 맥심 인수, 르네사스의 다이얼로그 인수 등이 대표적이다. 이 같은 수직적/수평적 통합은 반도체 산업이 AI의 발전과 응용 분야 확대에 어떻게 대응하고 있는지를 보여주는 중요한 시사점이 된다.

2015년 이후 반도체 및 테크 섹터 주요 M&A

인수 연도	인수 기업	피인수 기업	딜규모 (십억 달러)	피인수 사업부문
2015	델	EMC	67.0	스토리지 시스템
	아바고	브로드컴	37.0	네트워크 칩
	인텔	알테라	16.7	FPGA
	NXP	프리스케일	11.8	자동차용 반도체
2016	소프트뱅크	ARM	31.4	IP
	마이크로소프트	링크드인	26.2	소셜미디어
	오라클	넷스위트	9.3	클라우드 소프트웨어
	마이크로칩	아트멜	3.6	마이크로컨트롤러
2017	인텔	모빌아이	15.3	자율주행
	아날로그 디바이스	리니어 테크놀로지	14.8	아날로그, PMIC, RF
	브로드컴	브로케이드	5.9	네트워킹 시스템
2018	IBM	레드햇	34.0	소프트웨어
	브로드컴	CA 테크놀로지	18.9	시스템 소프트웨어
	마이크로칩	마이크로세미	8.4	FPGA, 이더넷, PMIC
	마이크로소프트	깃허브(Gitl lub)	7.5	소프트웨어 버전 컨트롤
	르네사스	IDTI	6.7	믹스드 시그널
2019	브로드컴	시만텍	10.7	기업 보안
	인피니온	사이프레스	10.1	아날로그
	엔비디아	멜라녹스	7.0	데이터센터 네트워킹
	알파벳	루커(Looker)	2.6	빅데이터
	인텔	하바나랩스	2.0	AI 칩 (이스라엘)
2020	SK 하이닉스	인텔 NAND	9.0	NAND
	마벨	인파이	8.2	아날로그
	마이크로소프트	제니맥스 미디어	8.1	비디오 게임

2021	아날로그 디바이스	맥심	20.8	PMIC, 센서, 아날로그
	르네사스	다이얼로그	5.9	ASSP, ASIC, 아날로그
	알파벳	핏빗	2.1	웨어러블
2022	마이크로소프트	액티비전 블리자드	68.7	게임 소프트웨어
	AMD	자일링스	49.0	FPGA
	오라클	세르너(Cerner)	28.3	헬스케어 정보
	어도비	피그마	20.0	협동 디자인
	마이크로소프트	뉘앙스	19.7	음성인식
	구글	맨디언트	5.4	정보 보안
	인텔	타워 세미컨덕터	5.4	파운드리
2023(진행중)	브로드컴	VM웨어	61.0	클라우드컴퓨팅

자료: 유진투자증권

Appendix

주요 등장인물 ●

이름	생애	주요 업적 및 공로
탈레스	BC625~547	고대 그리스 철학자, 고대 그리스 7대 현인
구텐베르크	1397~1468	독일의 근대 활판인쇄술 발명
콜럼버스	1451~1506	이탈리아 탐험가
코페르니쿠스	1473~1543	폴란드 천문학자, 신학자, 지동설 주장
마젤란	1480~1521	포르투갈 탐험가
피터 헨라인	1485~1542	독일 자물쇠 수리공, 최초로 소형 회중시계 제작
윌리엄 길버트	1544~1603	영국 의사, 물리학자, 「자석에 대하여」 저술
존 네이피어	1550~1617	스코틀랜드 수학자, 네이피어의 막대 고안
갈릴레오 갈릴레이	1564~1642	이탈리아 철학자, 천문학자
요하네스 케플러	1571~1630	독일 수학자, 천문학자
요한 피스터	1573~1648	독일 화가, 시계 장인
빌헬름 시카르트	1592~1635	독일 학자, 기계식 계산기 발명
블레즈 파스칼	1623~1662	프랑스 수학자, 철학자, 파스칼라인 발명
호이겐스	1629~1695	네덜란드 수학자, 천문학자, 빛의 파동설 발표
루이 14세	1638~1715	프랑스 국왕
아이작 뉴턴	1642~1727	영국 수학자, 물리학자, 철학자
라이프니츠	1646~1716	독일 라이프니츠 휠 발명, 미적분, 이진법 확립

이름	생애	주요 업적 및 공로
치른하우스	1651~1708	독일 수학자, 과학자, 마이센 자기 기초 연구
강희제	1654~1722	청나라 4대 황제
조아킴 부베	1656~1730	프랑스 선교사, 『강희제전』 저술
야코프 베르누이	1655~1705	스위스 수학자
요한 뵈트거	1682~1719	독일 연금술사, 마이센 자기 완성
벤자민 프랭클린	1706~1790	미국 정치가, 스파이, 발명가, 건국의 아버지
자크 드 보캉송	1709~1782	프랑스 발명가, 자동인형 제작
피에르 자케 드로	1721~1790	스위스 발명가, 시계장인
매튜 볼턴	1728~1809	영국 엔지니어, 제임스 와트의 특허 연장
볼프강 폰 켐펠렌	1734~1804	헝가리 발명가, 미캐니컬 투르크 발명
앙투안 파브르 살로몬	1734~1820	프랑스 소형 배럴 피아노 고안
제임스 와트	1736~1819	영국 공학기술자, 증기기관 개량
루이지 갈바니	1737~1798	이탈리아 과학자, 동물전기 이론 발표
앙리 마이아르데	1745~1830	스위스 시계장인
알레산드로 볼타	1745~1827	이탈리아 과학자, 볼타전지 개발
조셉 마리 자카드	1752~1834	프랑스 자카드 방직기 발명
나폴레옹	1769~1821	프랑스 황제
토마스 영	1773~1829	영국 의사, 물리학자, 이중슬릿 실험 진행
한스 외르스테드	1777~1851	덴마크 물리학자, 전류의 자기 작용 발견

이름	생애	주요 업적 및 공로
험프리 데이비	1778~1829	영국 화학자
조셉 클레멘트	1779~1844	영국 엔지니어, 장인
데이비드 브루스터	1781~1868	영국 과학자, 발명가, 만화경 발명
고든 바이런	1788~1824	영국 낭만주의 시인
마이클 패러데이	1791~1867	영국 과학자, 전기의 아버지
찰스 배비지	1791~1871	영국 수학자, 디퍼런스 엔진 개발
새뮤얼 모스	1791~1872	미국 화가, 모스부호 발명
앤 이자벨라 밀뱅크	1792~1860	영국 바이런 경의 부인, 러브레이스의 엄마
존 키츠	1795~1821	영국 낭만주의 시인
메리 셸리	1797~1851	영국 작가, 『프랑켄슈타인』 저술
조셉 헨리	1797~1878	미국 물리학자, 전신 기술 발명
드 모르간	1806~1871	영국 수학자, 러브레이스의 수학 교사
에이다 러브레이스	1815~1852	영국 최초의 프로그래머, 바이런의 딸
제임스 맥스웰	1831~1879	영국 물리학자, 《전자기학》 발표
토머스 에디슨	1847~1931	미국 발명가, 백열전구 개선 및 발견, 에디슨 효과 발견
존 플래밍	1849~1945	영국 발명가, 2극 진공관 개발
조셉 존 톰슨	1856~1940	영국 실험물리학자, 전자 발견, 노벨물리학상
허먼 홀러리스	1860~1929	미국 통계학자, 홀러리스 데스크 발명
리 디포리스트	1873~1961	미국 전기공학자, 3극 진공관 개발

이름	생애	주요 업적 및 공로
토머스 J. 왓슨	1874~1956	미국 IBM 전 회장
오언 리처드슨	1879~1945	영국 물리학자, 열전자 방출 연구, 노벨물리학상
마오쩌둥	1893~1976	중국 공산당의 초대 주석
폴 갤빈	1895~1959	미국 모토로라 창업자
하워드 에이킨	1900~1973	미국 수학자, 하버드 마크 I 개발
호메이니	1902~1989	이란혁명의 최고지도자, 반미 근본주의자
모르겐슈테른	1902~1977	미국(독일) 경제학자, 《게임이론과 경제행동》 발표
월터 브래튼	1902~1987	미국 물리학자, 트랜지스터 개발, 노벨물리학상
존 아타나소프	1903~1995	미국 컴퓨터 과학자, ABC 컴퓨터 개발
존 폰 노이만	1903~1957	미국(헝가리) 과학자, 《게임이론과 경제행동》 발표
레이놀드 존슨	1906~1998	미국 발명가, HDD의 아버지, 컴퓨터 구조 구축
존 모클리	1907~1980	미국 물리학자, 에니악 설계
폴 아이슬러	1907~1992	오스트리아 발명가, PCB 개발
존 바딘	1908~1991	미국 물리학자, 트랜지스터 개발, 노벨물리학상
잭 심플롯	1909~2008	미국 감자왕, 마이크론 초기 대주주
이병철	1910~1987	한국 삼성그룹 창업주
리궈딩	1910~2001	대만 전 경제부 장관, TSMC 설립에 기여
윌리엄 쇼클리	1910~1989	미국 물리학자, 트랜지스터 개발, 노벨물리학상
콘라트 추제	1910~1995	독일 전자공학자, 계전기 방식 컴퓨터 개발

이름	생애	주요 업적 및 공로
존 피어스	1910~2002	미국 벨 연구소 연구원, SF 작가, 트랜지스터 작명
레이건	1911~2004	미국 제40대 대통령
김향수	1912~2003	한국 아남산업 창업주
앨런 튜링	1912~1954	영국 수학자, 튜링기계 개념 도입
리처드 닉슨	1913~1994	미국 제37대 대통령
클리포드 베리	1918~1963	미국 컴퓨터 과학자, ABC 컴퓨터 개발
프레스퍼 에커트	1919~1995	미국 공학자, 에니악 설계
레스터 호건	1920~2008	미국 물리학자, 전 페어차일드 CEO
헨리 키신저	1923~	미국 전 국무장관, 노벨평화상
잭 킬비	1923~2005	미국 물리학자, 집적회로 개발
마틴 아탈라	1924~2009	미국(이집트) 발명가, PIN 개발, MOSFET 개발
존 코크	1925~2002	미국 컴퓨터 과학자, RISC의 아버지
케네스 올슨	1926~2011	미국 공학자, DEC 설립
로버트 노이스	1927~1990	미국 인텔 초대 CEO, 실리콘 IC 개발
존 맥카시	1927~2011	미국 컴퓨터 과학자, AI 용어 창안, LISP 개발, 튜링상
할란 앤더슨	1929~2019	미국 공학자, DEC 설립
고든 무어	1929~2023	미국 인텔 2대 CEO, 무어의 법칙 발표
모리스 창	1931~	대만 엔지니어, 대만 반도체의 아버지
프레더릭 브룩스	1931~2022	미국 컴퓨터 전문가, IBM 360 개발

이름	생애	주요 업적 및 공로
강대원	1931~1992	한국 물리학자, MOSFET 개발, 플로팅게이트 구현
강기동	1934~	한국반도체 창업자
제리 샌더스	1936~	미국 AMD 공동 설립자, AMD 초대 CEO
김주진	1937~	한국 앰코테크놀로지코리아 창업주
앤디 그로브	1936~2016	미국 인텔 3대 CEO
리들리 스콧	1937~	영국 영화감독, 〈블레이드 러너〉, 〈에이리언〉 감독
이건희	1942~2020	한국 전 삼성 회장
빈트 서프	1943~	미국 TCP/IP 프로토콜 개발, 인터넷의 아버지
워드 파킨슨	1945~	미국 마이크론 공동 창업자
니콜라스 도노프리오	1945~	미국 IBM 경영진, AMD 사외이사
래리 테슬러	1945~2020	미국 컴퓨터 공학자, ARM홀딩스 초대 CEO
크리스토퍼 커리	1946~	영국 에이콘 공동 창업자
로빈 색스비	1947~	영국 전 ARM홀딩스 CEO
유키오 사카모토	1947~	일본 전 엘피다 CEO
데이비드 패터슨	1947~	미국 RISC 선구자, 2017 튜링상
제프리 힌튼	1947~	영국 토론토대 교수, AI의 대부, 2018 튜링상
헤르만 하우저	1948~	영국 에이콘 공동 창업자
크리스티안 펠바움	1950~	독일 프린스턴대 교수, 워드넷 창설
진대제	1952~	한국 전 삼성전자 사장, 정보통신부 장관

이름	생애	주요 업적 및 공로
권오현	1952~	한국 전 삼성전자 부회장
황창규	1953~	한국 전 삼성전자 및 KT 회장, 『황의 법칙』 저술
헨리 사무엘리	1954~	미국 브로드컴 공동 창업자
제임스 고슬링	1955~	미국 프로그래머, 자바 개발
에릭 슈미트	1955~	미국 구글 전 회장
스티브 잡스	1955~2011	미국 애플 창업자
손 마사요시	1957~	일본 소프트뱅크 그룹 회장
오사마 빈 라덴	1957~2011	사우디아라비아 테러리스트
왕쉐홍	1958~	대만 HTC 창업자, VIA 창업자
짐 켈러	1958~	미국 엔지니어, 반도체 설계자
브라이언 크르자니크	1960~	미국 인텔 6대 CEO, 인텔 붕괴의 시작점
얀 르쿤	1960~	프랑스 현 뉴욕대 교수, 2018 튜링상
스티브 애플턴	1960~2012	미국 마이크론 2대 CEO
로리 리드	1961~	미국 전 AMD CEO
마크 페이퍼마스터	1961~	미국 AMD CTO
팻 겔싱어	1961~	미국 현 인텔 CEO
조던 피터슨	1962~	캐나다 심리학자, 짐 켈러의 처남
가리 카스파로프	1963~	아제르바이잔 체스 챔피언
젠슨 황	1963~	미국(대만) 엔비디아 창업자, 현 CEO

이름	생애	주요 업적 및 공로
조니 스루지	1964~	미국 애플 하드웨어 기술담당 수석 부사장
요슈아 벤지오	1964~	캐나다 현 몬트리올대 교수, 2018 튜링상
리사 수	1969~	미국(대만) 현 AMD CEO
존 카맥	1970~	미국 게임 프로그래머
세르게이 브린	1973~	미국(소련) 구글 공동 창업자
켄 제닝스	1974~	미국 퀴즈 챔피언
데미스 하사비스	1976~	영국 딥마인드 창업자, AI 연구가
페이페이 리	1976~	미국(중국) 스탠포드대 교수, 이미지넷 창설
앤드류 응	1976~	미국(홍콩) 스탠포드대 부교수, AI 옹호론자
브래드 러터	1978~	미국 퀴즈 챔피언
이윤섭	1982~	한국 컴퓨터 엔지니어, 사이파이브 현 CTO
이세돌	1983~	한국 전직 프로 바둑 기사
팀닛 게브루	1983~	에리트레아 전 구글 윤리 연구원, AI 신중론자
샘 알트만	1985~	미국 오픈AI 창업자
일리야 수츠케버	1986~	캐나다(이스라엘) 오픈AI 공동 창립자, 수석 과학자
안드레 카파시	1986~	미국(슬로바키아) AI 연구자, 현 오픈AI 재직
이안 굿펠로우	1987~	미국 컴퓨터 과학자, GAN 발명, 현 오픈AI 재직
샘 젤루프	2000~	미국 아토믹 세미 창업, 홈메이드 파운드리 추진

주요 연표 ────────────────────────────●

연도	컴퓨터, 반도체 기술	기타
BC 28000년		쇼베 동굴벽화
BC 2750년		이집트 전기 메기 기록, 수메르 점토판
BC 3000년		이집트 파피루스
BC 600년		마찰전기(탈레스)
105		채후지 발명(채륜)
220		사남의 국자 발명(중국)
1310		항해용 나침반 발명(이탈리아)
1377		직지심체요절 간행(고려)
1381	니콜라스 성당 자동 연주 카리용 설치	
1450		금속활자 개발(구텐베르크)
1492		신대륙 발견(콜럼버스)
1511	회중시계 발명	
1519		세계일주(마젤란)
1530		지동설 발표(코페르니쿠스)

연도	컴퓨터, 반도체 기술	기타
1600		『자석에 대하여』 간행(길버트)
1623	시카르트 계산시계 발명	
1642	파스칼라인 발명	
1685	라이프니츠 휠 발명	
1687		『프린키피아』 간행(뉴턴)
1709		자기 생산 기술 개발(뵈트거)
1770	미케니컬 투르크	
1785		전기력 측정법칙 발표(쿨롱)
1791		동물전기 주장(갈바니)
1796	오르골 발명	
1799		화학 전지 발명(볼타)
1801	자카드 방직기 발명	
1818		『프랑켄슈타인』 간행(메리셸리)
1820		전기와 자기 관계 증명(외르스테드)
1830	디퍼런스 엔진 No. 1 설계	
1831		전자기 유도 법칙 발표(패러데이), 사진술 기초 원리 발명(다게르)

연도	컴퓨터, 반도체 기술	기타
1837		전신기 특허 등록(새뮤얼 모스)
1843	최초의 알고리즘 기록(러브레이스)	
1854		전화기 발명(안토니오 무치)
1861		맥스웰 방정식 발표
1866		전자식 발전기 개발(지멘스)
1876		전화기 특허 등록(알렉산더 벨)
1877		축음기 발명(에디슨)
1879		전구 발명(에디슨)
1883		에디슨효과 발견
1885		AT&T 설립
1893		시카고 에스포 교류 발전(WH, 테슬라)
1887		전자기파 발견(헤르츠)
1890	홀러리스 데스크 개발	
1895		3km 무선통신(마르코니), X선 발견
1896		레코드판 개발(소리 저장) 방사선 발견
1897		전자 발견 (J.J. 톰슨)

연도	컴퓨터, 반도체 기술	기타
1901		에디슨 효과의 열전자 방출 현상 발표 (오언 리차드슨)
1904		2극 진공관 발명
1907		3극 진공관 특허 등록
1911	IBM 창업	원자핵 발견(러더퍼드)
1913		원자 모형(보어)
1925		전기도금 특허 등록(듀카스)
1936	튜링 머신 개념 등장, PCB 발명(폴 아이슬러)	
1941	Z3(최초의 전기식 컴퓨터) 개발	
1942	ABC(최초의 진공관 컴퓨터) 개발	
1943	콜로서스 마크 I(최초의 프로그래머블 컴퓨터) 개발	
1945	에니악(최초의 프로그램 내장형 컴퓨터) 개발	
1946	에드박(최초의 폰 노이만 구조 컴퓨터) 개발	
1947	트랜지스터 발명(BSB)	
1948	IBM 604 출시	
1953	연구용 트랜지스터 컴퓨터(맨체스터대)	
1954	TRADIC 발명(벨 연구소)	

연도	컴퓨터, 반도체 기술	기타
1956	TX-0 개발(MIT 링컨연구소), IBM 최초 HDD 출시	
1957	IBM 608 출시 DEC 설립	
1958	최초의 IC 제안(잭킬비)	
1959	PDP-1 출시 MOSFET 발명(강대원)	
1965	PDP-8 출시	
1966	튜링상 제정 DRAM 개발(IBM)	
1967	플로팅게이트 개발(강대원)	
1968	인텔 창업	
1969	AMD 창업	
1970	국내 최초 반도체 생산(아남산업)	
1971	플로피 디스크 출시(IBM)	
1974	한국반도체 설립, RISC 방식 제안	
1976	최초의 광학디스크 개발(소니)	
1980	삼성전자, 삼성반도체 합병 플래시메모리 개발(도시바)	
1983	도쿄선언	

연도	컴퓨터, 반도체 기술	기타
1984	ASML 창업	
1987	TSMC 창업	
1990	ARM 설립	
1991	NAND 플래시 발표(도시바)	
1993	엔비디아 창업	
1996	IBM 딥블루, 인간과 첫 대국	
2006	이미지넷 프로젝트	
2010	이미지넷 챌린지(ILSVRC) 시작	
2011	IBM 왓슨, 미국 퀴즈쇼 우승	
2014	GAN 발명	
2016	딥 마인드 알파고와 이세돌 대결	
2022	CHIPS Act 제정	

* 주가는 2023년 6월 말을 기준으로 한 것임.

국내 반도체 섹터 상장사

순위	기업명	주요사업부문	시가 총액 (십억 원)	FWD P/E (배)	'22년 실적 (십억 원)	
					매출액	영업 이익
1	삼성전자	소자-메모리/파운드리	431,018	20.7	302,231	43,377
2	SK하이닉스	소자-메모리	83,866	–	44,622	6,809
3	한미반도체	장비-픽앤플레이스	2,935	20.4	328	112
4	DB하이텍	소자-8인치 파운드리	2,802	5.9	1,675	769
5	HPSP	장비-어닐링, 열처리	2,313	22.7	159	85
6	리노공업	부품- 테스트소켓, 핀	2,241	23.1	322	137
7	동진쎄미켐	소재-포토레지스트	2,165	13.5	1,457	216
8	솔브레인	소재 -TEOS, 식각, 세정	1,952	10.9	1,091	207
9	LX세미콘	소자-DDI	1,851	7.4	2,119	311
10	원익IPS	장비-증착, 열처리	1,610	18.6	1,011	98
11	이오테크닉스	장비-레이저	1,379	18.3	447	93
12	티씨케이	소재 -SiC	1,344	14.1	320	127
13	파크시스템스	장비-검사/계측	1,308	27.4	125	33
14	레이크머티리얼즈	소재-증착 프리커서, 황화리튬	1,272	–	132	35
15	에스앤에스텍	소재-포토마스크	1,188	15.1	124	16
16	심텍	소재-PCB	1,086	20.1	1,697	352
17	고영	장비-비전검사	1,057	20.6	275	44
18	하나마이크론	서비스-OSAT	1,047	23.0	894	104
19	하나머티리얼즈	소재 -쿼츠, 세라믹	1,039	12.3	307	94
20	해성디에스	소재-리드프레임	1,030	8.7	839	204

21	ISC	부품-테스트	960	19.0	179	56
22	주성엔지니어링	장비-증착, 열처리	917	10.2	438	124
23	SFA반도체	서비스-OSAT	891	21.4	699	63
24	원익QnC	소재-쿼츠, 세라믹	816	8.0	783	115
25	유진테크	장비-증착	779	14.0	311	54
26	넥스틴	장비-계측	777	12.2	115	57
27	피에스케이	장비-애셔	658	8.5	461	92
28	코미코	서비스-세정	645	–	288	55
29	두산테스나	서비스- 테스트(비메모리)	613	12.7	278	67
30	티에스이	부품-테스트 (프로브카드)	611	12.7	339	57
31	프로텍	장비-패키징 디스펜서, 다이본더	564	–	199	60
32	신성이엔지	엔지니어링, 클린룸	481	16.0	664	21
33	에프에스티	소재-펠리클	474	–	223	6
34	피에스케이홀딩스	장비-후공정 세정, DI워터 가열	458	–	73	17
35	네패스	서비스-OSAT, 범핑	454	–	588	(7)
36	케이씨텍	장비-세정, CMP	443	12.5	378	60
37	에이피티씨	장비-애쳐	443	–	141	31
38	월덱스	소재-실리콘, 쿼츠	438	7.5	256	51
39	테스	장비-증착	421	7.9	358	56
40	원익머트리얼즈	소재-특수가스	395	7.4	581	89

자료: FactSet, 유진투자증권

* 주가는 2023년 6월 말을 기준으로 한 것임.

중국 반도체 섹터 상장사

순위	기업명	주요사업부문	시가 총액 (백만달러)	FWD P/E (배)	'22년 실적 (백만달러) 매출액	'22년 실적 (백만달러) 영업이익
1	SMIC	파운드리	29,261	22.6	7,273	1,836
2	나우라 테크놀로지	장비 (증착, 식각, MOCVD)	23,391	37.0	2,184	423
3	하이곤 정보기술	AI칩, DSP, 프로세서	22,057	105.0	762	169
4	TCL 중환	웨이퍼 (태양광)	18,655	11.1	9,965	1,089
5	윌세미컨덕터	CIS, 옴니비전	16,137	38.3	2,986	193
6	AMEC	장비 (증착, 식각)	13,444	49.6	705	188
7	JSG	장비 (잉곳, 웨이퍼)	12,898	16.8	1,582	513
8	산안 옵토	LED	11,955	46.6	1,966	128
9	유니궈신 마이크로	스마트카드	11,013	18.7	1,059	429
10	캠브리콘	AI 칩	10,886	–	108	(197)
11	기가디바이스	팹리스 (MCU)	9,851	47.7	1,209	330
12	CR 마이크로	PMIC, RF, Sensor	9,617	28.0	1,496	377
13	임피리언	EDA	9,271	184.0	119	28
14	몽타쥬 테크	팹리스 (메모리, 로파워)	9,067	45.2	546	210
15	윙테크	다이오드, TR (넥스페리아)	8,447	15.4	8,637	314
16	내셔널 실리콘	웨이퍼	7,936	115.5	535	62
17	JCET	OSAT	7,740	23.9	5,021	483
18	피오텍	장비 (증착)	7,489	56.6	254	53
19	맥센드 마이크로	RF, PMIC	7,170	44.1	547	163
20	룽손 테크놀로지	팹리스-CPU (Godson)	6,398	130.8	110	2

21	ACM 리서치	장비 (세정)	6,653	49.9	427	107
22	실란 마이크로	아날로그, 다이오드	5,958	30.9	1,232	178
23	인제닉	팹리스 (SoC, IoT)	5,911	42.3	805	121
24	핫싱테크	장비 (CMP)	5,568	36.3	245	83
25	갤럭시코어	이미지센서	5,495	57.0	884	79
26	SG마이크로	팹리스(아날로그 IC)	5,335	44.2	474	137
27	스타파워	파워모듈	5,109	29.9	402	138
28	베리실리콘	코어 IP	4,992	154.0	398	13
29	요크 테크	소재 (공정가스)	4,821	34.8	633	97
30	호화과기	소재 (화학습식재료)	4,769	22.3	1,348	190
31	TFME	OSAT	4,754	39.4	3,187	70
32	푸단마이크로	팹리스 (MCU, 아날로그)	4,411	28.9	526	167
33	화홍 세미	파운드리	4,286	12.2	2,475	524
34	락칩	팹리스 (SoC)	4,230	57.7	302	38
35	화텐 테크	OSAT	4,098	40.8	1,771	160
36	3Peak	팹리스(아날로그 IC)	3,642	48.7	265	40
37	라이온	웨이퍼, 디스크릿	3,456	36.7	433	107
38	킹세미	장비 (코터, 디벨로퍼)	3,266	56.2	206	26
39	딩롱	소재 (CMP 패드)	3,232	35.2	405	72
40	안로직	팹리스 (FPGA)	3,080	267.6	155	7

자료: Refinitiv, 유진투자증권

* 주가는 2023년 6월 말을 기준으로 한 것임.

공정별 주요 업체 정리

반도체 주요 공정과 관련 기업		
공정	국내 업체	해외 업체
웨이퍼 제조	에스테크	JJSG (중) 디스코, 와이다, 오카모토 (일) MTI 코퍼레이션 (미)
마스크 라이터		뉴플레어 (일) 어플라이드머티리얼즈 마이크로닉 (스웨)
에피		비코 인스트루먼트, ASM, 에익스트론 (독) 어플라이드머티리얼즈 도쿄일렉트론
열처리	원익IPS 유진테크	도쿄일렉트론, 코쿠사이 ASM
트랙	세메스 (i-line, KrF)	도쿄일렉트론, 스크린, 램리서치 킹세미 (중)
리소그래피		ASML 니콘, 캐논 SMEE (중)
측정/계측	넥스틴 (CD) 오로스테크놀로지 (오버레이) 파크시스템 (AFM)	KLA, 어플라이드머티리얼즈, 온토 (루돌프) 히타치 하이테크, 레이저테크 ASML, 칼자이스, EVG(오스트), 수스마이크로 (독), 노바MI, 캠펙 (이스)

식각	세메스 (옥사이드) 에이피티씨	램리서치, 어플라이드머티리얼즈 도쿄일렉트론, 히타치하이테크 나우라, AMEC (중)
증착/배선	원익IPS 주성엔지니어링 유진테크 테스	어플라이드머티리얼즈, 램리서치, ASM 도쿄일렉트론, 코쿠사이 나우라, AMEC (중)
이온주입		어플라이드머티리얼즈 악셀리스 울박, SMIT (일)
어닐러	이오테크닉스 (레이저) HPSP (고압)	어플라이드머티리얼즈, 맷슨 ASM 도쿄일렉트론, 스크린
세정	세메스 케이씨텍 피에스케이	스크린, 도쿄일렉트론 맷슨 ACM 리서치 (중)
CMP	케이씨텍	어플라이드머티리얼즈, RVS 에바라, 아크리텍 알프시텍 (프)

반도체 전공정 소재 및 관련 기업

소재	국내 업체	해외 업체
웨이퍼	SK실트론	신에츠, 섬코 글로벌웨이퍼스 실트로닉
포토레지스트	동진쎄미켐 SK머티리얼즈퍼포먼스 와이씨켐(영창케미컬)	TOK, JSR, 신에츠, 스미토모 화학, 후지필름 (일) 머크 (Merck), 듀폰, 다우전자재료 (구 Rohm & Haas) (미) [원료] 오사카유기화학, KH 네오켐, 아데카, 동양합성공업
마스크 펠리클	에스엔에스텍 에프에스티	포트로닉스 (미) 토판 포토마스크, 다이니폰프린팅, 호야, 니폰필콘 (일) 타이완마스크 (대) AMTC (독)
에천트	솔브레인 SK머티리얼즈 한솔케미칼 이엔에프테크놀로지	스텔라 케미파, 모리타 케미컬
증착 전구체	디엔에프 원익머티리얼즈 한솔케미칼 후성 오션브릿지 덕산테코피아	에어리퀴드, 버슘티리얼 (머크), 엔테그리스 (미) 린데, JSR, TOK
CMP 슬러리	케이씨텍 SKC	후지미, JSR, 히타치 케미컬 (일) CMC (Cabot Micro), 다우전자재료, 엔테그리스 (미)

쿼츠, SiC 웨어	하나머티리얼즈 원익QnC 티씨케이 윌덱스 비씨엔씨	엔테그리스, 쿠어스텍 (미) 페로텍 (일)
공정 가스	SK머티리얼즈 원익머트리얼즈 후성 오션브릿지	린데, 에어프로덕트, 에어리퀴드, 바스프 스미토모 세이카 쇼와덴코, 간토덴카, 아데카

후공정 분야 관련 업체

소재	국내 업체	해외 업체
OSAT	네패스 / 네패스 아크 엘비세미콘 SFA반도체 하나마이크론 두산테스나 (테스트)	ASE, 파워텍, KYEC, 칩모스, 칩본드 (대) 앰코테크놀로지 (미) JCET, TFME, HT-Tech (중) UTAC (싱)
패키징 장비	세메스 - 소터, 본더 한미반도체 - MSVP, 본더, 그라인더 이오테크닉스 -마커, 그루빙, 다이싱 프로텍 - 몰딩	디스코 (일) - 다이싱, 그라인더, CMP, 절삭 ASMPT (대) - 레이저 다이싱, 그루빙, 팬아웃, TC본더 아크리테크 (동경정밀) - 다이싱, 프로빙, CMP EVG, 수스마이크로 (독) BESI (네) - 어태치, 패키징, 플레이팅 K&S (싱) - 다이싱 ADT (중) - 다이싱 토와 (일) - 몰딩
패키징 재료	[서브스트레이트] 심텍, 대덕전자 [리드프레임] 해성디에스 [솔더볼] 덕산하이케탈, 엠케이전자	[서브스트레이트] 이비덴, 니폰멕트론, AT&S (오) 유니마이크론, 트라이포드, 콤페그 (대) [리드프레임] 지린 (대), 다이나크래프트 (말) [솔더볼] 셰마노테크 (일), SMIC(센주멘타산업) (일), 혼슈피리어 (일), 인듐 코퍼레이션 (미)

테스트 장비	와이아이케이 유니테스트 디아이 – 칩 엑시콘 – 칩 테크윙 – 핸들러 미래산업 – 핸들러, 마운터	어드반테스트 (일) 테러다인 (미) 코후 (미) 크로마 ATE (대) – 핸들러 애트리움(Aetrium) – 핸들러 (미)
테스트 부품	리노공업, ISC 마이크로프렌드, TSE	폼팩터 (미) JEM(일본전자재료), MJC, MPI (일)

반도체
오디세이

초판 1쇄 발행 2023년 11월 5일
초판 4쇄 발행 2024년 10월 15일

지은이 | 이승우
발행인 | 홍경숙
발행처 | 위너스북

경영총괄 | 안경찬
기획편집 | 이다현, 박혜민
마케팅 | 박미애

출판등록 | 2008년 5월 2일 제2008-000221호
주소 | 서울 마포구 토정로 222, 201호(한국출판콘텐츠센터)
주문전화 | 02-325-8901
팩스 | 02-325-8902

표지 디자인 | 김종민
본문 디자인 | 최치영
지업사 | 한서지업
인쇄 | 영신문화사

ISBN 979-11-89352-73-8 (03320)